前言

近年来，通过全面推行标准化管理，深圳市交通工程“平安工地”及安全生产标准化建设取得了较好成效，为“十三五”深圳市交通工程建设目标的顺利实现提供了坚实保障，但仍存在一些单位和人员对于安全生产的认识不到位、重视不够、落实不力，以及安全教育培训流于形式、安全标准化水平不高等问题。

为贯彻落实习近平总书记“必须坚决遏制重特大事故频发势头，对易发重特大事故的行业领域采取风险分级管控、隐患排查治理双重预防性工作机制，推动安全生产关口前移，加强应急救援工作，最大限度减少人员伤亡和财产损失”，以及李克强总理“强化重点行业领域安全治理，加快健全隐患排查治理体系、风险预防控制体系和社会共治体系”的指示精神，确保深圳市交通工程达到“好、快、省、安、廉”的目标，以精品工程建设为指引，深圳市交通运输局组织编写了《深圳市交通工程施工安全技术标准化指南》（以下简称《指南》）。

《指南》的编写以推行规范化管理、标准化施工为基础，定位于规范深圳市交通工程参建单位安全生产管理工作，通过健全完善安全生产制度，明晰安全生产责任，夯实基础，强化基层管理，促进各单位把安全生产放在首要位置，落实“一岗双责”，做到关口前移、超前预控、有效防范，构建长效机制。

《指南》按照“以人为本、预防为主、强化措施、三防并举”的原则，在现行交通工程施工安全技术标准规范的基础上，结合深圳市施工环境特点，以图文并茂的方式，按照工序流程编写的条文，体现安全防护标准化、施工安全技术标准化的具体内容，通过对现场安全主要要素的管控，以提升交通工程施工“本质安全”能力，为实现“平安交通”奠定坚实的基础。

由于编制时间仓促，编写难免出现疏忽或错漏，请广大读者给予谅解和指正，谢谢大家。

深圳市交通运输局党组书记、局长：于宝明

目录

通 用 篇

专 业 篇

通用篇

第1章 驻地建设及临建设施

1.1 项目驻地

1.1.1 一般规定

(1)驻地一般包括建设、监理、第三方监测单位、施工单位驻地以及施工单位按相关要求设置的工地试验室。驻地建设应体现“以人为本”的理念,充分保障员工的身体健康和生命安全,改善工程建设各方的生产、生活环境。

(2)驻地建设须先进行选址、规划,并编制临建施工专项方案(含给排水设计及用电量计算的专项方案),消防、环(水)保、卫生、临时用电等应满足相关规定及标准要求。

(3)驻地建设应因地制宜,满足安全、实用及环保的要求,以工作方便为原则,具备便利的交通条件和通电、通水、通信条件。施工现场驻地应选在地质良好的地段,避免设在可能发生坍塌、泥石流、水淹等地质灾害区域及高压线下(与高压线水平距离不小于8.5m),避开取、弃土场,距离集中爆破区500m以外。

(4)驻地应采用封闭式管理,办公区、生活区及车辆、机具停放区等,应科学合理分开布局(图1-1、图1-2),场地及主要道路应用混凝土硬化处理,排水系统完善,绿化适当布置,环境优美整洁,并设置功能分区平面示意图及指路导向牌。

a)

b)

图1-1 项目自建驻地

(5)建设单位宜尽早规划、建设后期运营管理中心,条件许可时应利用运营管理中心作为项目部建设的驻地。

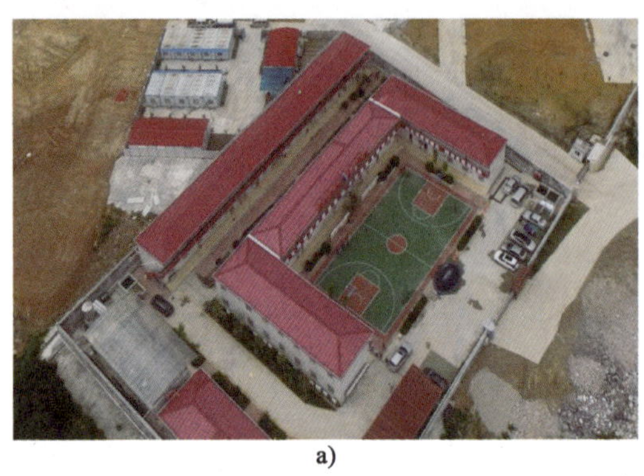
a)

b)

图 1-2　自建项目部、施工现场

1.1.2 安全要点

(1)驻地建设可自建或租用沿线合适的单位或民用房屋,但应坚固、安全。自建房屋最低标准为活动板房,应选用阻燃、防水材料。活动板房搭建不应超过两层,栋与栋之间的距离应满足城市不小于5.0m,农村不小于7.0m的要求,每栋用房其长度一般为36m,层高以2.5m左右为宜。

(2)办公、生活用房(图1-3~图1-6)建筑面积和场地面积应满足办公和生活需要,通风、照明良好,并设有防暑、降温等设备。

图 1-3　办公室

图 1-4　会议室

图 1-5　档案室

图 1-6　宿舍

(3)生活、办公区必须有完备的排水措施。

(4)生活、办公区禁止存放易燃易爆危险品,必须单独设置专用仓库存放,同时按相关规范要求配备消防器材,并定期检查。

(5)工人宿舍内临时用电除照明、空调用电外必须使用安全电压,集中设置安装USB插座充电。

(6)生活区、办公区和施工区相对独立,办公用房宜设在工地入口处。

(7)作业人员宿舍宜设在场外,方便工人上下班,有条件时也可设在场区内。作业人员的生活福利设施,宜设在人员较集中的地方,或设在出入必经之处。宿舍内应有必要的生活空间,室内净高不得小于2.5m,通道宽度不得小于0.9m,每间宿舍居住的人员不得超过专项方案要求。

(8)食堂宜布置在生活区,也可视条件设在施工区与生活区之间。食堂应符合《中华人民共和国食品卫生法》的要求,宜设置在离厕所、垃圾站、有害场所等污染源不小于20m的位置,与办公、生活用房距离不小于10m。食堂应设置独立的制作间、储藏间(生、熟隔离间),门扇下方应设防鼠挡板,地面硬化后应做防滑处理,食堂必须有卫生许可证,厨房工作人员必须持健康证上岗。

(9)厨房操作间内禁止摆放燃气罐,燃气罐必须单独隔离存放在室外。

(10)燃气灶必须与活动板房的夹芯板墙壁之间采取有效的防火隔离措施,一般采用灰砂砖沿(靠)活动板房夹芯板墙壁砌筑砖墙。

(11)如条件允许,生活饮用水尽可能使用自来水,如自找饮水源,应对水源进行专门的化验鉴定,按生活饮用水标准进行生产、加工,符合饮用水标准后方能饮用。

1.1.3　安全设施

(1)驻地应相对独立完整,四周设置围墙,有固定出入口,出入口配备保卫人员;门柱部位应悬挂本单位的铭牌,各部门应设名称牌、室内悬挂岗位职责、有关制度图表等。

(2)驻地内消防设施应满足《建设工程施工现场消防安全技术规范》(GB 50720—2011)的有关规定,办公区和生活区应配备一定数量的干粉灭火器,室外集中设置消防水池和消防沙池,配置相应的消防器材和消防安全标识(图1-7),并经常检查、维护和保养。

a)

b)

图1-7　消防设施

(3)驻地内应设置消防通道,并设置消防应急指示标志,禁止在消防通道上堆物、堆料或挤占消防通道。

(4)驻地内使用的电气设备和临时用电应符合《施工现场临时用电安全技术规范》(JGJ 46—2005)的规定,驻地内应设有必要的防雷设施。

(5)驻地应设置报警装置和监控设施。

1.2 预 制 场

1.2.1 一般规定

(1)预制场应选在水文地质状况良好的地段,避开坍塌、泥石流、滑坡、落石、洪水位下等危险区域以及取、弃土场、高压线路,并与当地居民区保持一定安全距离。完成选址、规划后应编制临建施工专项方案(明确给排水设计及用电专项方案)。

(2)预制场应采用封闭式管理,场地须进行硬化,所存预制梁的规格、型号、期限及存梁支墩(座)均应符合施工规范及施工图要求。钢筋绑扎区、制梁区、存梁区等功能区域应科学合理设置,生产区与生活区应分离,并保持一定的安全距离(防火距离和倾覆距离)(图1-8、图1-9)。生产过程中宜推行"定置"管理。制梁台座处应合理布设养生管线、用电管线(图1-10)。重点部位宜设置视频监控系统,并确保通信联络畅通。

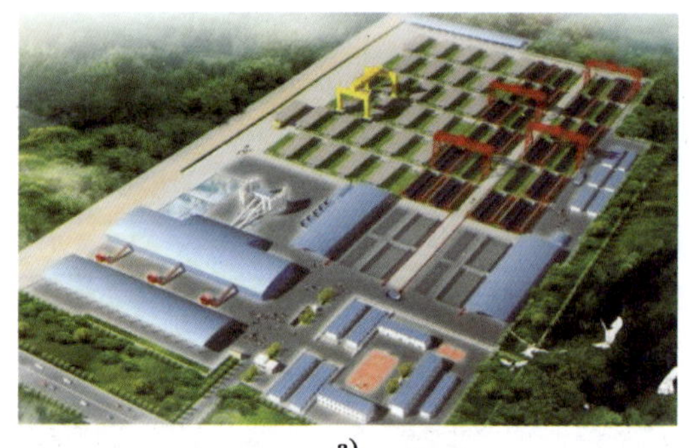

a)

b)

图1-8 预制梁场效果图

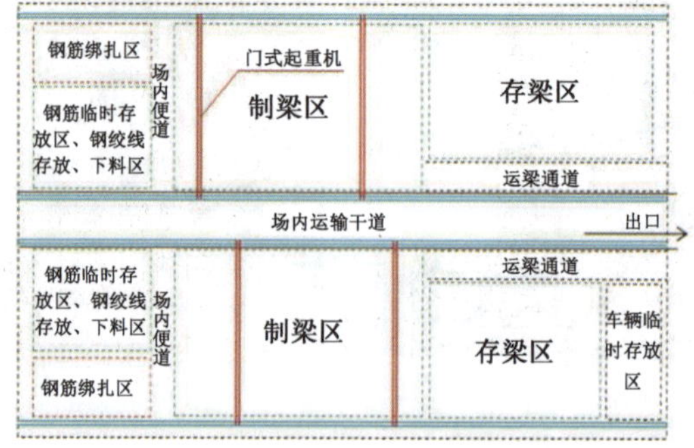

图1-9 预制梁场平面布置图

a)

b)

图 1-10 养生管线布置图

(3)在条件受限时,可考虑将预制梁场设在服务区、停车区或主线路基上。当预制梁场设在主线路基上时,应当注意以下几点。

①为充分利用场地并保证运输方便,预制梁场宜选在梁板运输便利、桥梁工程相对集中的位置。

②为防止场地不均匀沉降,梁场应尽量设在路基挖方段,并提前做好边坡防护及排水设施(包括养生用水、三级沉淀池),避免水土流失影响附近农田灌溉。

③沿海区域,为防止季节性台风对临设的损坏,周边必须设置安全缆风绳(图 1-11),规格、间距按临设专项方案的要求设置,非钢结构临设采用钢管紧压屋面,按要求安装安全缆风绳。

④预制梁场建设应与工程进度和后期路面施工统筹考虑,尽可能减少对工程进度和后期路面施工的影响,并尽可能地使梁场基础等能够得到后期路面的利用。

图 1-11 钢筋加工临设应设置抗台风安全缆风绳

1.2.2 安全要点

(1)张拉作业时,千斤顶顶力作用线方向不得站人,以防预应力断筋或锚具、楔块弹出伤人。测量伸长值或挤压夹片时,人员应站在千斤顶侧面(预应力张拉挡板外)。

(2)压浆前,应检查压浆机压力表是否合格,安全装置是否完好,压浆管接头是否牢固,要求抽真空达到负压(-0.06 ~ -0.1MPa),水泥浆泵压浆时连续恒压0.7MPa。压浆时,操作人员应站立在压浆管侧面。压浆结束后,应确保管内无压力后再卸管。

(3)存梁区应平整无积水,梁板存放应符合设计要求,设计文件没有规定时,空心梁板叠放层数不得超过 3 层,小箱梁叠放层数不得超过 2 层,T 形梁、U 形梁不得叠放。存梁台座顶面离地面高度应不小于 30cm。叠放存梁时,一般应采用枕木支垫,上下支垫点应当在同一条垂直线上,并尽可能地在梁板支点上(图 1-12)。

(4)模板堆放时一般以尽可能避免模板变形为原则,堆放高度不宜大于 2m,底部应垫高 10cm,并采取防倾覆措施,露天堆放时应加遮盖。

a)

b)

图 1-12　U 形梁、T 形梁存梁区

(5)预制场临时用电应满足规范要求,原则上纵向线路架空设置、横向线路设电缆槽,门式起重机用电线路设置滑线槽,安装安全红外线监测器。

(6)先张法 U 形预应力混凝土梁。闭口箱梁设计为薄壁开口的 U 形预应力混凝土梁,属新型结构,U 形梁采取梁场集中预制施工,重点是道路运梁和梁上运梁相结合,架桥机逐孔架设的"制、运、架"一体化施工安全模式。

(7)建立核心高效率的工期安全保证体系,统筹安排机械设备、材料供应、计划用工。做好前期充分的施工准备,要求原材料提前备料,专项施工方案的优化及确定,适时邀请专家来现场指导、把关,控制质量、确保安全。

(8)梁场预制梁台座主要以"一串二"形式,选择两片梁作为试验梁,对 U 形梁预制工法、先张法工艺、模板制作及设计分析进行验证性试验,同时进行梁预拱度、侧向弯曲等关键数据安全监测。

(9)先张法简支 U 形梁采用整体式制梁台座进行"长线法"施工,按"一串二"方式进行设计,采用先张法台座一串二片梁一起张拉的安全施工方法(图 1-13、图 1-14)。

图 1-13　专业人员进行先张法(PCTS)操作

图 1-14　先张法"一串二"钢绞线连接段

(10)因先张法U形梁预应力较大,制梁台座施工前将场地进行整平、碾压,压实度达到大于或等于95%以上,承担全部预应力的活动张拉横梁和传力墩须具有足够的强度、刚度和稳定性,抵抗预应力产生的巨大倾覆和滑移力不至于对台座造成挤压变形,将制梁台座设计为整体式安全结构。制梁台座结构示意如图1-15所示。

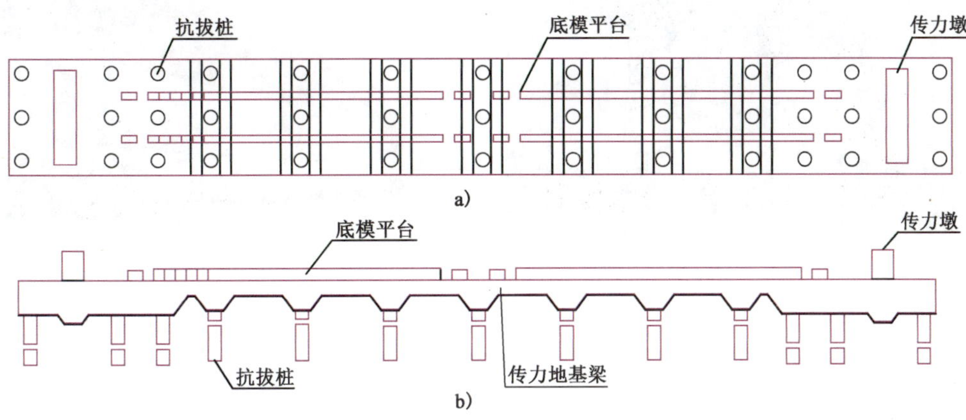

图1-15　制梁台座结构示意图

(11)存梁台座应具有足够的强度和刚度,并配有相应的排水设施,存梁各支点高差满足设计要求。

(12)预应力钢绞线为低松弛预应力钢绞线(1×7-15.20-1860-GB/T 5224—2014)(f_{pk} = 1860MPa),弹性模量为195000MPa。锚具、夹具和连接器应符合《预应力筋用锚具、夹具和连接器》(GB/T 14370—2015)的有关规定,并经检验合格后方可使用。采用的锚具应通过相关部门鉴定、检测,并符合安全设计要求,锚垫板应安装密封盖帽。

(13)钢筋安装、绑扎严格按施工图纸尺寸进行整体施工,先进行底板及腹板底层钢筋的绑扎,后进行顶层钢筋绑扎,必须在特制胎具上安全进行(图1-16)。

图1-16　U形梁钢筋绑扎胎具示意图

(14)U形梁预埋件主要有支座预埋钢板、防落梁预埋钢板、吊梁吊装孔预埋钢板,其尺寸精度及防腐处理应满足设计要求。

(15)预制场安全存梁、转移、胶轮车安全运输、安装梁控制三个小于或等于2mm。①通过吊装孔移动,确保各吊点安全高差控制在2mm以内;②存放在平整和足够刚度的支撑上,支点不均匀安全高差控制在2mm以内；③存梁区到现场整个运梁、吊装过程，以确保支撑支座板之间的横向安全高差不超过2mm（图1-17）。

a)

b)

图1-17　U形梁采用提梁机进行安全移梁、存梁示意图

1.2.3　安全设施

（1）混凝土浇筑宜推广采用移动式混凝土吊斗浇筑工作平台（图1-18、图1-19），现场作业区应配置人员上下爬梯。

图1-18　混凝土浇筑工作平台

a)

b)

图1-19　U形梁“一串二”钢绞线连接及混凝土浇筑平台

(2)推广采用智能张拉及压浆技术,张拉及压浆作业人员应佩戴护目镜,张拉作业两端须设置可移动式防护挡板(图1-20),压浆机须装设防护罩。

a)

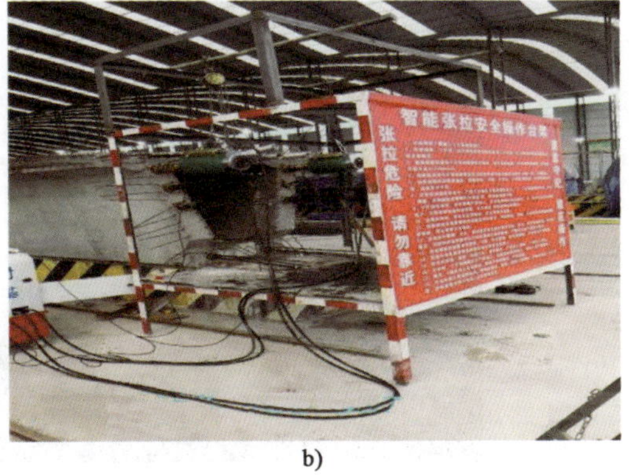

b)

图1-20 预应力张拉挡板

(3)梁板存放时,应在梁板端头两侧设置支撑设施,确保存放稳定不倾覆,支撑设施宜使用枕木、钢管或刚性支撑架(图1-21)。

a)

b)

图1-21 梁板支撑措施

(4)梁板吊装时,吊具的钢丝绳与梁板接触部位应设置卡槽或衬垫,防止梁板磨损、崩角及钢丝绳磨损(图1-22)。

图1-22 梁板吊装用的衬垫

(5)梁场出入口宜设置洗车池(台)(图1-23),场地四周应设置截面尺寸不小于20cm×20cm的排水沟。

图1-23　洗车台

(6)预制场入口处醒目位置应设指路标牌,各功能区域设置提示标牌、危险源告知牌,制梁区、存梁区设置安全警示牌等。在机械设备的醒目位置应悬挂安全操作规程牌,吊装作业区、安全通道应设置警示标志。

1.3 搅拌站

1.3.1 一般规定

(1)搅拌站建设须先进行选址、规划,严禁设置在泥石流区、滑坡区、洪水位下等危险区域,尽量避开取、弃土(渣)场,远离居民区,并制订临建施工方案(明确排水设计、用电方案、场内车辆交通组织方案、储料罐及搅拌楼基础承载力与抗倾覆验算)。

(2)搅拌站应采用封闭式管理,合理划分搅拌作业区、材料堆放区、运输车辆停放区、试验区等,搅拌楼与办公区、生活区或周围其他建筑物的距离不得小于单个储料罐的高度且不小于20m。搅拌站场地须硬化,沉淀池宜设在洗车池与排水系统的对接位置。重点部位(如搅拌区)应设置视频监控系统,并确保通信联络畅通。

(3)储料仓应由具备专业资质的设计单位进行设计,并按各地厂房抗风设计标准进行分级验算。储料仓和储料罐在本地区应抗8(12)级风力,在沿海地区应抗12级风力,甚至更大级别的风力(如2018年9月16日的台风“山竹”),若须降低抗风等级,施工单位须进行论证。

(4)施工现场的主要道路必须进行硬化处理,主干道应有排水措施。

(5)临时道路要把仓库、加工厂、堆场和施工点贯穿起来,按货运量大小设计双向干道或单行循环道满足运输和消防要求。

(6)主干道宽度单行道大于或等于4m,双向道大于或等于6m。木材场两侧应有6m宽通道,端头处应有12m×12m车场,消防车道大于或等于4m。

1.3.2 安全要点

(1)搅拌楼出料口离地高度及其下方立柱间距应满足安全距离要求,保证混凝土运输车辆运料时,车辆两侧的预留净宽不小于0.5m,上方的预留净高不小于1m(图1-24)。

(2)混凝土搅拌时,严禁人员进入搅拌楼围闭区。当提升斗被障碍物卡住时,不得强行起拉。当发生意外情况时,应立即切断总电源开关,清除搅拌桶内拌合物,避免混凝土在搅拌桶内凝结。

(3)维护、修理搅拌机顶层转料桶、清理搅拌机内衬及铰刀时,应先切断电源,锁好开关箱,悬挂"禁止合闸"标志,并设专人监护(图1-25)。清理上料坑时,须将料斗固定,防止料斗下滑。

图1-24　搅拌楼操作间安全距离(尺寸单位:cm)
H-出料口距地面的高度;B-操作室下方立柱间距;
h-混凝土运输车高度;b-混凝土运输车宽度

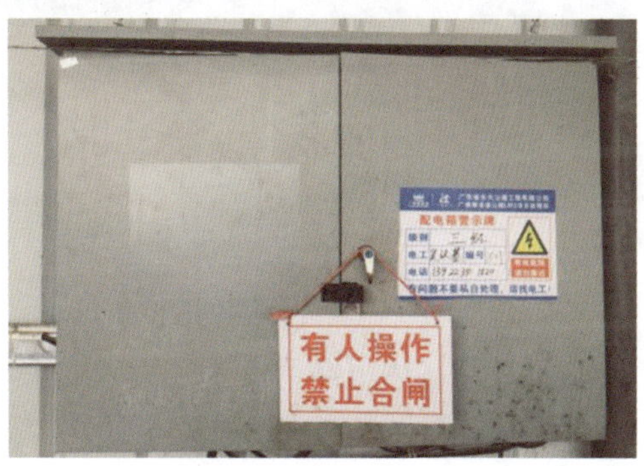

图1-25　"禁止合闸"标志

1.3.3 安全设施

(1)搅拌楼各罐体应采用连接件连接。搅拌楼及储料罐基座处应设置防撞墩,防撞墩宜设置成矩形,高度不小于60cm。储料罐上应装设缆风绳及经检测检验合格的避雷装置,缆风绳上宜缠绕反光带。搅拌楼水平投影面内应采取隔离设施封闭,并设置明显的安全警示标牌,隔离设施宜采用高度不小于1.2m的隔离栅(图1-26)。

a)

b)

图1-26　搅拌楼

(2)搅拌机传动系统裸露部位应设置防护装置及安全检修保护装置(图 1-27),搅拌楼各罐体应设置防/避雷装置,并按规范要求检测接地电阻值。

(3)料仓墙体的强度和稳定性应满足要求,外围应设置警戒区,警戒区宽度不宜小于墙高的 2 倍。料仓棚应设置缆风绳加固,地锚应提前预埋,料仓前应设置排水沟(图 1-28)。

图 1-27　传动系统防护装置

图 1-28　搅拌站储料仓

(4)搅拌站场内电缆线宜埋管设置或采用线槽敷设,配电房、拌和作业区等危险部位应设置警示标牌,场内设备均应设置安全操作规程牌。

(5)搅拌站宜进行危险等级分区,运输车辆停放区,试验区为危险等级Ⅰ级(低度风险、蓝色区域),材料堆放区(重点、特殊工程原材料按规格分间区堆放,保证供应),沉淀池为危险等级Ⅱ级(中度风险、黄色区域),拌和作业区危险等级Ⅲ级(高度风险、橙色区域),各区域应按危险等级设置相应的提示标牌及安全警示牌,搅拌站入口处醒目位置应设指路标牌。

(6)储料罐、搅拌楼、储料仓等地应设置物料名称、进场情况、检验状态、配合比等情况的标牌。

1.3.4　沥青混凝土安全要点

(1)沥青存放地应由专人负责,四周有不低于 1.2m 的围挡,严禁烟火并挂有醒目的警告标志,非操作人员严禁靠近。

(2)拌和现场和配料场地应通风良好,操作人员应扎紧袖口并应佩戴手套,严禁直接用手操作。

(3)工作过程中发生恶心、头晕、过敏等现象时,应立即停止作业。

(4)所有搅拌站工作人员严禁酒后作业、禁止吸烟。

(5)在燃油、贮油区内严禁烟火,吸烟时要远离作业、工作区,不得随意乱扔烟头。

(6)进入施工区域必须正确佩戴安全帽,高空作业必须按要求配备,使用安全带、安全绳。

(7)设备检查、维修时,所有工具必须放入工具袋中,不得将工具直接放入衣服的口袋中,以免工具坠落伤人。

(8)沥青搅拌楼拌合作业时,若自动点火设备连续两次点火不成功,严禁继续点火,应立即停机并派专人检查,以防爆炸。作业人员在设备周边操作、检查时,应注意避让高温管道、炉罐,防止灼烫。

(9)沥青搅拌站油料与燃料存放应满足安全防火要求,及时清理场内的废弃沥青、油污和废料,防止发生火灾,以天然气作为燃料时要单独制订安全操作规程。

(10)以天然气作为燃料的沥青搅拌站,应配备必要的消防设施。

1.3.5 沥青混凝土安全设施

(1)燃油炉必须距离建筑物10m以上,距离易燃仓库25m以上,上方不得有电线,地下5m不得有电缆,炉灶应设在建筑物的下风向。

(2)燃油炉附近严禁放置易燃易爆物品,并应配备锅盖或铁板、灭火器、沙袋等消防器材。

(3)燃油炉四周不得有漏缝,炉口应砌不少于70cm高的隔火墙,四周严禁放置易燃易爆物品。沥青的含水率也不能过高,现场应准备好灭火装置。

(4)熬制沥青时,加入炉内的沥青不得超过锅容量的3/4,作业人员应严守岗位,注意沥青温度变化,应慢火升温,如着火,应用锅盖或铁板覆盖。地面着火,应用灭火器、干沙等扑灭,严禁浇水灭火(洗衣粉水除外)。

(5)运油要安全可靠,装料器具不得用锡焊,以防受热开裂。

(6)用电设备必须满足用电安全要求,严格按规范操作。用电设备检修时,必须悬挂醒目的安全警告标志。

(7)有坠物的区域必须设立明显的坠物警告标志,能封锁的区域必须封锁。

(8)加强、提高企业的科学管理水平,适应时代的发展,建立工厂式企业标准(图1-29)。

a)

b)

图1-29 工厂式沥青混凝土设备

1.4 钢筋加工场

1.4.1 一般规定

(1)钢筋加工场建设须进行选址、规划,避开泥石流、滑坡、洪水位下等危险区域。建设前应编制临建施工方案(明确用水、电方案)。

(2)钢筋加工场应采用封闭式管理,合理划分材料堆放区、钢筋下料区、加工制作区、半成品区、成品区、运输及安全通道等功能区,并在生产过程中推行"定置"管理,场地须进行硬化处理(图1-30)。

图1-30 钢筋加工场平面布置图

(3)钢筋加工场应由具备专业资质的设计单位进行设计,并对厂房抗风设计标准进行分级验算,沿海区域应抗12级风力,甚至更大级别的风力(如2018年9月16日台风"山竹"),若需降低抗风等级,施工单位须进行论证。

1.4.2 安全要点

(1)钢筋原材料及半成品应分类垫高堆放,垫高台座宜用混凝土基座、型钢等能承重的工况施工制作,台座高度应不小于30cm,钢筋堆放高度应不大于2m,对于捆绑的圆形钢筋,其叠放高度应不能过大(图1-31)。

(2)操作钢筋骨架滚焊机时,在变换规格调节滑块位置前,应确认螺栓是否紧固,避免焊接过程中滑块飞出伤人。在维修或调整设备(包括调节行程开关及接近开关位置)时,应将设备的电源全部切断(图1-32)。

(3)钢筋加工场内宜采用桥式起重机,支腿行走梁设置红外安全探测器(图1-33)。若采用门式起重机,电缆宜用滑线槽,严禁电缆拖地运行。门式起重机两侧与侧墙、立柱之间的净距应不小于50cm,其他安全措施见本指南5.1节和5.2节。

(4)钢筋加工场内不得储存氧气、乙炔瓶。

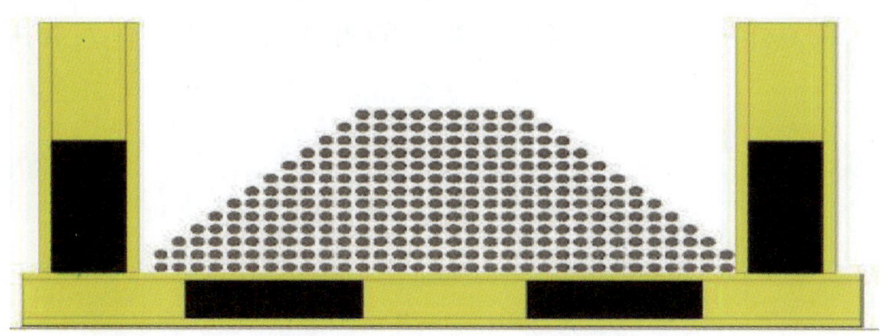

图1-31 钢筋堆放示意图

图1-32 钢筋笼滚焊机

图1-33 红外安全探测器

1.4.3 安全设施

(1)钢筋加工场应按临设专项方案要求设置抗台风缆风绳,地锚应提前预埋。

(2)钢筋加工场内电缆线宜埋管设置或采用线槽敷设,场内机械设备均须设置保护接地装置,传动部位应设置防护罩。钢筋冷拉作业区的两端应设置防护挡板及安全警示标牌。

(3)钢筋加工场各功能区应设置分区标识牌,出入口、焊接作业区、配电设施等场所应设置安全警示标牌,机械设备应悬挂安全操作规程牌及设备标识牌(图1-34)。

a)

b)

图1-34 钢筋加工场安全标识牌

(4)钢筋加工场侧墙彩钢板应设置接地保护装置。

(5)钢筋冷拉调直作业区必须设置安全防护隔离措施,禁止任何人员在冷拉调直区域通行。

1.5 库　　房

1.5.1 一般规定

(1)火工品库应设在不受洪水、滑坡、泥石流威胁的地段,须分别由具备专业资质的单位进行设计和预评估,其设计图纸、预评估报告应由当地公安部门审核,同意后方可建设。建成后还须经具备专业资质的单位进行评估,并出具评估报告。由当地公安部门验收合格后,方可投入使用。若当地公安爆破管理主管部门有具体要求,应执行当地主管部门的相关规定。

(2)火工品库、易燃易爆品仓库、油库应远离明火作业区、人员密集区和建筑物相对集中区,与高压线保持安全距离,并应设在在建工程或上述区域的下风侧,同时根据库房规模配备消防设施。

(3)库区内严禁吸烟、电炉取暖、做饭等动用明火行为,严禁无关人员进入库房,并设置防盗、防火、防毒措施及视频监控系统,以确保库房安全。

(4)由彩钢板建设的库房须设置接地保护装置,且接地电阻不得大于4Ω。

(5)易燃易爆品仓库、油库应通风良好,并满足防晒、防雨、防雷要求。

(6)库房内的原材、构件及成品、半成品等应按规格、型号设有进库、剩余的数量标识卡,同时标识防火、防晒、防潮、防雷等特殊要求的标识。

1.5.2 火工品库

(1)安全要点

①火工品库应完善"人防、物防、技防、犬防"四防一体的安全防范体系。

②每个库区应至少配置2名保管员与1名保卫人员,严格落实库区来人登记制度、交接班制度及"双人双锁"制度。

③库存量不得超过公安机关批准的容量,炸药与雷管不得混放,单库单一品种最大允许储存量见表1-1。库区内各库房之间的距离应不小于12m,库区值班室距各库房的最小允许距离见表1-2。

④保管员应及时清理库区及围墙外15m范围内的枯草等易燃物。进库人员严禁携带手机、打火机等物品,在进入库房前应手摸防静电设施,消除静电后方可进入,火工品保管员必须挂证上岗。

⑤火工品的运输车辆应按照公安部门批准的线路行驶。

小型民用爆炸物品储存库单库单一品种最大允许储存量　　表 1-1

序　　号	产 品 类 别	最大允许储存量
1	工业炸药及制品	5000kg
2	工业导爆索	50000m(计算药量 600kg)
3	塑料导爆管	100000m

注:1. 工业炸药及制品包括铵梯类炸药、铵油类炸药、硝化甘油炸药、乳化炸药、水胶炸药、射孔弹、起爆药柱、震源药柱等。

2. 工业雷管包括电雷管、导爆管雷管以及继爆管等。

3. 工业导爆索包括导爆索和爆裂管等。

4. 其他民用爆炸物品按与本表中产品相近特性归类确定储存量,普通型导爆索药量为 12g/m,常规雷管药量为 1g/发,特殊规格产品的计算药量按照产品说明书给出的数值计算。

值班室与库房的最小允许距离　　表 1-2

序　　号	值班室设置防护屏障情况	最小允许距离(m)	
		3000kg < 单库计算药量 ≤ 5000kg	单库计算药量 ≤ 3000kg
1	有防护屏障	65	30
2	无防护屏障	90	60

⑥火工品入场管理、领用、发放、退库应按照本指南 8.2 节的要求实施,确保领用、发放、使用、退库信息的实时传递。

⑦施工单位应定期(每月至少一次)对库区的消防器材、监控通信设备及防雷装置等进行检查,并形成检查记录。如有特殊情况,应进行专项检查。

(2)安全设施

①火工品库四周围墙的高度不应低于 2m,墙顶须设置防攀越措施。库区应按公安部门的要求安装视频监控系统及报警装置,监控应覆盖库区出入口、雷管库、炸药库、值班室等重点部位。

②火工品库入口处应设置防火警示牌,炸药库、雷管库应按规定设置明显的安全警示标牌,并标明物品名称、危险等级(图 1-35)。

a)

b)

图 1-35　火工品库

③库房应设置防盗门与格栅门，门前设置防静电设施，每个库房须由具备专业资质的机构安装避雷装置。库房外的电气照明应采用防爆开关及照明器，照明器的照射方向与监控位置一致，并配备防爆手电筒或手提式防爆灯。

④炸药库与雷管库之间应设置防爆土堆，防爆土堆应高出雷管库、炸药库房顶平面50cm以上。

⑤值班室醒目位置应设置报警电话提示牌。

⑥进入雷管库的人员应穿着防静电鞋、防静电服或纯棉工作服。

1.5.3 易燃易爆品仓库

(1)安全要点

①不同性质的易燃易爆品须分间存放，严禁混存。氧气、乙炔瓶储存间距不得小于10m。

②易燃易爆品仓库应做到空、重瓶分开。若同库存放时，应分开放置，两者间距应不小于1.5m。装卸、搬运时要轻装轻放，避免气瓶硬碰硬撞，装卸时不得产生火花。

图1-36 易燃易爆品储存间(正面实物图)

③仓库应单独安装开关箱，禁止使用不合格的电气保护装置。

④仓库应配备专人进行保管，保管人员离库时，必须拉闸断电。

⑤罐体的使用、维护应符合《危险货物便携式罐体检验安全规范》(GB 19454—2009)要求。

(2)安全设施

①仓库顶部应设置通风口，顶部上方宜设置遮阳棚(图1-36、图1-37)。

a)

b)

c)

图1-37 易燃易爆品储存间(外侧图)

②仓库应采用防爆开关和照明器，地面应设置一层缓冲垫。储存大量易燃物品的仓库场

地应设置独立的避雷装置。

③仓库入口处应设置“严禁烟火”、危险源告知标志等安全警示标志。

1.5.4 油库

(1)安全要点

①储油库宜采用地下(全埋)或半地下(半埋)方式,采用卧式放置。桶装汽油应放置在阴凉的地方,避免暴晒。

②燃油应安排专人进行装卸、抽取,并造册登记。

③油库应按设计规定装油,不能混装。库区内禁止存放危险品、爆炸品和其他易燃物品,室内油库必须设置通风系统。

④油库应划分消防区域,制定明显的油品型号。油库管理员应定期(每月至少一次)对库区消防器材进行检查维护,并形成检查记录。

⑤油罐外壁应涂防锈漆,并定期清洗。罐体的使用、维护应符合《危险货物便携式罐体检验安全规范》(GB 19454—2009)要求。

⑥油库与铁路、施工现场驻地、居民区及公共建筑物之间的安全距离应不少于60m。

(2)安全设施

①库房内应设置油罐摆放台架,防止油罐滚动,台架宜采用混凝土或钢管制作。

②油罐安全阀、呼吸阀、液位计、防静电、防雷接地装置等安全设施应齐全可靠,接地电阻不得大于4Ω,并设置检修通道和作业平台。

(3)油库上方应设置防晒棚,四周应设置围栏及排水沟,围栏宜采用隔离栅。油库醒目位置应设置“严禁烟火”“无关人员、禁止入内”等安全警示标志(图1-38)。

a)

b)

图1-38 油库安全防护

(4)油库入口处应设置防静电装置,库区消防设施应按照本指南4.3节要求配备。

1.6 临时施工设施

1.6.1 一般规定

(1)施工便道应因地制宜,充分利用现场的地形和地物,尽量避开洼地、河流及不良地质地段,避免与既有铁路、交通复杂路段的公路平面交叉。便道傍山时,要注意边缘的危石处理,必要时应进行放坡(1:3)处理。便道沿河时,应严格按防汛要求,按专项方案做好下边坡的防护。

(2)通航水域搭设栈桥前,应取得当地海事和航道管理部门批准,并取得“水上、水下施工作业许可证”。

(3)临时码头宜选在河流两岸开阔、河床稳定、水流顺直、回旋水的岸边、地质条件较好的河段,两岸引道应保持坚固、稳定。

(4)在栈桥、临时码头施工前,施工单位应根据使用要求及水文、地质情况进行设计(确定荷载、高度等参数),并编制专项施工方案。若设计无规定,栈桥高度宜根据15年一遇的洪水频率确定。海上施工的栈桥高度应根据10~20年一遇波浪要素值与潮汐特征值(深圳区域潮汐30年最大2.3~2.6m)确定。

(5)便道、栈桥、会车处实施完成后应采用材料运输车进行通行测试,以确保正常使用。

1.6.2 便道

(1)安全要点

①双车道施工便道宽度宜不小于6.5m。如采用单车道,车道宽度不小于4m,路基宽度不小于4.5m。每300m范围内,应设置一个长度不小于20m、宽度不小于2.5m的会车道,设置不大于2%的横坡。

②便道的最大纵坡不宜大于9%,对于山岭重丘区施工的便道,应保证施工车辆安全通行。

③施工便道路面宜采用泥结碎石或天然级配碎石。在条件允许的情况下,便道路面可采用隧道洞渣或矿渣铺筑。大纵坡便道、特大桥、隧道洞口、搅拌站和预制场与地方路连接段便道路面须采用混凝土硬化,硬化长度不小于50m。所有便道必须满足雨天通行及运输要求。

④便道陡坡、急弯、连续转弯处车辆行驶速度不应超过5km/h,便道平直处车辆行驶速度应不超过20km/h。

(2)安全设施

①施工便道应做好临边防护及警示,在便道陡坡、急弯、连续转弯、下边坡临崖段宜采用防撞墩防护(图1-39),在便道平缓、顺直段宜采用警示柱防护(图1-40)。

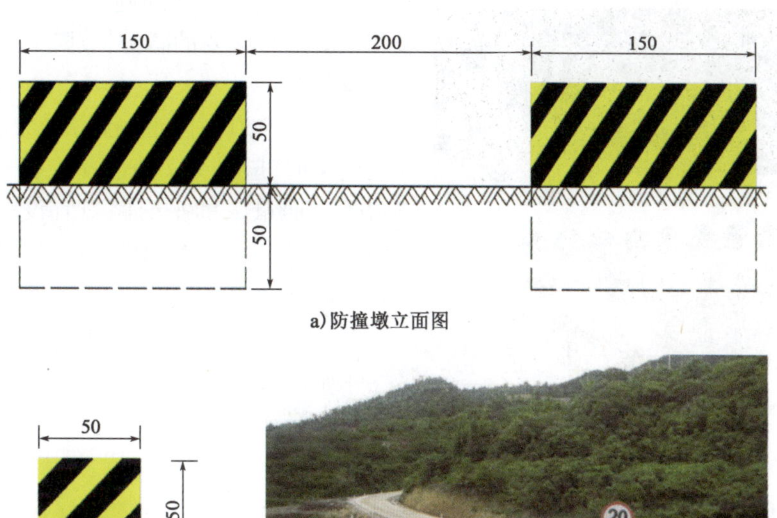

a)防撞墩立面图

50

50

50

b)防撞墩侧面图

20

c)现场图

图1-39　便道防撞墩临边防护(尺寸单位:cm)

②便道出入口处应设置限速标志和减速带。在转角、视线不良地段应设置广角镜及"减速慢行"等安全警示牌,跨越或邻近道路施工时应双向设置限速、慢行警示标志,道路危险地段应设置"危险地段、注意安全"等安全警示牌,便道陡坡、急弯、连续转弯处须设置"减速慢行""当心滑倒"等安全警示牌,岔路口应设置方向指示牌(图1-41)。

图1-40　警示柱临边防护

图1-41　施工便道警示标志

③施工便道靠汇水面一侧应设置排水沟,截面尺寸宜为30cm×30cm。便道通过水渠或灌溉沟渠部位应埋设管涵,其断面不小于原沟渠断面,确保排水能力(图1-42)。

图 1-42　钢筋混凝土圆管涵

④开挖放坡新修的施工便道，应对便道的边坡和坡脚进行必要的防护，坡脚下排水沟要顺畅，不得有积水。

⑤临时便道与国道、省道或交通量较大的县乡道交叉时，应在交叉处设置警示标志。与国道、省道等交通量大的平交路口宜设置“一车一挡”设施，并安排人员24h值班，有高度限制的区域应设置限高架及警示标志。

(3)临时水电管管网和其他动力设施

①临时总变电站应设在高压线进入工地处，尽量避免高压线穿过工地。

②临时水池、水塔应设在用水中心和地势较高处。管网沿道路布置，供电线路应避免与其他管道设在同一侧。要将支线引到所有使用地点。应按批准的《××工程临时水、电施工技术方案》组织设施。

1.6.3　一般、海域栈桥

(1)一般栈桥安全要点

①人行栈桥宽度应不小于2.5m，人车混行的栈桥宽度应不小于4.5m，作业人员应单侧通行。

②栈桥桥面钢板安装好后，为保证桥上施工人员的安全，要求栏杆安装与工作面同步。

③通过栈桥的电缆线须绝缘良好，并固定在栈桥一侧绝缘电缆支架上。配电箱、消防、救生设备等应外挂设置，避免占用桥面通行空间。

④栈桥出入口处应进行交通管制，应定期或不定期对栈桥进行检查与维护，不得将栈桥作为船舶系缆的桩柱或锚固设施。

(2)一般栈桥安全设施

①栈桥两侧临边处应设置高度不小于1.2m的防护栏杆，并挂过塑钢丝网。栏杆立杆间距应不大于2m，横杆与上下杆件的间距应不大于0.6m。立杆和横杆应采用直径不小于48mm的钢管制作，钢管间应采用标准扣件连接或焊接，并涂上红白或黄黑相间的反光漆。栏杆与平台应采用焊接连接，焊缝高度按钢结构施工验收规范要求对焊缝高度进行施工验收、检测。栏杆底部须安装高度不小于180mm的挡脚板(图1-43)。

②栈桥应设置满足施工安全要求的照明设施，栈桥桥面宜采用具有防滑措施的压型钢板或花纹钢板铺设，钢板上的突棱高度应不小于2mm，或在桥面按照一定间距布设横向螺纹钢筋以抗滑。

③栈桥两端应设置限速、限载、限高及相关反光标识牌(图1-44)，两侧护栏上应设置“注意安全”“当心坠落”等警示标志。

④水上栈桥护栏上应每隔50m配置一个救生圈，两侧错开设置。通航施工区域应按照主管部门的批复设置通航保障设施(图1-45)。

a)

b)

图1-43　栈桥图例

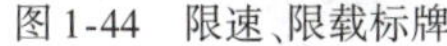

图1-44　限速、限载标牌

图1-45　救生圈、防撞措施

⑤栈桥施工时,应根据需要在栈桥一侧设置向外凸出的矩形平台,用于设置配电箱、消防、救生设备等(图1-46)。

a)

b)

图1-46　栈桥向外凸出的平台

(3)海域栈桥安全要点

①按施工设计图及施工海域的实际施工情况,编制安全施工专项方案,且融入专家评审的

建议和意见进行海域栈桥施工(图1-47、图1-48)。所有作业人员上岗前必须进行岗前安全教育,并经考试合格后,方可进入海域施工现场。

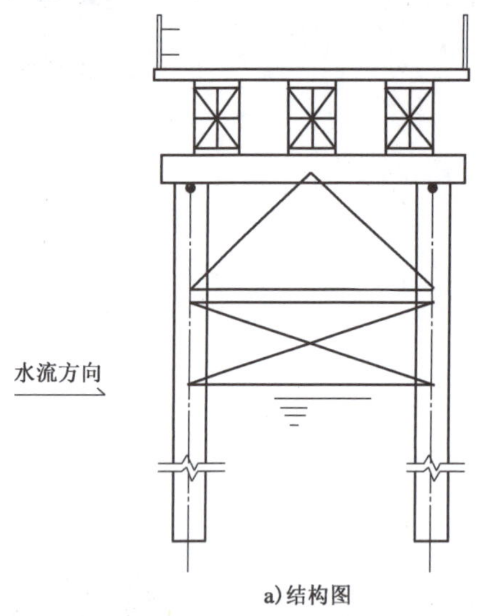

a)结构图

b)实物图

图1-47 栈桥断面设计

a)

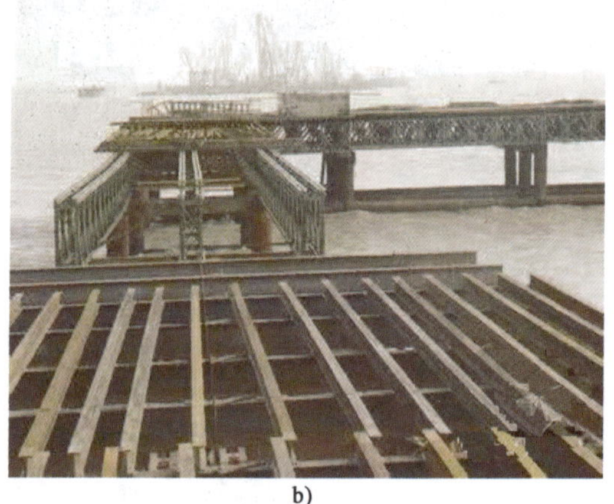

b)

图1-48 水域栈桥断面、下部钢管桩及栈桥面贝雷架

②所有人员进入海域施工现场必须按要求佩戴安全防护用品,如安全帽、安全带等。

③所有进入海域施工现场人员必须遵守安全管理制度,并听从现场管理人员安排。

④禁止酒后上岗作业,进入海域施工现场严禁嬉戏打闹。

⑤起重机、装载机、挖掘机、电工等特种作业人员必须持证上岗,并严格按照安全操作规程进行操作。

⑥现场所有用电设施必须由持证电工操作,禁止私自乱拉乱接。

⑦配合机械施工时,要设专人负责指挥,待机械停稳后方可进行配合操作。

⑧栈桥采用两排钢管桩基础,栈桥与平台四周用L 5cm×5cm角钢和钢筋焊接1.2m高的栏杆,外侧设置防撞设施和悬挂警示灯(牌)。

(4)海域栈桥安全设施

①施工现场严格按要求设好防护措施,并设防护艇在上下游疏导交通。

②临时码头、栈桥、水上平台的搭设,严格遵照航道部门的规定,不得破坏河堤、侵入航道。

③同航道部门报告、协商,划出专门的施工水域,布设航标,引导船只安全通过水域。施工用的船舶、机械严禁侵入航道。

④积极配合航道部门、港监的例行检查和指导。水上作业的浮式起重机、船只必须性能良好,符合航务部门的有关规定。

⑤水上施工人员必须戴安全帽,穿救生衣。

⑥水上施工时必须有由人指挥,用对讲机、口哨及指挥旗等指挥。

⑦随时注意来往船只,保证既不影响航道通行,又不耽误正常的施工作业。施工区域悬挂醒目的安全警示牌,夜间开警示灯。

⑧通行、施工安全两用栈桥段应增加桥面宽度,按工程的要求形成通行、施工作业点的安全会车段。会车段具体位置依据栈桥护筒在该位置的实际情况而定,纵向基本长度为20m左右,会车段布置见栈桥的会车段设计断面图(图1-49)。

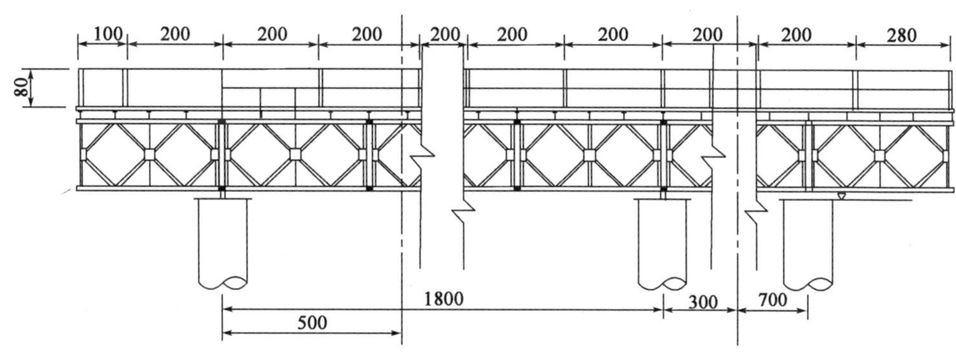

图1-49 栈桥会车处设计断面示意图(尺寸单位:mm)

(5)海域栈桥吊装安全要点

①起重机行驶和工作的场地(水域边)应平坦坚实,保证在工作时不沉陷,不得在倾斜的地面行驶和作业,视其土质的情况,起重机的作业位置应离沟渠、基坑有必要的安全距离。

②作业前应首先检查发动机传动部分,作业制动部分、仪表、钢丝绳以及液压传动等部分是否正常,当确认无问题后,方可正式作业,严禁酒后作业。

③起吊前须检查确认绳进滑轮槽,各部位置准确到位,增加的压重就位,结合部的紧固等情况为可靠。

④建立现场安装保险措施,现场选派安全员专职安全管理,处理安全隐患,做到安全管理、防护措施到位。派一名现场指挥,指挥人员应使用统一指挥信号,信号要鲜明、准确,起重机驾驶人员应听从指挥。

⑤订立安全制度,做好醒目的安全警戒标志,施工区域必须设有警戒线对所有进场安装施工人员进行三级安全教育。高空作业,吊装都须系安全带,设置护栏。

⑥构件提升时严禁构件下人员走动,起吊前应由专人检查吊点、吊钩、索具、电源及吊装系统,起吊时应速度均匀,下落时应低速稳放,严格执行安全生产纪律。

⑦起重机吊运重物时,其下方不得有人员停留或通过,更不得在吊起来的重物下面进行作业,严禁起重机吊运人员。

⑧当遇6级及以上大风时,不得进行吊装,并及时检查已安装的钢桁架,必要时用缆绳固定。高空作业必须系安全带,铺设安全密目网。

⑨检查作业场所的环境、安全设施等,确认符合有关安全规定,方可进行作业。作业时,按规定正确佩戴和使用劳动防护用品,如安全帽、安全带、手套等。

⑩在使用起重机械作业时,应严格遵守有关机械的安全操作规定,严禁司机违章起吊。禁止斜吊,斜吊会造成超负荷及钢丝绳出槽,甚至造成拉断绳索和翻车事故,斜吊还会使重物在脱离地面后发生快速摆动,可能碰伤人或其他物体。吊装散状构件时必须使用料斗,并保持平衡方可起吊。

1.6.4 临时码头

(1)安全要点

①临时码头须有抗冲刷、抗冲击能力,其附属设备(跳板、支撑、船环、柱桩等)应牢固可靠。

②渡船、拖轮应配备安全设施,严禁超载、超限。

③施工单位应加强临时码头各种设施的日常检查和维护,填写巡查记录表并存档。

(2)安全设施

①临时码头临边处应设置高度不小于1.2m的防护栏杆,临水端边坡应采用浆砌块石或混凝土进行防护。引道须设置防滑、减速、防撞设施(图1-50)。

②临时码头临水端应设置靠船的靠帮和系缆设施,临边栏杆上应每隔5m应设置一个救生圈,救生圈上系上救援绳,以备人员意外落水时打捞救助(图1-51),码头下方宜常备救生船一艘。

图1-50 临时码头

图1-51 救生圈、警示标志

③临时码头应设置夜间警示标志、航标信号(图1-52),在醒目位置设置风险告知牌。

④渡船、拖轮上应配备救生衣、救生圈等急救设施(图1-53),并在醒目位置设置限载、限宽、限停等标志标牌。

图1-52　夜间警示标志

图1-53　拖轮上急救设施

第2章 临时用电

2.1 一般规定

人体的感知电流,男为1.1mA,女为0.7mA。摆脱电流男为16mA,女为10.5mA,儿童要比成人小。在较短时间内危及生命的电流是致命电流,从两个方面理解:一是电流达到50mA就会引起心室颤动,有生命危险,而100mA以上的电流则足以将人致死,30mA以下暂时不会有生命危险;二是人的心脏每收缩扩张一次有0.1s的间歇,而在这0.1s内,心脏对电流最敏感,若电流在这一瞬间通过心脏,即使电流较小,也会引起心脏颤动,造成危险。

(1)施工现场临时用电应该满足《施工现场临时用电安全技术规范》(JGJ 46—2005)和《建设工程施工现场供用电安全规范》(GB 50194—2014)的有关规定,并设置安全防护设施。各种用电设备、导线、开关、电气等禁止使用国家明令淘汰的产品。

(2)对于总体用电方案及搅拌场、钢筋加工场及预制场作业区,大桥、特大桥梁作业区,长隧道、特长隧道作业区施工单位应进行专项用电设计,并编制施工现场临时用电组织设计。施工单位应根据工程规模、场地特点、负荷性质、用电容量、场区供用电条件,科学、合理编制用电组织设计。施工现场临时用电组织设计应包括下列内容:

①现场勘测。

②确定电源进线、变电所或配电室、配电装置、用电设备位置及线路走向。

③进行负荷计算。

④选择变压器。

⑤设计配电系统,设计配电线路,选择导线或电缆,设计配电装置,选择电气,设计接地装置,绘制临时用电工程图纸,主要包括用电工程总平面图、配电装置布置图、配电系统接线图、接地装置设计图(图2-1、图2-2)。

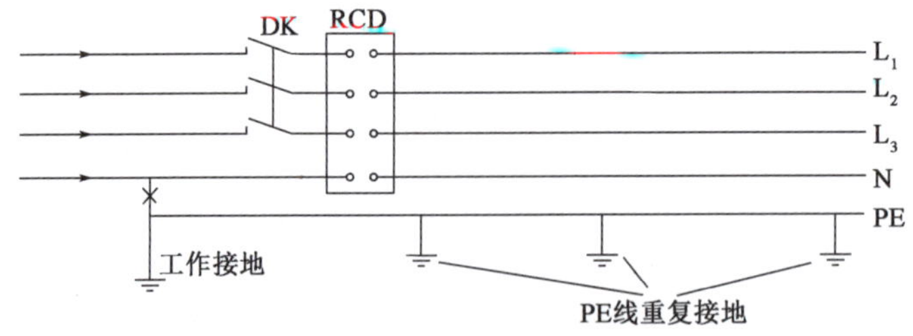

图2-1 变压器TN-S接零保护系统

⑥设计防雷装置。

⑦确定防护措施。

⑧制订安全用电措施和电气防火措施。

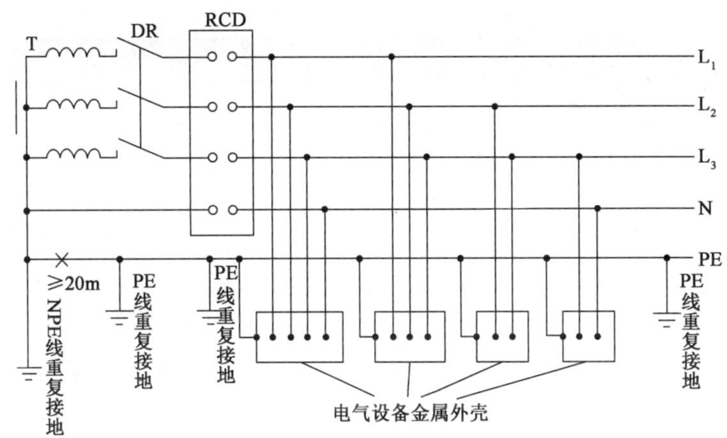

图 2-2　三相四线 TN-S 接零保护系统

(3)临时用电组织设计变更时,必须履行“编制、审核、批准”程序,由电气工程技术人员按行业标准、原则组织编制,经相关部门审核及施工企业的技术负责人批准后实施。变更用电组织设计时应补充有关图纸资料。临时用电工程必须经编制、审核、批准部门和使用单位共同验收,合格后方可投入使用。

(4)施工现场临时用电工程专用的电源中性点直接接地的 220/380V 三相四线制低压电力系统,必须采用 TN-S 接零保护系统,做到“三级配电、两级保护”和“动照分设”。

(5)总配电箱、分配电箱和开关箱,开关箱必须设置漏电保护,并在上一级分配电箱或总配电箱中加装一级漏电保护器。当合并设置为同一配电箱时,动力和照明应分路配电,动力开关箱与照明开关箱必须分设。

(6)保护零线的统一标志为绿/黄双色线。在任何情况下不准使用绿/黄双色线作负荷线及工作零线。三相四线制线路的零线的截面应不少于相线截面 50%。

(7)施工现场临时用电工程配电方式为:从一级总配电箱(配电柜)通过分路开关装置向若干二级分配电箱分路配电;二级分配电箱可向若干开关箱分路配电。开关箱应按“一机一箱一闸一漏一锁”设置,严禁一闸多用、一漏多机。

(8)配电柜应装设电源隔离开关及短路、过载、漏电保护电气。电源隔离开关分断时应有明显可见的分断点。

(9)总配电箱(配电柜)至分配电箱的线路必须使用五芯电缆,并采用三相五线制架空线路。分配电箱至开关箱、开关箱至用电设备的相数和线数应保持一致。动力与照明分设时,若动力开关箱内采用三极漏电保护器,分配电箱至开关箱内三相设备线路可采用四芯电缆(即三根相线和一根 PE 线),单相设备和一般照明线路可采用三芯电缆。

(10)变压器、配电房、配电柜、配电箱等用电设施应设置“禁止攀爬”“当心触电”“请勿靠近”等明显的禁止、警告标志及责任标识牌。

(11)电工必须经过按国家现行标准考核合格后,持证上岗工作,其他用电人员必须在电工监护下通过相关安全教育培训和技术交底，考核合格后方可上岗工作，施工电源及高低压配电装置应设专职人员负责运行与维护。施工现场不同工程部位电工的配备数量宜满足表 2-1 及投标文件的要求。

电工的配备数量表　　表 2-1

工 程 部 位	电工配备人数
钢筋加工场、预制场作业区	≥1
桥梁作业区	每三座中、小桥梁≥1，每座大桥、互通立交桥或新工艺、工艺复杂的桥梁≥1
隧道作业区	一般隧道≥1，长、特长隧道≥2

(12)隧道内的临时用电，宜按照“永临结合”的要求统筹考虑。动力线和照明线路应该分设，不得在动力线路上加挂照明设施，动力干线上的每一分支线，必须装设开关及保险装置。高压进洞时应安装箱式变压器，变压器与周围及上下洞壁之间的最小距离不得小于 30cm，且变压器周围应设防护栏杆及警示灯。瓦斯隧道还应考虑用电防爆要求与措施。

(13)临时用电工程应定期检查，每日应检查、维修配电箱、开关箱，定期复查接地电阻值、绝缘电阻值及漏电保护器的灵敏度和有效性，发现事故隐患必须及时处理，并做好相关检查、维修记录，每周由项目经理审核认可，并在临时用电工程拆除后统一归档。

(14)台风、暴雨后对整个施工现场的供电系统及用电设备进行检查，确保无安全隐患后再投入使用。

2.2 外 电 线 路

2.2.1 安全要点

(1)外电架空线路的最小安全距离范围内不得搭设作业棚、建造生活设施或堆放构件、架具、材料及其他杂物。施工作业区内存在架空线路且在最小安全操作距离内时，必须编制架空线路防护专项方案，并采取安全可靠的防护措施。

(2)在建工程(含脚手架)的周边与外电架空线路的边线之间、施工现场的机动车道与架空线路交叉时、起重机与架空线路边线之间、防护设施与外电线路之间的最小安全距离必须符合表 2-2 ~ 表 2-5 的规定。

工程周边与架空线路的边线之间的最小安全距离　　表 2-2

外电线路电压等级(kV)	<1	1 ~ 10	35 ~ 110	220	330 ~ 500
最小安全距离(m)	4.0	6.0	8.0	10	15

施工现场的机动车道与外电架空线路交叉时的最小垂直距离　　表 2-3

外电线路电压等级(kV)	<1	1 ~ 10	35
最小垂直距离(m)	6.0	7.0	7.0

起重机与架空线路边线的最小安全距离　表 2-4

外电线路电压等级(kV)	<1	10	35	110	220	330	500
沿垂直方向安全距离(m)	1.5	3.0	4.0	5.0	6.0	7.0	8.5
沿水平方向安全距离(m)	1.5	2.0	3.5	4.0	6.0	7.0	8.5

防护设施与外电线路之间的最小安全距离　表 2-5

外电线路电压等级(kV)	≤10	35	110	220	330	500
最小安全距离(m)	1.7	2.0	2.5	4.0	5.0	6.0

(3)防护设施与外电线路的安全距离无法满足时,必须与电力部门协商,采取停电、迁移外电线路或改变工程位置等措施,未采取上述措施的严禁施工。

(4)起重机作业时严禁越过无防护设施的外电架空线路,上、下脚手架的斜道不宜设在外电线路的一侧。

(5)现场开挖沟槽的边缘与埋地外电缆沟槽边缘之间的距离不得小于0.5m。

2.2.2 安全设施

(1)跨越在建工程的高压线未拆改以前,在其周边作业时,必须树立醒目的“高压危险”等警告标志,并应当设立安全限界隔离警示护栏等围蔽设施。

(2)当与高压线的距离达不到规定的安全距离要求且其他途径无法解决时,必须采取可靠的专门绝缘措施予以隔离防护,该隔离方案应当经过相关专家评审通过,并由相关的电力部门予以实施。防护设施顶面必须采用竹、木或其他绝缘材料搭设,宽度应超过架空线路两侧各0.75m以上,长度应超过横跨道路两侧各1.0m以上,并悬挂醒目的“高压危险”等警告标志。

2.3 供配电设施

2.3.1 安全要点

(1)变压器或箱式变电站外廓与围栏或围墙周围应留有不小于1m的巡视或检修通道。室内变压器的外廓与变压器室墙壁和门的净距离应分别不小于0.6m和0.8m,并留出足够的检修通道。

(2)配电房建设应采用砖混结构,室内须设置配电柜布线地沟,周边应设置30cm×30cm的排水沟,并保持排水通畅。配电室室内地面应铺设绝缘胶垫,门窗应采用坚固的铁质材料,做到自然通风,配电室的门应向外开并配锁。顶部应采用防火、防雨板材,并设置保温层或隔热层,且坡度不小于5%。配电房与变压器的水平安全距离应在3m以上。

(3)配电室的顶棚与地面的距离应不小于3m,配电装置的上端距棚顶应不小于0.5m。

(4)配电柜正面的操作通道宽度,单列布置或双列背对背布置时应不小于1.5m,双列面对面布置时应不小于2m。配电柜后的维护通道宽度,单列布置或双列面对面布置时应不小于0.8m,双列背对背布置时应不小于1.5m,个别地点有建筑物结构凸出的地方,通道宽度可减少0.2m,配电柜侧面的维护通道宽度应不小于1m。

(5)发电机房宜采用砖混砌筑或阻燃板材搭建,做到防尘、防雨,大门应向外开启,排烟管道须伸出室外,应及时清理发电机房内的油渍、油污。

(6)发电机应采用电源中性点直接接地的三相四线供电系统和独立设置的TN-S接零保护系统,接地与接地电阻应符合下列要求:

①单台容量超过100kVA或使用同一接地装置并联运行且总容量超过100kVA的电力变压器或发电机的工作接地电阻值不得大于4Ω。

②单台容量不超过100kVA或使用同一接地装置并联运行且总容量不超过100kVA的电力变压器或发电机的工作接地电阻值不得大于10Ω。

③在土壤电阻率大于1000Ω·m的地区,当达到上述接地电阻值有困难时,工作接地电阻值可提高到30Ω。

(7)发电机组电源必须与外电线路电源连锁,严禁并列运行。发电机组并列运行时必须装设同期装置,并应在机组同步运行后再向负载供电。

(8)配电柜或配电线路停电维修时,应挂接地线,并应悬挂“禁止合闸、有人工作”停电标识牌,停送电必须由专人负责。

2.3.2 安全设施

(1)变压器宜优先选用箱式变压器,应设置不低于1.7m高的固定围栏或围墙,并在明显位置悬挂“禁止攀爬”“当心触电”“请勿靠近”等警示标志,户外安装的箱式变压器其底部距地面的高度不应小于0.5m。

(2)配电室内的裸母线与地面垂直距离小于2.5m时,应采用遮栏隔离,遮栏下面通道的高度不小于1.9m。配电柜和控制柜应做好接地保护。

(3)配电室的建筑物和构筑物的耐火等级应不低于3级,室内外各设1组(2个)4kg以上的干粉灭火器,室外应设置消防沙池,消防铲不少于4个。室内配置砂箱和可用于扑灭电气火灾的灭火器。

(4)在配电柜或配电线路停电维修时,应挂接地线,并悬挂“禁止合闸、有人工作”停电标识牌,停送电必须由专人负责。

(5)发电机房须配置设1组(2个)4kg以上的干粉灭火器,室外应设置消防沙池,消防铲不少于4个。发电机组及其控制、配电室内必须配置可用于扑灭电气火灾的灭火器,严禁存放储油桶。

(6)移动式小型发电机使用时,在出口侧应设置短路、过载、低压及漏电等保护装置,机体应可靠接地。

2.4 配电箱及开关箱

2.4.1 安全要点

(1)配电系统应设置总配电箱、分配电箱、开关箱,实行三级配电。总配电箱应靠近电源区域,分配电箱应设在用电设备相对集中的区域,与开关箱的距离不大于30m,开关箱应靠近用电设备,与用电设备的水平距离不宜大于3m。使用的隔离开关或断路器在分断时应具有可见分断点。

(2)总配电箱的电气应具备正常接通与分断电路,以及短路、过载、漏电保护功能。电气设置应符合下列原则:

①当总路设置总漏电保护器时,应加装总隔离开关、分路隔离开关以及总断路器、分路断路器或总熔断器、分路熔断器。当所设的总漏电保护器同时具备短路、过载、漏电保护功能时,可不设总断路器或总熔断器。当采用带隔离功能的断路器时,可不设置隔离开关。

②当各分路设置分路漏电保护器时,应加装总隔离开关、分路隔离开关以及总断路器、分路断路器或总熔断器、分路熔断器。当分路所设的漏电保护器同时具备短路、过载、漏电保护功能时,可不设分路断路器或分路熔断器。

③隔离开关应设置在电源进线端,应采用分断时具有可见分断点并能同时断开电源所有极的隔离开关。如采用分断时具有可见分断点的断路器,可不另设隔离开关。

④熔断器应选用具有可靠灭弧分断功能的产品。

⑤总开关电气的额定值、动作整定值应与分路开关电气的额定值、动作整定值相适应。

(3)总配电箱应装设电压表、总电流表、电度表及其他需要的仪表。专用电能计量仪表的装设应符合当地供用电管理部门的要求。总配电箱的配出回路数应为1~5个。

(4)总配电箱中漏电保护器的额定漏电动作电流应大于30mA,额定漏电动作时间应大于0.1s,但其额定漏电动作电流与额定漏电动作时间的乘积不应大于30mA·s。

(5)分配电箱应装设总隔离开关、分路隔离开关以及总断路器、分路断路器或总熔断器、分路熔断器。其设置和选择应符合本节安全要点中“(2)”中总配电箱的有关要求。分配电箱的配出回路数应为2~7个。

(6)配电箱的电气安装板上必须分设N线端子板和PE线端子板。N线端子板必须与金属电气安装板绝缘,PE线端子板必须与金属电气安装板做电气连接。进出线中的N线必须通过N线端子板连接,PE线必须通过PE线端子板连接。

(7)开关箱必须装设隔离开关、断路器或熔断器,以及漏电保护器。当漏电保护器同时具有短路、过载、漏电保护功能时,可不装设断路器或熔断器。隔离开关应采用分断时具有可见分断点、能同时断开电源所有极的隔离开关,并应设置于电源进线端。当断路器是具有可见分断点时,可不另设隔离开关。

(8)开关箱中漏电保护器的额定漏电动作电流应不大于30mA,额定漏电动作时间应不大于0.1s。使用于潮湿或有腐蚀介质场所的漏电保护器应采用防溅型产品,其额定漏电动作电流应不大于15mA,额定漏电动作时间应不大于0.1s。

(9)每台用电设备必须有各自专用的开关箱,严禁用同一个开关箱直接控制2台及2台以上用电设备(含插座),严禁使用插线板接电。

(10)配电箱或开关箱应当有可靠的门,平时应当注意其始终处于关闭状态。

2.4.2 安全设施

(1)配电箱、开关箱应采用冷轧钢板或阻燃绝缘材料制作,开关箱箱体的钢板厚度不得小于1.2mm,配电箱箱体钢板的厚度不得小于1.5mm,箱体表面应做防腐处理。配电箱、开关箱的外形结构应能防雨、防尘。

(2)配电箱、开关箱应装设端正、牢固。固定式配电箱、开关箱的中心点与地面的垂直距离应为1.4~1.6m。移动式配电箱、开关箱应装设在坚固、稳定的支架上,其中心点与地面的垂直距离宜为0.8~1.6m。

(3)配电箱、开关箱的进、出线口应设在箱体的下底面,并应配置固定线卡,进、出线应加绝缘护套、成束做好防水弯卡固在箱体上,且不得与箱体直接接触。

(4)对配电箱、开关箱进行定期维修、检查时,必须将其前一级相应的电源隔离开关分闸断电,并悬挂“禁止合闸、有人工作”停电标识牌,严禁带电作业。

2.5 低压配电线路

2.5.1 安全要点

(1)架空线路

①架空线路由电杆、导线、横担、绝缘子、金具和拉线等组成。架空线须采用绝缘导线或电缆线,并应架设在专用电杆上,严禁架设在树木、脚手架及其他设施上。专用电杆宜采用混凝土杆或木杆,其长度不小于8m。电杆埋设时不得有倾斜、下沉及杆基积水现象,埋设深度应为杆长的1/10+0.6m,装设变压器的电线杆的埋深应不小于2m,回填土应每回填500mm夯实一次。钢筋混凝土杆不得有露筋、宽度大于0.4mm的裂纹和扭曲。木杆不得腐蚀,其梢径不应小于140mm。

②架空线路须固定在针式绝缘子或蝶式绝缘子上,电线与横担的距离应不小于5cm。架空线路的绑线材质应与导线相同,直径不小于2mm,绑扎长度应不小于150mm。

③电杆的斜拉线应采用镀锌钢绞线,最小规格不应小于35mm^2。拉线应根据电杆的受力情况装设,拉线与电杆的夹角不宜小于45°,当受到地形限制时不得小于30°。斜拉线埋设深度不得小于1m,斜拉线从导线之间穿过时,应在高于地面2.5m处装设斜拉线绝缘子。因受地形环境限制不能装设斜拉线时,可采用撑杆代替斜拉线,撑杆埋深不得小于0.8m,其底部应垫底盘或石块,撑杆与主杆的夹角为30°。

④架空线路的档距不得大于35m,线间距不得小于0.3m,靠近电杆的两导线间距不得小于0.5m。

⑤架空线导线截面的选择应满足下列要求:导线中的计算负荷电流应不大于其长期连续负荷允许载流量;线路末端电压偏移应不大于额定电压的5%;三相四线制线路的N线和PE线截面不小于相线截面的50%,单相线路的零线截面与相线截面应相同;为满足机械强度要求,绝缘铝线截面应不小于16mm^2,绝缘铜钱截面应不小于10mm^2;跨越铁路、公路、河流、电力线路档距内,绝缘铝线最小截面应不小于25mm^2,绝缘铜钱截面应不小于16mm^2。

⑥在一个档距内每一层架空线的接头数不得超过该层导线数的50%,且一根导线只允许有一个接头。线路在跨越铁路、公路、河流、电力线路时档距不得有接头。导线接头应采用压接或焊接,接头长度为导线直径的7~15倍。线路安装时应先安装用电设备侧,再安装电源侧,拆除时反之。

(2)电缆线路

①电缆线路应采用埋地(设置电缆槽或埋管)或架空方式敷设,严禁沿地面明设,并应避免机械损伤和介质腐蚀。埋地电缆的路径应设方位标志。

②电缆中必须包含全部工作芯线和用作保护零线或保护线的芯线。需要三相四线制配电的电缆线路必须采用五芯电缆。五芯电缆必须包含淡蓝、绿/黄两种颜色的绝缘芯线。淡蓝色芯线必须用作N线,绿/黄双色芯线必须用作PE线,严禁混用。

③架空电缆应沿电杆、支架或墙壁敷设,并采用绝缘卡固定,绑扎线必须采用绝缘线,固定点间距应保证电缆能承受自重带来的荷载。橡皮电缆的最大弧垂距地不得小于2.5m。

(3)室内配线

①进户线的室外端应采用绝缘子固定,过墙应穿管保护,距地面不得小于2.5m,并应采取防雨措施。

②每栋房应安装有总开关箱,室内配线所用的导线截面应根据用电设备的计算负荷确定,但铜线截面应不小于1.5mm^2。

③室内配线必须有短路保护和过载保护等功能。短路保护和过载保护电气与绝缘导线、电缆的选配应符合规范要求。室内各处接头必须用分线盒保护。

④室内配线设置应整齐、简洁,严禁乱拖乱拉、随意接设,不得使用大功率的电气设备。漏电保护器、插座等宜设置在人员活动轻易触碰不到的位置。

⑤室外照明器距地面应不小于3m,室内照明器距地面的距离应不小于2.4m,插座接线时应符合规范要求。

⑥各种用电设备、照明器的相线必须经开关控制,不得将相线直接引入照明器。

2.5.2 安全设施

(1)电缆直接埋地敷设的深度应不小于0.7m,在电缆周边均匀敷设不少于50mm厚的细砂,并覆盖砖或混凝土板等硬质保护层,保护层应超过电缆两侧各50mm。埋地电缆在穿越建筑物、构筑物、道路、易受机械损伤、介质腐蚀场所及引出地面从2.0m高到地下0.2m处,须加设防护套管,防护套管内径不应小于电缆外径的1.5倍。在拐弯、接头、终端和进出建筑物等地段，应装设明显的方位标志，直线段上应适当增设标桩，桩须露出地面约15cm。

(2)室内配线必须采用绝缘铜导线，用塑料夹固定敷设，距地面的高度不得小于2.5m，并应尽量减少接头。管内、槽板内不得有接头，接头应放在接线或分线盒内，线路交叉或与管道交叉时，每根导线要穿绝缘管进行防护。

2.6 接地与防雷

2.6.1 安全要点

(1)相线、N线、PE线的颜色标记必须符合以下规定：相线L1(A)、L2(B)、L3(C)相序的绝缘颜色依次为黄、绿、红色，N线的绝缘颜色为淡蓝色，PE线的绝缘颜色为绿/黄双色。任何情况下上述颜色标记严禁混用和互相代用。

(2)保护零线应单独敷设，并不得装设开关或熔断器。

(3)配电箱的金属箱体、施工机械、照明器具、电气装置的金属外壳及支架等不带电的外露可导电部分应做保护接零，与保护零线的连接应采用铜鼻子连接。

(4)在TN系统中，保护零线每一处重复接地装置的接地电阻值不应大于10Ω。变压器或发电机的工作接地电阻值不得大于4Ω。施工现场内所有防雷装置的冲击接地电阻值不得大于30Ω。

(5)若机械已做防雷接地，其电气设备连接的PE线必须同时重复接地，机械的防雷接地可与其电气设备的重复接地共用同一接地体，但接地电阻应符合重复接地电阻值的要求。

(6)施工现场内的起重机、大型搅拌机、龙门架、钻(冲)孔灌注桩机等机械设备和脚手架、户外大型金属构件，钢制脚手架和正在施工的在建工程等金属结构，被安置在空旷地带且处在相邻建筑物、构筑物等设施的防雷装置接闪器的保护范围以外，以及设备高度在12m以上时，应按规定安装防雷装置。

(7)施工现场内的塔式起重机、施工电梯等应做重复接地，其PE线的重复接地与机体的防雷接地可共用同一接地体。防雷装置的接闪器(避雷针)应设置于其最顶端，接地装置宜采用镀锌圆钢或焊接钢管制成，圆钢直径应不小于16mm，钢管直径应不小于25mm，长度应为1~2m。塔式起重机可不另设避雷针(接闪器)。

(8)机械设备或设施的防雷引下线宜采用圆钢或扁钢，亦可利用该设备或设施的金属结构体，但应保证电气连接。

2.6.2 安全设施

(1)在隧道等潮湿或条件特别恶劣环境下的电气设备必须采用保护接零。

(2)不得采用铝导体做人工接地装置的接地体或地下连接线，人工接地体顶部埋深应不小于0.6m，应优先采用水平接地体。水平接地体宜采用扁钢或圆钢，垂直接地体宜采用角钢、钢管或圆钢，不应采用螺纹钢材。角钢厚度应不小于3mm，圆钢直径应不小于12mm，钢管壁厚不小于3.5mm。接地装置所使用的圆钢、扁钢、角钢均宜采用热浸镀锌材料。

2.7 电动机械及手持电动工具

2.7.1 安全要点

(1)作业人员在潮湿场所或金属构架上操作时,必须选用Ⅱ类或由安全隔离变压器供电的Ⅲ类手持式电动工具。金属外壳Ⅱ类手持式电动工具在使用时,其金属外壳与PE线的连接点不得少于2处,其开关箱和控制箱应设置在作业场所外面。在潮湿场所或金属构架上严禁使用Ⅰ类手持式电动工具。

(2)混凝土搅拌机、插入式振动器、平板振动器、地面抹光机、水磨石机、钢筋加工机械、木工机械、盾构机械、手持式电动工具的负荷线必须采用耐气候型橡皮护套铜芯软电缆,并不得有任何破损和接头。水泵的负荷线必须采用防水橡皮护套的铜芯软电缆,严禁有任何破损和接头,并不得承受任何外力。盾构机械的负荷线必须固定牢固,距地高度不得小于2.5m。

(3)对混凝土搅拌机、钢筋加工机械、木工机械、盾构机械等设备机械设备各类用电设备进行清理、检查、维修时,必须首先将其开关箱分闸断电,呈现可见电源分断点后,关门上锁,悬挂维修标示牌。

(4)交流弧焊机变压器的一次侧电源线长度应不大于5m,其电源进线处必须设置防护罩。发电机式直流电焊机的换向器应经常检查和维护,应消除可能产生的异常电火花。交流电焊机械应配装防二次侧触电的保护器。

(5)具有正反向运转的电动建筑机械的控制装置中,控制电气应采用接触器、继电器等自动控制电器,不得采用倒顺开关作为控制器。

2.7.2 安全设施

使用手持式电动工具时,作业人员必须按规定穿、戴绝缘防护用品。

2.8 照　　明

2.8.1 安全要点

(1)现场照明应采用高光效、长寿命的照明光源。夜间施工必须按施工环境的要求,达到充足的照明(lx)。对需要大面积照明的场所,应采用LED灯、混光用的卤钨灯等。

(2)停电后,操作人员需及时撤离的施工现场,必须装设有自备电源的应急照明。

(3)一般场所宜选用额定电压为220V的照明器。下列特殊场所应使用安全电压照明器:

①隧道、人防工程、高温、有导电灰尘、比较潮湿或照明器离地面高度低于2.5m等场所的照明器，电源电压应不大于36V。

②潮湿和易触及带电体场所的照明器，电源电压应不大于24V。

③特别潮湿场所、导电良好的地面、锅炉或金属容器内的照明器，电源电压不得大于12V。

(4)碘钨灯及钠、铊、铟等金属卤化物照明器的安装高度宜在3m以上，灯线应固定在接线柱上，不得靠近照明器表面。

(5)夜间影响飞机或车辆通行的在建工程及机械设备，必须设置醒目的红色信号灯，其电源应设在施工现场总电源开关的前侧，并应设置外电线路停止供电时的应急自备电源。

2.8.2 安全设施

照明器内的接线必须牢固，照明器外的接线必须做可靠的防水绝缘包扎。

第3章 安全管理

3.1 一般规定

(1)施工企业应建立各级安全生产责任制,企业安全负责人应依法对本单位的安全生产工作全面负责。

(2)工程项目部应建立安全教育和培训制度,并对作业人员进行有针对性的安全教育和培训。

(3)工程项目部应根据项目施工特点,制订施工组织设计和安全技术措施,确保施工安全。

(4)工程项目部应按相关规定进行施工安全技术交底。

(5)施工现场应建立安全管理台账。

(6)施工企业和工程项目部应根据《建筑施工安全检查标准》(JGJ 59—2011)的相关规定对施工现场进行安全检查。

3.2 单位安全生产责任

3.2.1 建设单位安全生产责任

(1)建设单位应依法开展工程项目开工前安全生产条件检查,按规定组织总体风险评估和安全生产检查,推进工程项目安全生产标准化建设,按照合同约定督促参建单位落实安全生产责任。

(2)建设单位应向施工单位提供施工现场及毗邻区域内供水、排水、供电、供热、通信、广播电视等地下管线资料,气象和水文观测资料以及相邻建筑物和构筑物、地下工程等有关资料。

(3)建设单位不得对勘察、设计、监理、施工、设备租赁、材料供应、试验检测、安全服务等单位提出不符合安全生产法律、法规和工程建设强制性标准规定的要求,不得违反或者擅自简化基本建设程序,不得随意压缩合同约定的工期。

(4)建设单位在编制工程概算时,应确定建设工程安全作业环境及安全施工措施所需费用。

(5)建设单位不得明示或暗示施工单位购买、租赁、使用不符合安全施工要求的安全防护用具、机械设备、施工机具及配件、消防设施和器材。

(6)建设单位应依法将工程项目发包给具有相应资质等级的单位,工程项目施工招标文件及施工合同中应载明工程项目安全管理目标、各自的安全生产责任、安全生产条件、安全生产标准等要求。

(7)建设单位在办理施工许可证或申领施工许可证时,应提供工程项目有关安全施工措施的相关资料。

(8)建设单位应开展工程项目安全生产检查,督促施工单位落实施工合同中约定的安全生产标准和条件,按规定开展"平安工地"建设评价工作。

(9)建设单位应与施工单位签订安全生产合同,并在合同中约定各自的安全生产管理责任。

(10)建设单位项目负责人应与各分管负责人、总工程师按年度签订安全生产责任书。各分管负责人、总工程师应与所分管部门负责人签订安全生产责任书。各部门负责人应与各岗位员工签订安全生产责任书。安全生产责任书应载明责任部门(岗位)的安全生产目标、安全生产职责、奖罚等内容。建设单位应按年度开展安全生产责任制考核,实施奖惩。

3.2.2 勘察、设计单位安全生产责任

(1)勘察单位应按照法律、法规、规章、工程建设强制性标准和合同文件进行实地勘察,针对不良地质、特殊性岩土、有毒有害气体等不良环境或者其他可能引发工程生产安全事故的情形,还应加以说明并提出防治建议。

(2)勘察单位提交的勘察文件必须真实、准确,满足工程安全生产的需要,勘察单位及勘察人员对其勘察结论负责。

(3)勘察单位在勘察作业时,应严格执行操作规程,采取措施保证各类管线、设施和周边建筑物、构筑物的安全。

(4)设计单位应按照法律、法规、规章、工程建设强制性标准和合同文件进行设计,防止因设计不合理导致生产安全事故发生。

(5)设计单位应考虑施工安全操作和防护的需要,对涉及施工安全的重点部位和环节在设计文件中加以注明,并提出指导意见。依据设计风险评估结论,对存在极高安全风险等级的工程部位还应增加专项设计,并组织专家论证。

(6)针对采用新结构、新工艺、新材料的工程和特殊结构工程,设计单位应在设计文件中提出保障施工作业人员安全和预防生产安全事故的措施和建议。

(7)计单位和设计人员应对其设计负责,按合同要求做好安全技术交底和现场服务。

3.2.3 监理单位安全生产责任

(1)监理单位应按照法律、法规、规章、工程建设强制标准和合同文件进行监理,对工程安全生产承担监理责任。

(2)监理单位应编制监理计划和安全监理细则,明确监理人员的岗位职责、监理内容和方法等,对危险性较大工程应加强巡视检查。

(3)监理单位应审查施工组织设计中的安全技术措施或专项施工方案是否符合工程建设强制性标准,同时审查应急预案、桥梁和隧道等施工安全风险评估报告。危险性较大工程专项施工方案中需专家论证、审查的,监理单位还应检查施工单位组织专家论证、审查的情况。

(4)监理单位应检查施工单位安全生产责任制、安全生产规章制度的建立和落实情况,以及重大危险源安全管理和生产安全事故隐患排查治理情况,还应检查施工单位项目经理、专职安全生产管理人员和特种作业人员的资质证书,以及施工机械设备和设施的安全许可验收手续。

(5)监理单位应检查施工单位危险性较大工程专项施工方案的实施情况,发现未按专项施工方案实施时,应签发监理指令单,要求施工单位整改。

(6)监理单位在实施监理过程中,发现存在事故隐患的,应要求施工单位整改,情节严重的,应要求施工单位停止施工,并及时报告建设单位。施工单位拒不整改或不停止施工的,监理单位应及时向有关监管部门报告。

(7)监理单位应填写安全监理日志和填报监理月报,并由专人负责建立安全监理台账,及时记录安全专项检查和巡查情况、旁站中涉及施工安全管理情况、存在的安全生产问题、监理指令及施工单位整改情况等。

(8)监理单位总监理工程师应与各分管负责人按年度签订安全生产责任书,各分管负责人应与所分管部门负责人签订安全生产责任书,各部门负责人、驻地监理工程师应与各岗位员工签订安全生产责任书。安全生产责任书应载明责任部门(岗位)的安全生产目标、安全生产职责、奖罚等内容。监理单位应按年度开展安全生产责任制考核,实施奖惩。

3.2.4 施工单位安全生产责任

(1)施工单位应按照法律、法规、规章、工程建设强制性标准和合同文件组织施工,保障项目施工安全生产条件,对施工现场的安全生产负主体责任。项目经理依法对项目施工安全全面负责。

(2)施工单位应设置独立的安全生产管理机构,配备专职安全生产管理人员。

(3)施工单位对列入工程概算的安全生产费用,应用于施工安全防护用具及设施的采购和更新、安全施工措施的落实、安全生产条件的改善,不得挪作他用。

(4)施工单位应根据安全风险辨识,评估结果确定不同风险等级的安全管理要求,合理布设施工作业区,在风险较高的区域应设置警戒区和风险告知牌。

(5)施工单位应在施工现场出入口或者沿线各交叉口、起重机械施工区域、搅拌场、临时用电设施及有害危险气体和液体存放处等场所,以及孔洞口、隧道口、基坑边、脚手架边沿、码头边沿、桥梁边沿等危险部位,设置明显的符合国家标准的安全管理标志及必要的安全防护设施。

(6)施工单位应根据不同施工阶段、周围环境及季节、气候的变化,在施工现场采取相应的施工安全保障措施。施工现场暂时停止施工的,施工单位应做好现场防护。

(7)施工单位对因建设工程施工可能造成损害的毗邻建筑物、构筑物和地下管线等,应当采取专项防护措施。

(8)施工单位采购、租赁的安全防护用具、机械设备、施工机具及配件,应具有生产(制造)许可证、产品合格证,并在进入施工现场前进行查验。施工现场的安全防护用具、机械设备、施工机具及配件必须由专人管理,定期检查、维修和保养,建立相应的资料档案,并按照国家有关规定及时报废。

(9)施工单位在使用特种设备时应取得特种设备使用登记证,建立特种设备安全技术档案,登记标志应置于该特种设备的显著位置。

(10)施工单位应在翻模、滑(爬)模等自升式架设设施、自行设计、组装或改装的施工挂(吊)篮、移动模架等设施投入使用前,组织有关单位验收,或委托具有资质的检验检测机构进行验收,验收合格、经试运行后方可使用。

(11)施工单位应建立消防安全责任制度,明确消防安全责任人,制订用火、用电、使用易燃易爆材料等各项消防安全管理制度和操作规程,设置消防通道、消防水源,并配备相应的消防设施和灭火器材。

(12)施工单位与从业人员签订的劳动合同,应载明有关保障从业人员劳动安全、防治职业危害等事项,书面告知危险岗位的操作规程。施工单位应向作业人员提供符合标准且必需的劳动防护用品,并监督、教育从业人员按规则佩戴、使用。

(13)施工单位应建立安全教育培训制度,对管理人员和作业人员进行安全教育培训,强调施工现场的七大伤害(图3-1)。未经教育培训或考核不合格的人员不得上岗作业。

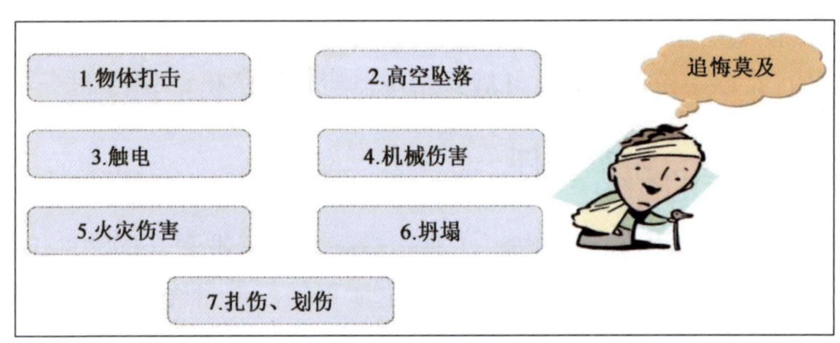

图3-1 七大伤害

(14)施工单位的垂直运输机械作业人员、施工船舶作业人员、爆破作业人员安装拆卸工、起重信号工、电工、焊工等国家规定的特种作业人员,必须按照国家规定经过专门的安全作业培训,并取得特种作业操作资格证书后,方可上岗作业。

(15)施工单位应在施工组织设计中编制安全技术措施和施工现场临时用电方案,对危险性较大工程应编制专项施工方案,并附安全验算结果,经施工企业技术负责人、监理工程师审查同意签字后实施,由专职安全生产管理人员进行现场监督。

(16)各项工程施工前,施工单位应将有关安全施工的技术要求向施工作业班组、作业人员做出详细说明并由双方签字确认。

(17)施工单位应按规定开展事故隐患排查治理,建立全员参与的工作机制,完善隐患排查登记、治理销号等全过程记录,未完成治理的事故隐患应向从业人员通报,重大事故隐患还应按规定上报和挂牌治理。

(18)项目实施总承包的,总承包单位对施工现场安全生产负总责。总承包单位依法将建设工程分包给其他单位的,应在分包合同中明确各自的安全生产权利义务,总承包单位对分包工程的安全生产承担连带责任。

(19)施工单位应为全部施工作业人员投保安全生产责任保险和人身意外伤害保险。

(20)施工单位应针对本项目特点制订生产安全事故应急预案,现场处置方案,定期组织演练。发生事故时,施工单位应立即启动应急预案,采取措施减少人员伤亡和事故损失,并按有关规定及时、如实地向建设单位、监理单位和事故发生地县级以上人民政府安全生产监督管理部门和负有安全生产监督管理职责的有关部门报告。

(21)施工单位应与专业分包单位、劳务合作单位签订安全生产合同,并在合同中约定各自的安全生产职责。各专业分包单位、劳务合作单位应与全部作业人员签订安全生产承诺书。

(22)施工单位项目经理应按年度与项目副经理、总工程师签订安全生产责任书。项目副经理、总工程师应与所分管部门负责人签订安全生产责任书。各部门负责人应与各岗位员工签订安全生产责任书。安全生产责任书应载明责任部门(岗位)的安全生产目标安全生产职责、奖罚等内容。施工单位应按年度开展安全生产责任制考核,实施奖惩。

3.3 重大危险源管理

3.3.1 重大危险源的辨识

(1)工程项目部应成立由现场安全技术及其他管理人员组成的重大危险源管理小组。

(2)重大危险源管理小组应根据施工现场的实际情况,对危险源进行辨识,并依据辨识的结果确定出施工现场的重大危险源。

3.3.2 重大危险源的控制

(1)施工企业和工程项目都应在施工现场公示已辨识出的重大危险源,并制订重大危险源控制目标和管理方案。

(2)施工企业和工程项目部应针对所辨识出的重大危险源制订有针对性的事故应急救援预案,并组织演练。

各生产经营单位要严格落实风险管控和隐患排查治理主体责任,全面排查安全风险和事故隐患,实现企业安全风险自辨自控、隐患自查自纠。要对辨识出的安全风险进行分类梳理,对不同类别的安全风险,采用相应的风险评估方法确定安全风险等级,安全风险评估过程要突出遏制重特大事故,夯实遏制重特大事故的基础。抓住辨识管控重大风险、排查治理重大隐患两个关键,不断完善工作机制,深化安全专项整治,推动各项标准、制度和措施落实到位。

3.4 施工组织设计及专项施工方案

(1)施工企业应根据工程项目特点,编制施工组织设计和专项施工方案,制订安全技术措施。超过一定规模危险性较大的分部分项工程,应按相关规定组织专家对专项施工方案进行论证。

(2)专项施工方案应包括工程概况、编制依据、施工组织体系、施工计划、资源配置计划、施工技术措施、施工管理措施、施工保证措施、施工监测和检测措施、应急预案、计算书及相关图纸等内容。

(3)施工组织设计和专项施工方案应由专业技术人员编制,施工企业技术负责人审批签字后,报监理(建设)单位总监理工程师(建设单位项目负责人)审查签字后方可组织实施。施工过程中变更方案的,必须按规定重新审批。实行施工总承包的,专项施工方案应由总承包单位和相关专业承包单位技术负责人签字。

3.5 安全技术交底

(1)施工企业应建立健全安全技术交底制度。在分部分项工程及各种施工作业前,工程项目技术负责人或方案编制人员,应对现场相关管理人员、施工作业人员进行安全技术交底,形成书面资料,双方履行签名手续。专职安全生产管理人员应参加,并检查实施情况。

(2)安全技术交底内容应包括:工程项目的作业环境、作业特点和危险源,针对危险源的预防措施、工作场所的安全防护要求、安全操作规程和标准、安全注意事项、发生事故后应及时采取的避难和急救措施等。

3.6 安全教育培训

3.6.1 一般规定

(1)施工企业和工程项目部应建立安全生产教育培训制度,对企业职工、现场管理人员、施工作业人员等进行安全教育培训,组织班前教育、应急演练(图3-2、图3-3)。

(2)施工企业职工每年至少应参加一次安全教育培训,培训合格后方可上岗。工程项目部的现场管理人员、施工作业人员、专职安全管理人员等必须进行经常性安全教育培训,培训合格后方可上岗。

(3)施工企业、工程项目部和班组应对新进场施工作业人员进行三级安全教育培训和考核,培训考核合格后方可上岗。

图 3-2 班前教育

图 3-3 应急演练

(4)工程项目部采用新技术、新工艺、新设备、新材料施工的,应对施工现场作业人员进行专项安全教育培训。

(5)特种作业人员必须按照国家有关规定接受专门的安全教育培训,经考核合格取得相应资格证书后,方可上岗作业,特种作业人员的范围和培训考核管理,参照《特种作业人员安全技术培训考核管理规定》执行。施工现场应建立特种作业人员花名册。

(6)为提高安全教育水平,应设置以下设施满足对工人进行日常安全教育培训的需要:

①施工现场应配备班前讲评台,各施工班组每日上岗前,由相关技术人员、班组长进行安全技术交底或安全教育培训。

②施工现场应配备安全培训室对施工人员以及临时访客进行现场重大危险源、安全生产、施工技能、职业健康、维权、安全生产法等培训。

③施工现场根据项目规模和实际需要配备安全体验馆,将施工安全教育与体验相结合,有效加强施工人员的安全意识。

3.6.2 安全教育讲评台

工地应设置安全教育讲评台,讲评台应安装显示屏,实时公示施工现场重大危险源。各施工班组每日上岗前,应由相关技术人员、班组长进行安全技术交底或安全教育培训。

(1)讲评台应设置在现场安全、空旷位置,适用于班组上岗前安全教育活动使用。讲评台前方听讲区面积不小于 $30m^2$。

(2)讲评台宽度不小于6m,高度不小于3m,中间设置不小于60″(1″=2.54cm)LED显示屏或液晶显示屏,用于播放班前活动安全教育宣传视频及重大危险源动态公示。

(3)讲评台采用轻型装配式钢结构,可参照装配式围墙制作,达到周转循环利用效果。

3.6.3 安全培训室

工地应设置安全培训室,培训室应配备多媒体教学系统、投影仪、固定电脑、讲台等教学相关设施,对各类人员进入工地前应进行安全教育(图3-4)。

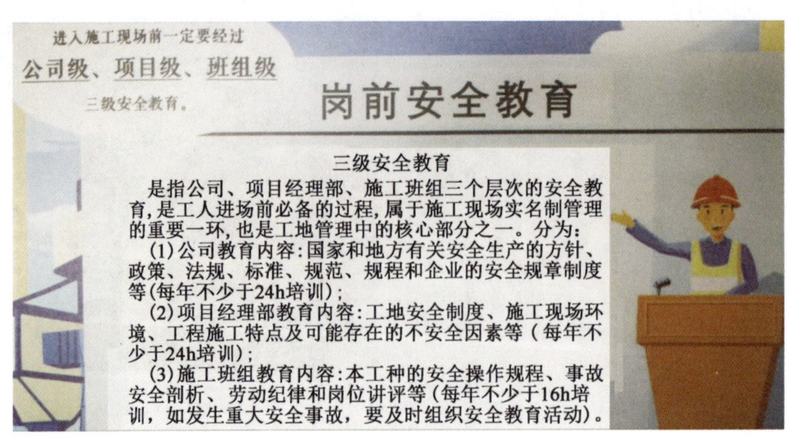

图 3-4　岗前安全教育

(1)学习培训内容

施工现场概况、现场重大危险源、安全生产、施工技能、职业健康、维权、安全生产法等。

(2)配置标准

培训室面积不小于 35m^2,内部设置多媒体教学系统、投影仪、固定电脑、讲台、音响等教学相关设施,墙面悬挂安全教育图牌。

第4章 消防管理

4.1 一般规定

(1)设计、建设、监理、施工单位应认真贯彻落实“预防为主、防消结合”的方针,建立健全消防安全预警机制,确定消防安全责任人及消防重点部位责任人,有效落实消防安全责任。

(2)建设、监理、施工单位应结合消防重点部位,及时采购、储备经消防部门检测合格的消防器材,建立消防设备设施管理台账,定期对应急物资的保管状态进行抽查,并及时进行补充和更新,确保消防器材的有效性。

(3)建设、监理、施工单位应每月进行一次消防专项安全检查。当消防器材出现喷嘴损坏、垫圈老化、内胆破损及压力不足等情况时应予维修或更换。

(4)建设、监理、施工单位应根据项目实际情况,编写消防应急预案,并定期组织消防应急演练。

(5)消防安全的其他要求应遵守《建设工程施工现场消防安全技术规范》(GB 50720—2011)及《建筑设计防火规范》(GB 50016—2014)相关规定。

4.2 安全要点

4.2.1 项目驻地

(1)项目驻地的疏散楼梯、安全通道应保持畅通,严禁在楼梯间堆放杂物。

(2)严禁使用电炉和超限载的大功率用电取暖设备;严禁使用有明火的取暖设施;严禁在床上吸烟,烟头等杂物不准随地乱丢;严禁带易燃易爆物品进入宿舍;严禁乱搭电线。

(3)项目驻地生活区的垃圾、可燃杂物应集中堆放,并安排专人定期清理;垃圾、可燃杂物不得堆放在宿舍附近及建筑物内。

4.2.2 电气防火管理要点

(1)不得在电气设备周围使用火源,特别在变压器、发电机等场所严禁烟火。

(2)库区的每个库房外应单独安装开关箱,禁止使用不合格的电气保护装置。保管人员离库时,必须拉闸断电。

(3)定期对现场作业人员进行电气防火知识宣传教育。

4.2.3 电、气焊作业

(1)施工现场氧气瓶与乙炔瓶的工作间距应不小于5m,与火源的距离应不小于10m,与明火作业点的距离应不小于15m。

(2)焊接作业时,施焊场地应通风良好。施焊完毕后,操作人员应对现场进行检查,确认无火灾隐患后方可离开。

(3)在潮湿或有积水的环境内进行焊接作业时必须铺设绝缘板,否则禁止焊接作业。

(4)电焊作业前必须办理动火审批手续,并采取可靠的安全措施。

(5)在高空焊接时,在焊接周围应备有消防设施,施焊部位下面应垫石棉板或铁板。

(6)当有5级及以上风力或其他不良天气影响时,应停止焊接、切割等室外动火作业。

(7)储油罐及管道内有存油时,不得进行电、气焊作业。动火作业应严格执行动火审批制度。动火前必须清洗储油罐,并经测爆合格。

4.2.4 用气安全管理要点

(1)气瓶应保持直立状态,并采取防倾倒措施,乙炔瓶严禁横躺卧放。

(2)严禁碰撞、敲打、抛掷、溜坡或滚动气瓶。

(3)气瓶应远离火源,与火源的距离不应小于10m,并应采取避免高温和防止曝晒的措施。

(4)储装气体罐瓶及其附件应合格、完好和有效。严禁使用减压器及其他附件缺损的氧气瓶,严禁使用乙炔专用减压器、回火防止器及其他附件缺损的乙炔瓶。

(5)气瓶应分类储存,库房内应通风良好;空瓶和实瓶同库存放时,应分开放置,两者间距不应小于1.5m。

4.2.5 其他

(1)具有火灾、爆炸危险的地方严禁明火,裸露的可燃材料上严禁直接进行动火作业。

(2)固定动火作业场所应布置在可燃材料堆场及其加工场、易燃易爆危险品库房等区域的全年最大频率风向的上风侧。

(3)易燃易爆危险品库房与在建工程的防火间距应不小于15m,可燃材料堆场及其加工场、固定动火作业场与在建工程的防火间距应不小于10m,其他临时用房、临时设施与在建工程的防火间距应不小于6m。

(4)发电机房、变配电房、厨房操作间、锅炉房、可燃材料库房及易燃易爆危险品库房等建筑的构件燃烧性能等级应为A级。

(5)施工现场主要临时用房、临时设施的防火间距见表4-1。

施工现场主要临时用房、临时设施的防火间距(单位:m) 表4-1

办公用房、宿舍	发电机房、变配电房	可燃材料库房	厨房操作间、锅炉房	可燃材料堆场及其加工	固定动火作业场	易燃易爆危险品库房
4	4	5	5	7	7	10
4	4	5	5	7	7	10
5	5	5	5	7	7	10
5	5	5	5	7	7	10
7	7	7	7	7	10	10
7	7	7	7	10	10	12
10	10	10	10	10	12	12

注:1. 临时用房,临时设施的防火间距应按临时用房外墙外边线或堆场、作业场、作业棚边线间的最小距离计算,当临时用房外墙有突出可燃构件时,应从其突出可燃构件的外缘算起。

2. 两栋临时用房相邻较高的一面的外墙为防火墙时,防火间距不限。

3. 本表未规定的,可按同等火灾危险性的临时用房,临时设施的防火间距确定。

4.3 安全设施

(1)项目驻地宜安装消防报警系统,并设置消防车道,消防车道净宽和净高均应不小于4m。

(2)当项目驻地或临时用房每层建筑面积大于200m^{2}时,应设置至少两部疏散楼梯,楼梯净宽度不宜小于1m,楼梯临边应设置不低于1.2m的栏杆扶手。应在项目驻地和各作业场所醒目位置设置安全疏散示意图及明显的疏散指示标志,其指示方向应指向最近的临时疏散通道入口。

(3)项目驻地及动火作业点靠近山林端宜设置不小于4m的防火隔离带,并设置“严禁烟火”警示标牌。

(4)施工现场应设置临时消防车通道,临时消防车通道应与在建工程、临时用房、可燃材料堆场及其加工场的距离不宜小于5m,且不宜大于40m,消防车通道净宽应不小于4m。当施工现场周边道路满足消防车通道及灭火救援要求时,施工现场内可不设置消防车通道。

(5)项目驻地与施工现场应设置明显的消防标志标牌及责任铭牌,临时用电设施、通道出入口、楼梯口及存放易燃易爆危险品等部位应设置消防安全警示标牌。

(6)发电机房、变配电房及疏散通道等场所应设置临时应急照明器材。

(7)项目驻地及施工现场应按规定要求配备灭火器、消防沙池、消防水池、消防桶、消防铲等消防设备设施。手提式灭火器宜设置在灭火器箱内、挂钩或托架上,其顶部离地面高度应不大于1.5m,底部离地面高度不宜小于0.08m。消防器材应放置在明显易取的地方,且不得影响安全疏散(图4-1~图4-3)。

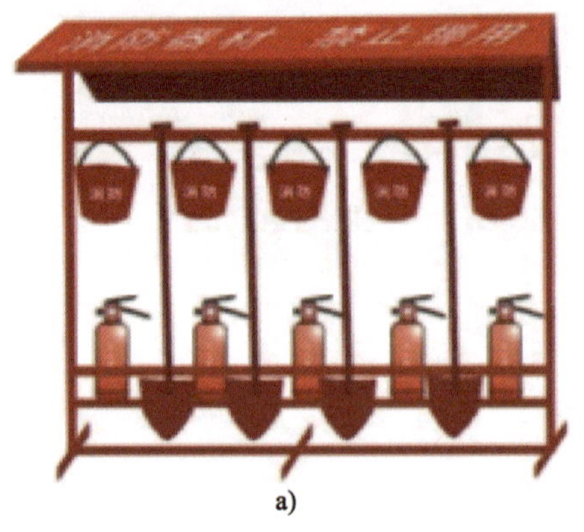

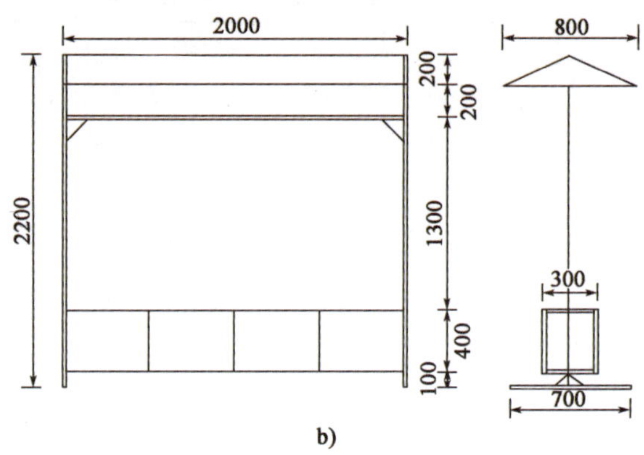

图 4-1 消防架(尺寸单位:mm)

图 4-2 消防水池

图 4-3 消防沙池

(8)项目驻地及施工现场配置消防设备设施的具体要求见表 4-2。

项目驻地及施工现场消防设备设施的配置要求 表 4-2

序号	设 置 部 位	消防设备设施
1	厨房、食堂	各配备手提式 4kg 干粉灭火器不少于 2 具
2	办公区和生活区	每 100m^2 配备手提式 4kg 干粉灭火器不少于 2 具,并在适当位置设手动(或电动)消防水泵 1 台及不小于 20m^3 消防水池 1 个,以及 2m^3 的消防沙池 1 个
3	门卫	配备手提式 4kg 干粉灭火器不少于 2 具,以及 1 条 20m 长,直径为 65mm 的消防水带
4	试验室	力学室、混凝土室配备手提式 4kg 干粉灭火器各不少于 1 具,集料室、土工室、化学分析室、沥青室、抽提室各配备手提式 4kg 干粉灭火器不少于 2 具
5	搅拌楼及控制室	各配备手提式 4kg 干粉灭火器不少于 1 具。沥青罐区、导热油炉、油料存储区各配置推车式 35kg 干粉灭火器不少于 2 具,手提式 4kg 干粉灭火器不少于 4 具,并在搅拌楼区域设置一个 2m^3 消防沙池及 2 把消防铲
6	储料仓	配备手提式 4kg 干粉灭火器不少于 2 具
7	钢筋加工场	在动火区按每 50m^2 设置手提式 4kg 干粉灭火器 2 具

续上表

序号	设置部位	消防设备设施
8	发电机房、变配电房	各配备手提式4kg干粉灭火器不少于2具
9	火工品库	值班室配备手提式4kg干粉灭火器不少于2具，消防铲2把，消防桶4只；炸药库、雷管库各配备手提式4kg干粉灭火器不少于2具，消防铲2把(宜悬挂于墙1.5m高处)，$2m^3$ 消防沙池置于两库中间，沙池旁设置储水量不小于 $15m^3$ 的消防水池，并配备消防水泵
10	易燃易爆品仓库	每间仓库配备手提式4kg干粉灭火器不少于2具，宜配备推车式35kg干粉灭火器不少于1具
11	油库	配备推车式35kg干粉灭火器不少于1具，手提式4kg干粉灭火器不少于4具，并配备1个 $2m^3$ 消防沙池，留有消防通道
12	临时动火作业场所	配备手提式4kg干粉灭火器不少于1具
13	隧道	长、特大隧道内大型电气设备(变压器、高压开关柜、变配电室)每处配备手提式4kg干粉灭火器不少于2具，其四周2m内禁止放置易燃易爆物品，每具工作车台上配备手提式4kg干粉灭火器不少于4具
14	机械设备	机械驾驶室内配备手提式0.5kg干粉灭火器不少于1具

第5章 特种设备

5.1 一般规定

(1)特种设备的安装、改造、拆除等工作须由具备相应资质的单位承担,其安装、改造、拆除、使用、定期检验等工作应符合《特种设备安全法》中的相关规定。安装、拆除门式起重机、塔式起重机、架桥机等起重设备应编制安装、拆除专项施工方案。

(2)特种设备应具有出厂合格证,安装完成之后应委托具有相应资质的检验检测机构进行检验,检验合格后,应取得检验检测合格证。还应向当地特种设备安全监督管理部门办理使用登记手续,取得使用登记证后方可投入使用。

(3)特种设备进场后,须建立设备管理台账,做到"一机一档"。应定期对特种设备进行检查、维修及保养,并做好维修保养记录。

(4)特种作业人员必须持有特种作业操作证方可上岗。

(5)特种设备上各种安全防护、保险限位装置及各种安全信息装置必须齐全有效。

(6)起重作业前,必须严格检查起重设备各部件的可靠性和安全性。当被吊物的重量达到起重设备额定起重能力的90%及以上时,应进行试吊。

(7)起重吊装作业时必须严格遵守以下规定:

①设备安全装置必须灵敏有效,严禁设备带病作业。

②起吊时须选取合适的吊点,严禁斜拉、斜吊。

③禁止起吊重量不明、埋于地下或黏结在地面上的重物,严禁超载起吊。

④起吊散物时必须捆扎牢固或采用专用吊篮,起吊物料不能装放过满。棱刃物起吊时在与钢丝绳直接接触的部位须设置保护措施。

⑤起重作业时,现场必须有专门的指挥员和安全员。

⑥起重作业时,严禁在已吊起的构件下或起重臂旋转范围内作业或通行。

⑦高空吊装梁等大型构件时应在构件两端设置溜绳。

⑧室外起重设备应在顶部不挡风处设置风速仪,6级以上大风时严禁室外起吊作业,海上等特殊环境作业时须进行专项论证。

(8)吊索吊具须满足以下规定:

①钢丝绳的安全系数须满足表5-1的要求。

②钢丝绳出现下列情况时禁止使用:

a. 断股或使用时断丝速度增大。

b. 在一个节距内的断丝数量超过总丝数的 10%。

c. 出现拧扭死结、死弯、压扁、股松明显、波浪形、钢丝外飞、绳芯挤出以及断股等现象。

d. 钢丝绳直径减小 7% 及以上。

e. 钢丝绳表面的钢丝磨损或腐蚀程度达到表面钢丝直径的 40% 以上,或钢丝绳被腐蚀后,表面麻痕清晰可见,整根钢丝绳明显变硬。

钢丝绳安全系数　　表 5-1

部　　位	安 全 系 数	部　　位	安 全 系 数
缆风绳	3.5	起吊和捆绑	6
支撑动臂	4	千斤绳	8～10
卷扬机	5	缆索承重绳	3.75

③钢丝绳夹连接时须满足表 5-2 的要求。

钢丝绳夹连接安全要求　　表 5-2

钢丝绳公称直径(mm)	≤18	>18～26	>26～36	>36～44	>44～60
钢丝绳夹最少数量(组)	3	4	5	6	7

注:钢丝绳夹夹座应在钢丝绳长头一边,钢丝绳夹的间距不应小于钢丝绳直径的 6 倍。

④起重机械所使用的吊钩和吊环严禁施焊,吊钩无防脱钩装置时严禁使用。当出现下列情况时,应及时更换:

a. 表面有裂纹。

b. 钩尾和螺纹部分等危险截面及钩颈有永久性变形。

c. 挂绳处截面磨损量超过原高度的 10%。

d. 芯轴磨损量超过其直径的 3%～5%。

e. 板钩衬套磨损超过原厚度的 50%。

f. 开口度比原尺寸增加 15%,开口扭转变形超过 10%。

(9)特种设备作业现场应设置设备出厂合格证、检验检测报告、使用登记证和人员操作证书公示牌(图 5-1),以及相关安全操作规程牌、机械设备标识牌等告示或安全警示标牌(图 5-2)。

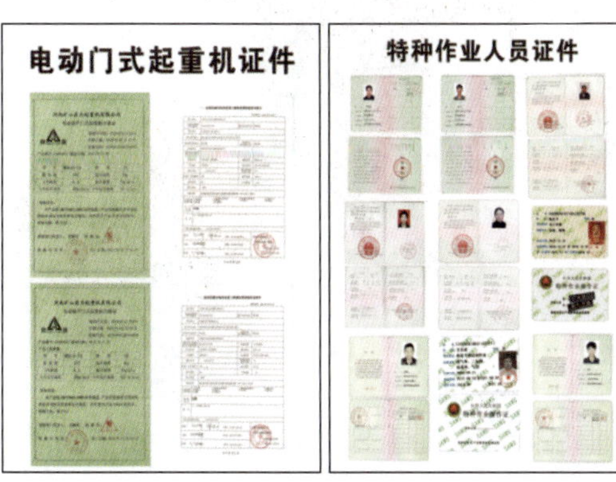

图 5-1　特种设备证件公示牌

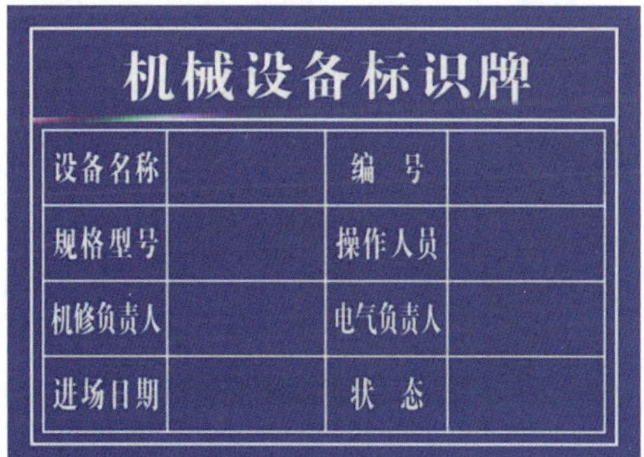

图 5-2　机械设备标识牌

(10)当塔式起重机、门式起重机以及架桥机位于地势较高或雷电区时宜设置避雷装置,并按照相关规定要求进行检查验收。

5.2 门式起重机

5.2.1 安全要点

(1)门式起重机首次使用前应进行试吊,并保留试吊记录。

(2)门式起重机在每班起重作业前应进行空载运转,确认各机构运转正常、制动可靠、限位开关灵敏后,方可操作。

(3)使用过程中重物提升或下降时应平稳匀速。

(4)起吊过程中突然出现设备故障,应立即采取措施将重物平稳放置在安全位置,随后立即关闭电源进行检修。运行过程中突然断电时,应立即将所有控制器拨回零位,关闭总电源。

(5)门式起重机运行时要保持平行移动,若发现两侧移动不同步,应立即停机调整,防止脱轨。

(6)门式起重机大车电机建议竖向安装,防止碰撞。

(7)门式起重机处于非工作状态时应及时收回吊钩并靠端头停车,停止使用时锁紧夹轨器,临时停止时应用垫木固定,并将控制器拨到零位,切断电源,并做好检查记录。

(8)门式起重机轨道纵坡应尽量保持水平,基础应满足轨道承载力要求。

(9)室外门式起重机桁架梁上不宜安装宣传标识标牌,避免增大阻风面积。

5.2.2 安全设施

(1)门式起重机停止使用时须锁紧夹轨器,夹轨器宜使用手动式夹轨器或电动式夹轨器,如图5-3所示。

a)

b)

图5-3 手动式夹轨器和电动式夹轨器

(2)门式起重机的起重小车、大车应设置行走限位器,行走端头应设置防撞缓冲装置和车挡,并保证其灵敏有效,如图5-4、图5-5所示。

a)

b)

图5-4 行走限位器以及防撞缓冲装置

(3)门式起重机吊钩必须安装灵敏有效的防脱钩装置(图5-6)。

图5-5 行车轨道车挡

图5-6 吊钩防脱钩装置

(4)门式起重机须按照规定设置声光报警装置,行走时应发出报警信号(图5-7),还应配备高音喇叭(图5-8),支腿行走梁设置红外安全探测器。

图5-7 门式起重机行走声光报警装置

图5-8 高音喇叭

(5)门式起重机应设置带有护栏的爬梯,供操作维修人员上下(图5-9)。

(6)门式起重机电缆宜采用滑线架供电(图5-10),当采用收线器放缆方式供电时,应设置防磨损设施,严禁电缆拖地运行。

图5-9　门式起重机爬梯

图5-10　滑线供电方式

(7)门式起重机行走端头应设置扫轨器,防止因大车行走时轨道上有物件堆阻造成脱轨事件。

(8)室外门式起重机作业现场应设置地锚,大风雷雨天气应锚固牢靠。

5.3　塔式起重机及司机

5.3.1　安全要点

(1)塔式起重机基础须满足其使用说明书中关于承载力的要求,并结合塔式起重机最不利承载条件进行相应验算。

①塔式起重机地基承载力应满足下式:

$$P_k = \frac{F_k + G_k}{b \cdot L} \leqslant f_a$$

式中:P_k——基础底面处的平均安全压力值,kPa;

F_k——塔式起重机作用于基础顶面的竖向荷载标准值,kN;

G_k——基础及基上土的自重标准值,kN;

b——矩形基础底面的短边长度,m;

L——矩形基础底面的长边长度,m;

f_a——修正后的地基承载力特征值,kPa。

②地基承载力计算尚应满足,当偏心距$e \leqslant b/6$和$e > b/6$时,$P_{kmax} \leqslant 1.2f_a$。

(2)相邻两台塔式起重机之间任何部位(包括起吊重物)的空间距离都不得小于2m。

(3)有架空输电线的场合,塔式起重机的任何部位与输电线的安全距离,应符合表5-3的规定。如因条件限制不能保证表中的安全距离,应与有关部门协商,并采取安全防护措施后方可安装使用。

(4)每天施工作业前,操作人员应对塔式起重机安全装置进行检查,保证各项装置灵敏有效,发现问题应立即进行维修保养,并保留检查、维修保养记录。

塔式起重机与输电线的安全距离 表5-3

安全距离	电压(kV)				
	<1	1~15	20~40	60~110	220
沿垂直方向(m)	1.5	3.0	4.0	5.0	6.0
沿水平方向(m)	1	1.5	2.0	4.0	6.0

(5)塔身顶升接高到塔式起重机规定锚固间距时,应及时增设与建筑物的锚固装置。塔身高出锚固装置的自由端的高度应符合出厂规定。

(6)塔式起重机在作业结束、临时停机或中途停电时,应放松抱闸,将重物缓慢放置地面并松钩,禁止将重物悬吊在空中。

(7)塔式起重机应按照规范要求设置接地保护,接地电阻应不大于4Ω,重复接地电阻不能大于10Ω。

(8)塔式起重机旋转半径投影范围内,不得设置施工或看守人员住宿点,禁止将生活、办公区设置在塔式起重机的回旋半径内。

(9)塔式起重机应定期进行检查,要有检查方案,明确检查项目、要求和频次。其中附墙锚固、基础、各类限制器、限位装置、保护装置、滑轮组、钢丝绳、吊具等重点检查项目应每月检查一次。一般检查项目如电气防护等应每季度检查一次。极端恶劣天气后,应及时进行全面检查。每次检查应保留检查记录。

5.3.2 安全设施

(1)塔式起重机基础四周应设置围挡,悬挂安全警示标牌,基础四周还应设置临时排水沟(图5-11)。

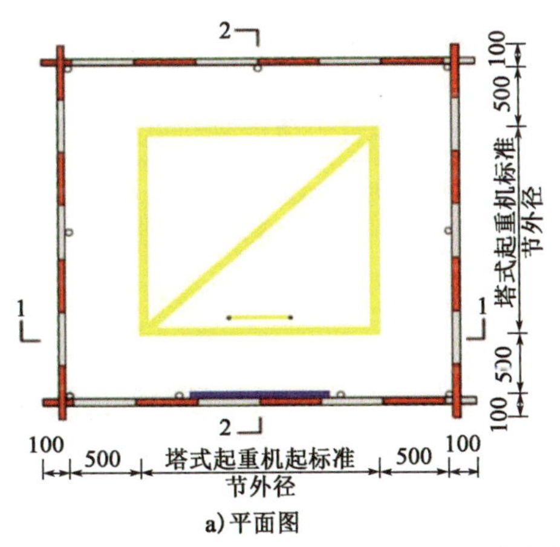

a)平面图

b)三维效果图

图5-11 塔式起重机基础围挡(尺寸单位:mm)

(2)塔式起重机操作人员须及时检查塔式起重机的两防脱(吊钩装置、圆环)、两限位(回转半径、吊装高度)、三限制(力矩、重量、行程),保证其灵敏有效(图5-12),并做好检查维修记录,严禁机械带病作业。

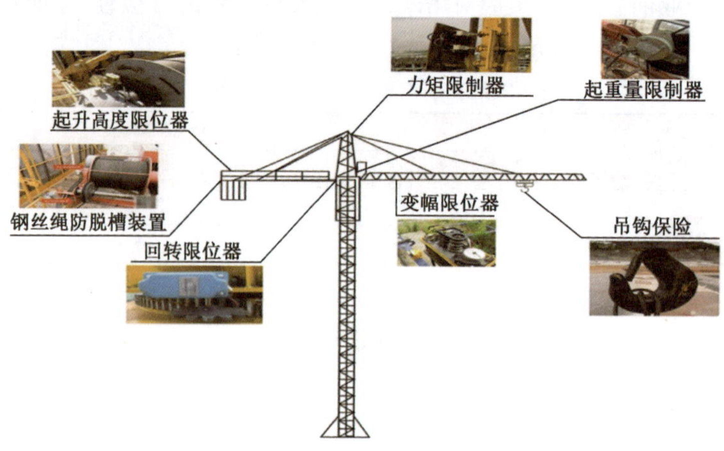

图5-12 塔式起重机安全装置分布示意图

(3)塔身高于30m的塔式起重机,应在塔顶和臂架端部设置红色警示灯,夜间工作的塔式起重机应在正对工作面设置投光灯。

5.3.3 塔式起重机司机的安全要点

(1)施工作业特点和危险源(表5-4)

施工作业特点和危险源 表5-4

作业活动	潜在的危险因素	可能导致的事故
吊装作业	捆扎不牢、捆扎方式不对等	物体打击
	超重	塔式起重机倾覆
塔吊使用	安全装置失效	塔式起重机倾覆等

(2)对危险源控制和安全事项

①个人防护,遵守施工现场的一般性安全规定:进入施工现场戴好安全帽,系好帽带;高处临边作业系好安全带,穿防滑鞋,禁止穿拖鞋、赤脚等进入施工现场;酒后严禁进入施工现场;严禁高空抛物;施工现场严禁游烟,抽烟到指定地点。

②施工现场的各种安全防护标志、安全防护设施严禁拆除和挪动,如需移动需经批准并及时恢复;现场行走需走安全通道。

5.3.4 塔式起重机司机针对性安全规定

(1)塔式起重机司机应受过专业训练,按有关部门规定进行考核合格并取得操作证,要求其了解操作塔式起重机的工作原理,熟悉该机械的构造、各安全装置的作用及其调整方法,掌握该机械各项性能的操作方法及维修保养技术。

(2)塔式起重机必须由持证的专业人员进行操作,非司机人员不得操作,作业时应由专人指挥,司机酒后及患病时,不得进行操作。

(3)作业前应检查整机主体螺栓有无松动,排除整机上的障碍,重点检查各转动机构应正常,主要部位连接螺栓无松动,钢丝绳磨损情况及穿绕滑轮应符合规定。

(4)起重机的变幅指示器、力矩限制器以及各种行程限位开关等安全保护装置,必须齐全完整、灵敏可靠,不得随意调整和拆除,严禁用限位装置代替操纵机构。

(5)起吊前应进行空载运转,检查行走、回转、起重、变幅等各机构的制动器、安全限位器、防脱装置等,确认正常后方可作业。

(6)操纵各控制器时应依次逐级操作,严禁越挡操作。在变换运转方向时,应将控制器转到零位,待电机停止转动后,再转向另一方向,操作时力求平稳,严禁急开急停。

(7)作业时,应将司机室窗户打开,注意指挥信号,司机室内应有防火防触电安全措施。

(8)起重作业时,重物下方不得有人停留或通过,严禁超荷载和起吊不明重量的物件。

(9)起吊重物时绑扎应平稳、牢固,不准斜拉斜吊物品,不准抽吊交错挤压物品,不准起吊埋在土里或冻黏在地上的物品,不得在重物上堆放或悬挂零星物件,零星物料和物件必须用吊笼或钢丝绳绑扎固定后方可起吊。

(10)6 级以上大风以及大雨天应停止起吊,在恶劣天气过后应对整机再进行检查,检查合格后再进行运行。

(11)有物品悬挂在空中时,司机与指挥工不得离开工作岗位。

(12)起重机行走到接近轨道限位开关时,应提前减速缓行至停止位置,吊钩距臂杆顶端的距离按各类塔式起重机限位器的要求。

(13)司机必须认真做好起重机的使用、维修、保养和交接班的记录工作,定期对机械进行维修保养,做好设备“十字”作业(清洁、润滑、调整、紧固、防腐)。

(14)塔式起重机司机每班作业前必须填写“塔式起重机作业前安全隐患排查表”,检查确认无隐患后方可进行操作。

5.3.5 塔式起重机司机操作规程

(1)起重机定人定机,由专人负责,司机应持证上岗,严禁无证操作,非安装、维修、操作人员未经许可不得攀爬塔式起重机。在地面总电源闭合后必须用电笔检查起重机金属结构是否有电,保证安全后再上扶梯。

(2)操作前必须按规定进行日常检查保养和定期保养,对各安全保护装置进行检查,不符合要求严禁作业。

(3)在不满足电压及电流要求的情况下禁止作业。

(4)司机必须服从指挥员的信号指挥,操作前应先鸣号后开机。

(5)作业时,严禁闲人走近起重机作业范围,起重臂下严禁站人。

(6)工作时应服从指挥,坚守岗位,集中精力,精心操作,严禁吊钩有重物时离开司机室,操作中做到“二慢一快”,即:起吊、下落慢,中间快。

(7)下降吊钩或吊物件时,如遇信号不明,发现下面有人或吊钩前面有障碍物时应立即发出信号,服从指挥人员信号指挥。

(8)司机在吊装作业及重物经过人员上空时,必须鸣铃示警,作业时注意力要高度集中。

(9)严禁超荷载、超力矩工作,更不允许将有关安全装置拆掉后进行违章作业。

(10)需反向时,必须在惯性力消失电机停转后才能开动反向开关,严禁突然开动正反转开关。

(11)严禁使用起重机吊运人员。

(12)起重作业时,起重机扶梯及平台上严禁站人,不得在作业中调试和维修机构设备。

(13)吊钩落地后,不得再放松起重绳。

(14)夜间工作必须有充足的光照度。

(15)塔式起重机严禁带病运转。

(16)塔式起重机工作中如制动器失灵,司机应沉着冷静,发出报警信号,将重物转到空旷无人的地方,用电动机控制重物落至地面,严禁靠自重下滑。

(17)塔式起重机作业时突然停电,首先查明原因,如停电时间较长,则应采取措施,先将重物慢慢降至地面。

(18)风力大于6级及以上,塔式起重机严禁工作。

(19)严禁采用限位装置作为停止运行的控制开关,接近极限位置时应主动降到低速挡运行。

(20)下班前松开回旋机构制动装置,使其顺风向自由摆动。

(21)司机下班前,必须将吊钩升起并超过塔式起重机回转范围内的一切物件高度,并将小车置于距塔身中心说明书规定位置处,同时将各操作开关拨到零位上,切断室内总电源,门上锁,下塔式起重机后切断地面总电源。

5.3.6 塔式起重机司机“十不吊”

(1)被吊物重量超过机械性能允许范围,不准吊。

(2)指挥信号不清,不准吊。

(3)吊物下方有人,不准吊。

(4)吊物上站人,不准吊。

(5)埋在地下物不准吊。

(6)斜拉、斜挂,不准吊。

(7)零碎小物件无容器,不准吊。

(8)松散物捆扎不牢,不准吊。

(9)吊物不明,吊索用具不符合规定,不准吊。

(10)遇大雨、有雾及6级及以上大风等恶劣天气,不准吊。

5.3.7 塔式起重机司机对群塔作业规定

(1)起重机之间最小安全距离,应保证处于低位的起重机臂架端部与另一台起重机塔身之间至少有2m的距离,为防止塔式起重机的长臂与相邻塔式起重机的塔身相碰,部分塔式起重机采用缩短臂长,以确保运行安全距离。

(2)处于高位的起重机(吊钩升至最高点)与低位的起重机之间,在任何情况下,其垂直方向的间隙不得小于2m。

(3)两台同样高度的塔式起重机,其起重臂端部之间,距离应大于4m,两台塔吊同时作业时,其吊物间距不得小于2m。

(4)多台塔式起重机作业范围应设立警戒限位,防止碰撞事故发生。

(5)多塔作业时,各机指挥要默契合作,不得在大臂交叉范围内同时吊运,要合理安排吊运时间,使各台塔式起重机能够充分利用各自空间工作。

(6)高塔避让低塔:高塔在转臂前应先观察低塔运行情况再进行作业。

(7)动塔让静塔:进行运转的塔式起重机应避让处于静止状态的塔式起重机。

(8)空载让重载:两塔同时运行时,空载塔式起重机必须避让重载塔式起重机。

(9)前臂让后臂:当作业半径内有其他塔式起重机后臂时,必须判断其运行方向,前臂避让后臂。

5.3.8 塔式起重机司机遇紧急情况处理要点

(1)制动器失灵情况下的应急措施。

①突然失灵:当在实际操作中遇到制动器突然失灵时,首先要进行一次点车或反向操作,并立即发出紧急信号,同时寻找物件可以降落的地点,如当时物件所处位置即可下落,就要把控制器手柄正常的操作方法转到下降速度最慢一挡,使物件降落,决不允许让物件自由坠落。如果当时的情况下不允许直接降落物件,就要迅速地把控制器手柄逐级地转到上升速度最慢一挡,千万不要一下子把控制器手柄转到上升速度最快一挡。因为转矩变化大,会使过电流继电器触点脱开把电源切断,使重物立即自由坠落,造成吊运作业机械事故。

②由电气引起的制动失灵:如果在点车或反向操作之后,重物仍在下滑,那可以认为这种失灵现象是由电气方面原因造成的,遇上这种情况应立即拉下保护箱闸刀开关,切断电源,使制动合闸,把被吊物停住,然后查明原因,排除故障,避免事故发生。

(2)失控情况下的应急措施。

所谓失控,就是电动机处于通电情况下,控制器却失去了对机构正常控制作用,这属于操作不当引起的。此外,控制线路及电气元件的故障也会造成失控,如发现这一情况,必须立即发出警报信号,警告行人离开吊物下方,并查明原因迅速排除故障。

(3)当塔式起重机在正常作业中突遇停顿(长时间)停电,使起吊物悬挂在空中,且时间较长时。应采取以下紧急措施。

①操纵开关至零位,切断总电源。

②由专业维修人员间断地用手拉开起升卷扬机制动器或打开拉闸把手,让起吊物通过重力下降,每次下降较短距离,下降速度不得超过额定运行速度,最后使吊物降至地面。

③如吊物下面有障碍物及房屋时,应采取以下措施:

a. 按第②条内容先将吊物降至离物体或房屋上方安全距离内,然后采取将同转装置制动或拉揽风绳措施,不让其在风力作用下同转。

b. 在吊物下方设置警戒区域,并由专人监护,不让人员在吊物下走动和作业。

c. 在吊物下方是办公区域等,则吊物下方室内人员必须暂时离开,并按第②条方法采取措施。

d. 电源恢复接通后，要进行全面检查，然后将吊物转至指定地点下降。

5.4 普通架桥机

5.4.1 安全要点

(1)架桥机的安装与拆除必须严格按照施工方案进行。

(2)架桥机拼装完成后须进行试吊，试吊可采用梁板，将梁板提起后，应仔细检查各主要部位的受力情况，经确认一切正常后方可使用作业。

(3)架桥机纵向运行轨道两侧规定高度要求对应水平，保持平稳。前、中、后支腿的各横向运行轨道应水平，并严格控制间距，三条轨道必须平行。

(4)架桥机天车在携带混凝土梁板行进时，前支腿部位须用手拉葫芦与横移轨道拉紧固定，提高稳定性。

(5)作业过程中必须由专人指挥，无论何时，当听到任何停止的信号时必须立即停止作业。

(6)作业过程中还须随时注意安全检查，每架设完一跨，必须对架桥机进行一次全面检查，严禁架桥机带病作业。

(7)架桥机前移过孔时，起重小车应位于对稳定最有利的位置，且抗倾覆安全系数不得小于1.5，配重不足时可利用梁板进行配重，过孔时必须一次到位，中途不得停顿。起吊天车提升与携梁行走不得同时进行，天车携梁时应平稳迁移。架桥机过孔时项目专职安全员应进行现场旁站。

5.4.2 安全设施

(1)架桥机必须设置有效的限位装置，在轨道有效行程范围内设置缓冲器及端部止挡，如图5-13所示。

a)

b)

图5-13 架桥机行程限位器及端部止挡

(2)盖梁上的架桥机前支腿宜采用枕木及型钢组合支撑,高度应根据桥梁横坡调整,保证钢轨的横坡小于0.5%,枕木搭设应不大于3层,宜采用“井”字形垫法,最上层枕木方向应垂直于横梁方向,相邻支撑枕木净距应不大于0.5m,如图5-14所示。

a)

b)

图5-14 垫木

(3)架桥机应设置安全监控系统,电机位置应设置防雨设施。

(4)架桥机在临近、穿越或跨越高压线时应满足安全距离要求。

5.5 浮式起重机

5.5.1 普通浮式起重机安全要点

(1)施工作业前,应取得当地海事部门及其他相关单位的作业许可,办理水上作业许可证及其他相关手续,并遵守有关要求。

(2)浮式起重机作业前,应对钢丝绳、吊钩、螺栓、插销、链条等零件进行检查,发现问题及时整改,并保留检查记录,严禁设备带病作业。

(3)起吊前应进行试吊,发现起重机机不平稳、不稳或者制动不良,应立即下放吊物重新调整。严禁超负荷起吊、偏吊、斜吊(图5-15)。

图5-15 浮式起重机实景图

(4)起吊前应检查抛锚定位锚索的松紧情况,避免出现船体走锚的重大事故隐患。

(5)起吊作业过程中必须由专人指挥,操作人员应持证上岗。

(6)当两台浮式起重机抬吊物件时,须制订吊装施工方案,设置专人指挥作业。

5.5.2 普通浮式起重机安全设施

(1)浮式起重机上应设置警示灯和其他警示标志,作业时显示水上作业号型、号灯以及信号旗。

(2)浮式起重机上应放置救生器材,现场所有作业人员须正确穿戴救生衣。

5.5.3 大型浮式起重机安全要点

(1)浮式起重机在航拖或停泊时,应遵守港监有关规定。驾驶员、轮机员、水手、起重机司机、起重工、司索工等各类人员都必须按照各自职责范围,认真遵守有关工种的安全操作规程。

(2)非自航浮式起重机,需要拖轮护航时,必须与拖轮船员密切配合,加瞭望和联系,以防意外安全问题。

(3)起重工、司索工等各类人员在浮式起重机及其他船上,必须安全作业,穿好救生衣。

(4)浮式起重机停靠码头或其他船旁时,架设的跳板两旁应有栏杆,跳板下方要有安全密目网等措施,以防落水安全事故的发生。

(5)浮式起重机的一切工作人员,不准在工作或值班时间内饮酒。

(6)在台风警报期间,必须加固缆绳,做好值班护船工作,不得擅离岗,并听从调度。

5.5.4 大型浮式起重机安全设施

(1)海域吊装正处潮汐期间和主航道中,浮式起重机停泊位置、方向,应防止严重走锚后,致使舵机失控(图5-16)。

图5-16 海域施工大型浮式起重机

(2)防止水中铺设的军用电缆,遭到无意识性的损坏。

5.6 空 压 机

5.6.1 安全要点

(1)固定式空压机存放地点应通风良好,严禁日光暴晒和高温烘烤。

(2)在空压机储气罐15m范围内不得进行焊接和热加工作业。

(3)开始作业前,应检查安全气阀、压力表、储气罐、管道、用气设备及其他安全装置状况是否良好,严禁设备带病作业。

(4)空压机运行过程中,出气口附近不得站人或作业。

(5)空压机各项安全指示仪器须灵敏有效,应定期进行检查,并做好检查记录。

5.6.2 安全设施

(1)固定式空压机四周应设置围挡,并悬挂安全警示牌,如图5-17所示。

(2)现场必须设置消防沙池和灭火器,并明确消防责任人。

图5-17 空压机房

5.7 施工电梯及司机

5.7.1 安全要点

(1)电梯应在每班作业使用前进行空载及满载试运行,将电梯笼升离地面1~2m后停车,检查各项制动装置的可靠性,确认正常后方可使用。

(2)电梯笼乘人载物时应使荷载均匀分布,每次承载人员不得超过额定人数,禁止人货混装,严禁超载使用。

(3)电梯运行至最顶层或最底层时仍须操作按钮控制,严禁以行程限位开关自动碰撞的方法停车。

(4)每天作业完成后,作业人员须将电梯笼落至底层,将各控制开关拨回到零位,切断电源,开关箱上锁关门,锁好电梯笼门和防护门。

(5)施工电梯操作人员在每天上班前和换班前,应按照使用说明书以及相关检查表对电梯进行日常检查,发现问题及时停止使用,并做好维修保养记录。

(6)施工单位应定期组织专业技术人员对施工电梯进行全面检查、维修保养,并保留检查记录。

(7)严禁在电梯运行过程中进行维修、保养作业。

(8)大雨、有雾、6 级及以上大风天气,不得使用外用施工电梯,并将梯笼降到底层,切断电源。暴风雨等恶劣天气过后,应对电梯各安全装置进行全面检查,确认一切安全有效后方可使用。

(9)严禁在电梯井架、支撑上设置缆绳、标语等。

5.7.2 安全设施

(1)电梯底笼周围 2.5m 范围内,必须设置稳固的防护栏杆,出入口处的通道应平整牢固,防护栏杆必须稳固牢靠。

(2)电梯周围 5m 范围内不得存放易燃易爆等其他物品,电梯间应放置消防设施,四周还应设置排水设施,电梯出入口须设置防护棚,如图 5-18 所示。

a)

b)

图 5-18　施工电梯防护棚

(3)电梯防冲顶和防坠落装置应齐全、可靠,连墙件牢固。在安全通道顶部应采用钢板 + 五分板或铺沙等方式减缓坠物冲击。

5.7.3 电梯司机安全要点

1)施工作业特点和危险源(表 5-5)

施工作业特点和危险源　　表 5-5

作 业 活 动	潜在的危险因素	可能导致的事故
施工电梯操作	操作不当、违章操作	机械伤害、机械事故
层站门状态	梯笼离开层站门未关闭	高处坠落、机械伤害

2)对危险源的控制和安全事项

(1)操作人员安全事项:

①进入施工现场穿戴整齐、戴好安全帽。

②上班期间严禁饮酒,酒后不得开电梯。

③施工电梯安装、加高、维修后首次运行时应开启距地面 1m 后停梯,检查制动装置是否

灵敏、有效。

④每日上班前，必须对照“施工升降机作业前安全隐患排查表”内容认真检查，确认无问题后方可启动升降机。

⑤司机离开时必须将设备停至底层，拉闸断电锁好梯笼门后方可离开。

⑥司机应观察货物的码放情况，严禁超载偏载运行，每个梯笼每次乘人不得超过限额（含司机）。

⑦司机操作设备前，应对设备整体状况和运行空间进行观察和瞭望，对发现的障碍物要及时通知相关人员进行处理。

⑧每次启动电梯必须鸣笛，并与施工人员进行沟通，信息明确后方可开动电梯。

（2）下列情况不得使用施工电梯：

①天气情况恶劣，如打雷、大雨、有雾天气以及6级及以上大风时。

②施工电梯出现机械、电气故障及异常响声时。

③夜间卸料平台照明不充足时。

④施工电梯在调整、检修期间工作未完成时。

⑤施工通道、平台搭设未完成时。

⑥司机要经常检查、督促乘梯人员关好安全防护门，防护门未关好时不得开动电梯。

⑦施工电梯必须从正面、左、右侧常态化检查轨道的垂直度，以及附着臂的实际状况，必须达到施工机械运行规程的要求（图5-19）。

a)

b)

图5-19 施工电梯运行

（3）操作运行中的安全事项：

①施工电梯安装、加高完毕后未经验收不得投入使用。运行中没有平台及围栏的地方严禁停梯上下人。

②施工电梯运行至最上层或最下层停车时应使用操作开关控制，严禁司机以碰撞上下限位开关来实现停梯，以防设备蹲底和冒顶事故的发生。

③运行过程中司机应集中精神，不得与别人闲谈、看书、打游戏、听歌、玩手机等。要随时观察传动机构有无异常声响，发现异常情况立即停机并通知相关人员。

④施工电梯在合闸通电后，司机不得擅离职守，若必须离开则需切断电源，锁好梯笼门，并等待通知的另一名当班司机到位后方可离开。

⑤施工电梯在运行过程中不得进行任何保养、调整、维修工作。

⑥当操作开关失灵或上下接触器黏合时应迅速按下急停按钮，拉下极限开关并立即通知相关人员。

⑦施工电梯运行过程中发现配电箱内有冒烟、异味等其他不正常现象时要立即按下急停按钮切断电源，并通知相关人员。

⑧施工电梯运行时，司机应随时注意呼叫信号及不明来源的大声呼喊，听到呼喊声不论呼喊内容来自何方，都应立即停车，查清原因后妥善处理。

⑨严禁超载运行。吊笼内荷载尽量均匀分布，防止偏载运行，预防事故的发生。

⑩设备运行过程中，严禁司机身体任何部位探出驾驶室。

⑪司机在工作过程中禁止无故进入建筑物内。

(4)施工电梯停运后事项：

①施工电梯降至最底层后应认真做好班后保养工作，做好交班记录。

②清理吊笼内的废弃物，将吊笼内打扫干净。

③将外电箱开关扳指停止位置，切断分电箱电源，锁好配电箱和外笼门。

④进行维修保养过程中，在断电情况下应在电闸箱处悬挂"有人工作、禁止合闸"的警示牌，司机负责监护。

⑤禁止司机捡拾、私拿、盗窃工地物品。

(5)施工电梯"十不开"：

①吊笼超额定荷载不开(试验除外)。

②安全装置失效不开。

③货物体积大，影响吊笼门开关不开。

④货物堆放不稳妥不开。

⑤货物长度过长，有外伸现象不开。

⑥检修人员在吊笼顶部或在地坑内不开(但在检修人员指令下可点动上下)。

⑦吊笼门和围栏门联锁失灵，吊笼门关闭不好不开。

⑧吊笼运行速度超额定，或快或慢不开。

⑨乘员把头、手或脚伸出吊笼外不开。

⑩施工电梯的吊笼运行时有异样声响或感觉不好不开。

施工电梯安全关系到每位司机和乘梯人员的最大切身利益，司机人员认真阅读本操作规程和安全交底，将安全第一的思想真正地融入实际工作中。

(6)应急处理施工升降机运行过程中出现故障或意外(包括突然停电、松开操作按钮电梯不停止等)，千万不要惊慌，要沉着冷静，立即按下急停按钮，并将极限开关扳下来，以实现升降机停机，然后通知相关人员，等故障排除后接到启动通知，再恢复安全装置，启动升降机。

5.7.4 应急措施

(1)当施工电梯发生伤害、失火等意外事件，最先发现情况的人员应大声呼叫，呼叫内容要明确:“某某地点或某某部位发生某某情况”将信息准确传出。

(2)听到呼叫的任何人,均有责任将信息报告给与其最近的项目部管理人员、抢救小组成员,使消息迅速报告到现场负责人(项目经理)处。

(3)当事人及现场人员,应依据项目部制订的紧急救援预案进行自救或抢救。

5.8 U形梁运梁车、架桥机安全施工

U形梁是按科学、先进的设计理念,将传统的闭口箱梁设计为薄壁开口的“U”形混凝土梁,这是一种新型结构。U形梁不仅外观美观,同时降低了轨道交通整体结构高度,降噪及减振方面都具有很大优势。

5.8.1 安全要点

(1)运梁车装梁时,梁片重心应落在运梁车纵向中心线上,偏差不得超过20mm。在曲线上装梁时,可使梁片中心与运梁车纵向中心线略成斜交。梁片落在运梁车上时,梁前后端支撑点位置偏离支座中心线距离不大于规范及本机要求。如施工条件限制,可按照规范利用其最大悬出位置,梁片与运梁车支承间应垫放橡胶支座,以保护混凝土梁。

(2)梁放置到运梁车上后,两端采用运梁车上的专用斜撑夹紧大梁,同时在大梁前后梁端两侧各设置4个大于或等于5t电葫芦与运梁车拉紧,即内撑外拉,防止在运行过程中出现大梁倾倒或侧翻现象。

(3)运梁台车运送梁片时,由专人操作控制动力,应在两台车上分别由专人护送,检查和预防梁片支撑松动,随时携带楔形刹车软木夹片,以备出现意外情况能够及时刹车。

(4)运梁轨道基础应坚实平整,不得有死弯,死角等,且两轨间应定位准确,以保证轨距准确,一般12.5m长的轨道至少要设置3道横向连接,同时要求在轨道两端和轨道纵向连接长接头部位必须设置横向连接,两轨应保持平行。

(5)运梁小车刹车系统应单独设计和安装并且保证及时灵敏,确保及时刹车,特别是意外情况下能够立即自动刹车。通过电路设计,在突发情况下能够自动锁定刹车。

(6)在雨天不得进行轨道运梁,防止轨道打滑导致刹车失灵。

(7)轨道根据实际运梁需要,在指定位置或端头设置制动锁件装置,保证及时有效地刹车。轨道与已架梁体之间设置垫木,两条轨道之间加强横向连接,防止在刹车过程中出现意外情况。

(8)架梁后,将各跨U形梁底板轨道预埋钢筋及时焊接并与桥台或桥墩钢筋焊接,防止在轨道小车刹车时导致梁体沿纵坡下滑。

(9)在运梁过程中,由专人负责电动开关,控制小车行走速度,要匀速行驶,尽量避免出现突然制动和紧急刹车,防止出现意外情况。

(10)在轨道运梁过程中,如果桥面横坡较大,对较低一侧轨道应进行适当的支垫,尽可能地保证两条轨道平行和水平,防止横坡较大而出现侧倾或横向失稳。

（11）已经架好U形梁的桥面上铺设轨道，在通过伸缩缝和墩顶现浇连续段（未及时施工）处，必须在轨道下铺垫钢板，同时要求对墩顶连续段的纵向所有钢筋全部进行焊接。

（12）在已经架好梁的桥面上铺设轨道时，两条轨道尽可能地铺设在两片梁的纵向轴线上，在设计轨道小车时，必须应提前考虑该问题，轨道间距适中。

（13）在轨道小车运输梁时，要求对承重轨道的大梁必须进行横向连接，如所有的横隔板及相邻梁片的湿接缝等横向连接钢筋要求必须进行焊接。

5.8.2 安全设施

（1）非工作停止期间，首先必须切断操作平台及总开关电源，以免电气元件发生自行粘连，造成架桥机误动现象。

（2）严格按照架桥机使用说明，停机时各支腿站位支撑在安全规定范围，认真检查各处止挡设施安全有效，遇有大风等恶劣天气时，停止施工，应采取揽风绳固定，确保安全。

（3）架桥机恢复使用前，应全面巡视检查各部位有无异常，如发生变动，应及时查清原因进行整改。

（4）采用轨道小车运梁要注意检查轨道之间的连接和过伸缩缝处的支垫，同时注意在运梁过程中对梁两端的斜撑加固，防止大梁倾斜。注意安排专人检查运梁小车，及时刹车。

（5）考虑轨道为曲线布设，运梁小车上与待运梁端支点可设置为可转动支座，即保证大梁在曲线轨道上运梁时可转动，避免对轨道的损伤变形。

（6）对运梁道路，必须严格检查桥、涵的承载情况，进行保养、维修。同时做好评估后，采取相关措施，甚至重建，确保在运输过程中桥、涵的安全承载力。

（7）运输车（108个胶轮）运一片梁，通过吊装孔移动（图5-20），确保各吊点高差控制在2mm以内。存放在平整和足够刚度的支撑上，支点不均匀高差控制在2mm以内。存梁区到现场整个吊装过程，以确保支撑支座板之间的横向高差不超过2mm。

（8）U形梁的运输、顶推。

编制U形梁的运输、安装（吊装、顶推与落梁）安全专项方案，必须按融入专家评审建议和意见的安全专项方案，精心组织施工（图5-21、图5-22）。

图5-20　U形梁移动

图5-21　U形梁运输

a)

b)

图 5-22 U形梁顶推、落梁

5.9 预制梁标准化顶推

5.9.1 一般规定

(1)顶推设计4个永久墩、6个临时墩作为顶推平台。每个墩顶3个滑道,共计30个滑道,作为顶推滑动轨道。2个牵引墩,每个墩顶2台连续千斤顶,共4台牵引千斤顶,作为顶推动力。沿曲线平坡顶推,其中试顶0.1m。

(2)顶推过程中,每步完成后,用木楔楔紧每个导向轮与梁体间的间隙,牵引千斤顶持力限位静置至第二天顶推前。

(3)顶推步骤:

步骤一:进行顶推前检查(先试顶推2m)。

步骤二:第一次顶推(可按规模分段),见图5-23。

步骤三:更换顶推千斤顶至2号锚点处。

步骤四:进行第二次顶推,顶推至成桥位置(图5-24)。

步骤五:拆除导梁(图5-25)。

(4)中线控制措施:

①现场桥梁设置中线观测控制点。

②梁顶面弹出中线(墨线),设观测标,便于快速、量化观测。

③自动连续顶推过程中,对主梁的轴线进行不间断观测,指导顶推作业。

④如果发现主梁轴线偏离设计轴线,应通过导向、限位装置,在顶推过程中进行准确纠偏。

(5)就位措施:

①顶推中线的控制,采用横向纠偏装置来进行左右调整。

②顶推里程的控制采用“点动”的方式,并配合经纬仪进行控制。

③就位后允许其中线偏差+10mm。

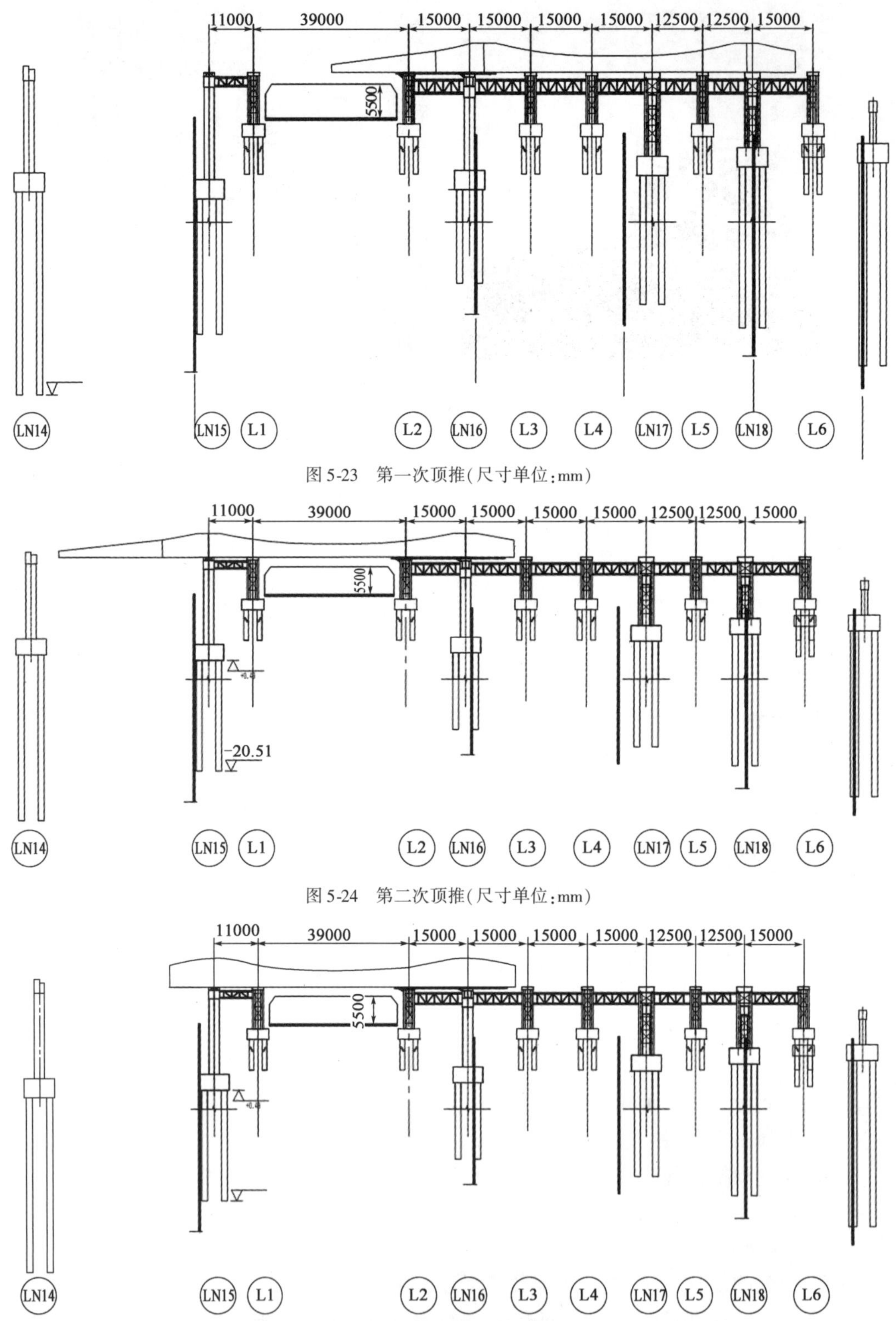

图 5-23 第一次顶推(尺寸单位:mm)

图 5-24 第二次顶推(尺寸单位:mm)

图 5-25 拆除导梁(尺寸单位:mm)

(6)质量控制:

①制梁精度要求:预制梁段底面必须平整,节段间接缝无错台。

梁段外形尺寸要求:长度: +5mm,10mm;高度:0,5mm;顶板宽度: +20mm, -10mm;腹板、梁肋厚: +10mm, -0。

②四氟滑板的质量控制:四氟滑板为改性聚四氟乙烯板制品,其使用厚度为30mm,要求误差为 +1mm。四氟板与不锈钢板的摩擦系数为0.05,本桥施工中摩擦系数采用0.05 ~0.08。顶推梁使用的四氟滑板块,数量多,质量要求高,使用时需精心操作,妥善保存。要求四氟板表面清洁光滑,无刻痕,无油污,无翘曲变形等,四氟滑板滑动面可涂硅脂。当主梁底部与四氟板接触时,随着梁段的顶推前进,滑道上的四氟板从前面滑出后,应立即从后面插入填塞补充,补充的滑块应涂以润滑剂,并端正插入,任何情况下,各墩顶滑道上的四氟滑板不得少于3块。四氟板磨损过多时,应及时更换。

③顶推时,滑板应及时沿指定位置送入,不得脱空而引起槽型梁开裂,起顶梁时需各墩顶千斤顶同时起顶,相邻墩起顶高差不得大于5mm,同墩两侧梁底顶起高差不得大于1mm。

(7)安全监控和测量:

①中线控制顶推过程中,全程采用全站仪观测槽梁中线,如有偏移采用墩顶横向限位装置调整中线。

②应力监测顶推前用软件进行模拟和理论分析,顶推过程中通过预埋的应力传感器实时采集数据。

③变形监测:监测导梁、梁体、墩身的位移挠度变化。

④速度监测:监测顶推速度。

⑤顶力监测:监测千斤顶的顶力大小,推算摩阻系数。

(8)落梁步骤(图5-26):

步骤一:顶推到位后,拆除两个墩一半的滑道梁和垫梁,用支墩进行替代。

步骤二:将梁顶起,拆除第一个墩的剩余滑道梁和垫梁以及第二墩剩余滑道梁。

步骤三:将梁顶起,拆除第二个墩剩余垫梁,替换支墩和落梁千斤顶。

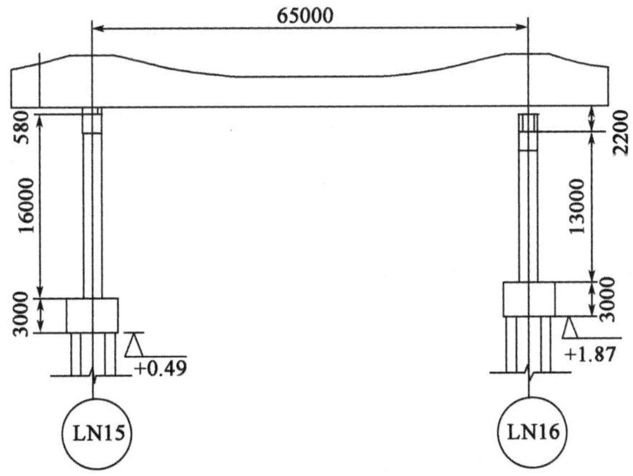

图5-26　落梁示意图(尺寸单位:mm)

步骤四:采用等比落梁方法,交替将梁顶起、拆除钢板和支墩、将梁落下再将梁顶起,交替作业,共需落梁40轮次。

步骤五:落梁至支座垫石400mm时,安装支座。

步骤六:安装落梁纵横调整精调装置,进行最后落梁,将梁精确调整落梁到位,梁系统及支墩钢板,完成落梁作业。

步骤七:拆除千斤顶落梁系统及支墩钢板,完成落梁作业。

5.9.2 安全要点

(1)安全落梁

①顶推到位后,利用两台200t以上的自动连续顶推千斤顶放置在第二个墩,将梁体拉紧,防止梁体在落梁过程中滑移。待落梁完成后方可拆除牵引索及顶推千斤顶。落梁时,两个永久墩限位装置处用木楔楔紧,防止梁体倾覆。

②落梁时,落梁千斤顶顶部设球面转动装置,将梁顶起和落下时可克服梁体的转动,使千斤顶一直处于垂直受力状态,克服落梁时下滑力对支墩侧向倾倒的影响。

③落梁垫墩与墩顶以及落梁支墩与落梁支墩之间用螺栓进行了连接,提高落梁支墩的整体稳定性,防止落梁支墩进行倾覆。

④对梁体依照设计中线位移情况进行全面检查,合格后开始落梁。

⑤先拆除一半的滑道梁,安装千斤顶,将梁均匀顶推起20mm,在桥墩顶,用多层钢板墩(400m×400mm)进行支垫,防止千斤顶长时间工作影响油泵失效,拆除临时墩及滑道梁。

⑥落梁时先落第一个墩,再落第二个墩,(两墩分次、同步落梁),第一个墩的落梁高度为80mm,第二个墩的落梁高度为1797mm。桥墩顶支座处放置钢板垫块保证其净空小于10mm,直到落到设计高程,支座完全受力。

⑦通过控制进油压力来确保每个桥墩千斤顶受力均匀,且落梁速度一定不要太快,并要均匀下落。

⑧测试并调整梁体线性达到设计和规范要求,锚固支座。

⑨在落梁过程中要使梁的脱空距离保持在10mm内,严禁两墩同时落梁。随同千斤顶顶升、回缩和落梁垫块的拆除随时进行测量,确保梁底高差控制在设计范围之内。

⑩落梁控制采用等比落梁进行控制,每次第一个墩落梁高度2mm,第二个墩落梁高度42mm,共需落梁40轮次。

(2)关键点、平整度

梁底面和侧面的平整度尤其重要,是关系顶推施工是否顺利的关键环节。为此,采取如下措施:

①增加地基局部刚度,在腹板2m宽度范围内的混凝土地基中增加ϕ10的双向钢筋网片,减小腹板下的地基应力和沉降。

②增加底模主楞刚度,采用型钢代替方木,把计算挠度控制在0.5mm以内。

③减小地基沉降,增加预压时间,使夯实的地基初步固结稳定。

④每个安装衔接部位,采用螺栓精确调节,然后灌注细石混凝土密实处理。

⑤减小侧模变形,减小对拉杆间距,增加对拉杆数量,控制侧模变形。

⑥精确定位横向限位系统,安装前测量槽梁腹板外表面平整度,根据测量的结果定位横向限位系统。

(3)安全防裂

连续混凝土梁顶推施工过程中经常开裂,俗话说"十顶九裂",因此防止梁开裂是顶推施工中至关重要的难点。为此,采取如下措施:

①优化设计方案,增加预应力钢束,使梁全长、全断面范围内处于受压状态,从理论上避免混凝土手拉产生开裂,调整部分预应力钢束施力原理,将腹板处钢束由双端改为单端张拉,减小导梁根部预留空洞,消除导梁预埋段槽梁混凝土局部应力集中现象。

②强化设计方案,与设计协商,在导梁精轧钢锚固端前后各1m范围内,增加钢筋笼,且三向配筋,使锚固端的力尽量分散,减小应力集中。

③控制张拉顺序,先张拉梁纵向钢束并压浆,使梁先受压,然后再张拉导梁精轧钢,从而最大程度减小梁局部受拉应力。

④把后锚装置预埋件加工成整体,与梁浇筑成一体,避免单个螺栓局部受力过大,对梁产生拉应力。

⑤顶推过程中,通过信息化指导施工,在梁产生过大拉应力之前暂停顶推。

(4)同步安全

多点顶推过程中的重点和难点是拉索的同步控制,最理想的同步是后锚装置上的拉索受力一样,牵引梁稳步前进,关系到顶推施工是否成功的关键环节,为此,采取如下措施:

①初始控制,对每根钢绞线进行预紧,每个牵引墩上的钢绞线预紧力一样,不同牵引墩上的钢绞线差别对待。

②应力监控,在拉索与千斤顶之间加装应力传感器,及时采集各根拉索的应力大小,从而同步操控每一个牵引墩上的2个千斤顶。

③位移监控,在千斤顶油缸上增加位移采集传感器,通过位移的不同步来控制不同牵引墩顶的拉索。

④强制同步,顶推过程中每步骤开始前启动油泵使各根拉索的应力同步,落梁过程中每下落一个循环各个千斤顶下落高度同步一次。

⑤信息化施工,密切监控梁应力状况,必要时差异控制千斤顶,使梁应力最优。

(5)信息化安全

梁顶推过程是一个未知的、不受控制的过程,为了能够确保顶推施工顺利进行,就必须对梁顶推过程进行全程监控,及时修正模拟的数据,使下一个工况下的指导数据贴近实际状况。为此,须做如下工作:

①模拟,利用设计参数对槽梁施工阶段进行理论模拟,初步确定各个工况下的受力状况。

②初步修正,根据试顶时采集的数据,修正模拟时的设计参数。

③动态修正,根据顶推过程中连续采集的贴近实际状况的数据,不断对模拟参数进行修正,使计算的数据越来越真实。

④精确就位,最后10cm顶推,采用手动模式,点动控制,每次点动后进行数据采集,指导下一次点动施工,直至就位。

⑤总结顶推过程,掌握顶推过程中应力变化的总体趋势,对方案进行完善,用于指导下次同类型施工。

第6章 施工机械及机具

6.1 一般规定

(1)按工程项目的规模编制安全专项方案,包括设备和机具平面布置图(计算水、电用量),严禁使用国家明令禁止或已淘汰的、不合格的设备和机具。

(2)焊接、热切割作业、起重作业等特种作业人员须按照有关规定经专业机构培训,并取得从业资格证。动火作业,依据《中华人民共和国消防法》于所在地区消防部门办理动火证,应持有动火作业令,作业令还必须报请监理单位的总监理工程师审批,施工单位派员监护,配制相应的消防设施。

(3)机械设备上的各种安全防护、保险限位装置及各种安全信息装置必须齐全有效。

(4)设备和机具宜进行编号管理,作业现场应悬挂安全操作规程牌。设备机具运转时禁止对其进行维修、保养等作业。

(5)机具和设备的用电必须符合《施工现场临时用电安全技术规范》(JGJ 46—2005)。

(6)机具和设备露天作业,配制防雨塑料罩,防止设备及机具短路导致电伤作业人员。

6.2 电 焊 机

6.2.1 安全要点

(1)焊接作业现场周围10m范围内,严禁存放易燃易爆物品。

(2)电焊机的一次侧电源线长度应不大于5m,二次侧焊接电缆线应采用防水绝缘胶护套铜芯软电缆,长度不宜大于30m,如图6-1所示,并且进出线处应设置防护罩,如图6-2所示。

(3)电焊机导线和接地线均不得放置在有热源的物品上,严禁采用建(构)筑物的金属结构、管道、轨道或其他金属物体等搭接形成焊接回路。电焊机外壳接地电阻应不大于4Ω。

(4)电焊钳握柄必须满足绝缘和隔热的要求,钳柄与导线之间的连线须牢固、可靠,并且包好绝缘布。

(5)高处焊接作业时,作业区下方应采取隔离或其他防火措施,并设置警戒区,按要求配备消防器材,并设置专人巡视。

(6)下雨天严禁室外焊接作业,潮湿区域作业时作业人员必须采取可靠的绝缘措施。

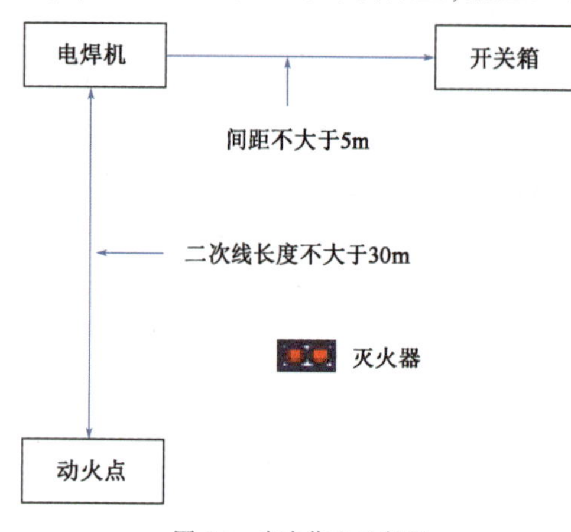

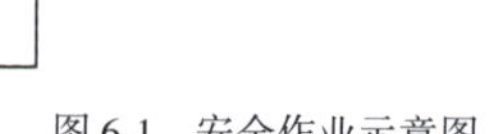

图 6-1　安全作业示意图

图 6-2　电焊机进出线防护罩

6.2.2　安全设施

(1)电焊机应放置在干燥、通风、无杂物的位置。施工现场露天使用的电焊机应设置防雨、防潮、防晒装置,单台电焊机宜使用专用小推车,多台电焊机可搭设防护棚,如图 6-3所示。

(2)交流电焊机除应设置一次侧漏电保护器以外,还须安装二次侧空载降压触电保护器,如图 6-4 所示。

图 6-3　电焊机专用小推车

图 6-4　二次侧空载降压触电保护器

(3)电焊作业人员须配备护目镜、防护面罩、绝缘手套、绝缘鞋、焊接防护服等劳动防护用品。

6.3　氧气瓶、乙炔瓶

6.3.1　安全要点

(1)依据《中华人民共和国消防法》于所在地区消防部门办理动火证,作业时氧气瓶与乙炔瓶必须分开放置，其安全距离不得小于 5m，与明火作业点的安全距离不得小于 10m，如图 6-5 所示。

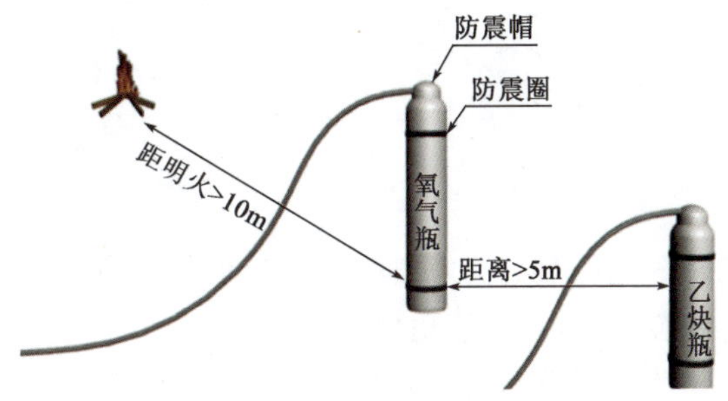

图 6-5　气瓶作业安全示意图

(2)严禁作业人员穿戴油污手套对气瓶、阀门、焊具、胶管等进行碰触及操作。

(3)气瓶在运输转移过程中，严禁随地滚动、撞击气瓶。使用起重机或其他起重机械运送气瓶时，应使用吊架或合适的台架，不得使用吊钩、钢丝绳直接吊装。

(4)氧气瓶、乙炔瓶均不得放置在易受阳光暴晒、可能受到热源辐射以及电击的地方。

(5)当气瓶阀门手动不开时，不得使用扳手或其他金属物品撬动阀门方式，需经研究分析后，选择适当的方法开启。

(6)施工现场严禁使用煤气罐等其他气瓶代替乙炔瓶进行焊接与切割作业。

6.3.2　安全设施

(1)氧气瓶和乙炔瓶应设防震胶圈，高温季节有防爆防晒措施，乙炔瓶必须设置防回火阀。

(2)氧气瓶和乙炔瓶在使用时必须设置专用小推车，小推车与水平面夹角应不小于 30°，车上应设置安全警示标志以及消防器材，如图 6-6 所示。

(3)氧气、乙炔气瓶须分开单独存放，设置专用储存间(图 6-7)，并保持良好通风，储存间的距离不得小于 10m。储存点与易燃易爆物品的安全距离不得小于 6m，或者采用不低于 1.6m的阻燃隔板隔离。

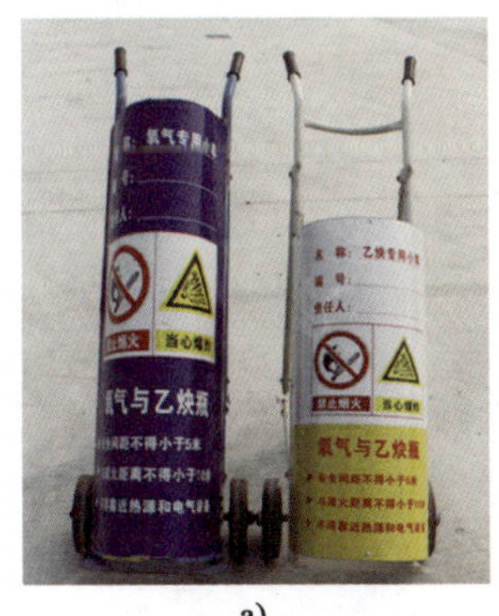

a)

b)

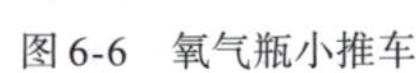

图 6-6　氧气瓶小推车

图 6-7　气瓶存放间

6.4 汽车式起重机

6.4.1 安全要点

(1)汽车式起重机的行驶道路和作业场地应坚实、平整,支腿与基坑、沟渠的安全距离应不小于2m。汽车式起重机禁止吊人,严禁超负荷起吊。

(2)超重构件单机起吊或双机抬吊时,以及三机抬吊等在施工前须进行验算,编制专项吊装方案。

(3)双机抬吊宜选用同类型或性能相近的起重机,负载分配合理,单机荷载不得超过额定起重量的80%,两机应协调起吊和就位,起吊速度应平稳缓慢。

(4)同一施工地点两台以上起重机作业时,应保持两机之间任何接近部位(包括起重物)的安全距离不得小于2m及规范的要求。

(5)启动前操作人员应检查安全防护装置及指示仪表是否齐全完好有效。

(6)作业前汽车式起重机的所有支腿必须全部伸出,支腿下方必须用枕木或钢板支垫平稳。应先将重物提升30cm进行试吊,检查各支腿有无下陷,如有异常,严禁起吊。

(7)汽车式起重机起吊时,起重吊臂下方严禁站人,吊物不得越过驾驶室。

(8)作业时突然发生故障,应立即停止作业,卸载吊物,进行检查和修理。严禁在作业过程中对运转部位进行调整、保养、检修等工作。

(9)起吊作业时,必须由专人指挥。整个操作期间,严禁司机离岗。

(10)汽车式起重机作业时与输电线最小的安全距离应符合本指南5.3.1章节表5-3的相关规定,汽车式起重机起重作业时还应满足5.1章节第(6)、(7)条起重作业相关规定。

(11)作业结束后,应将起重臂全部收回放好,收回支腿,并将吊钩挂牢。

(12)对安全保护装置应做定期检查、维护保养,起重机上配备的安全限位、保护装置应齐全、灵敏、可靠,严禁擅自调整、拆修。严禁操作缺少安全装置或安全装置失效的汽车式起重机,不得用限位开关等安全保护装置制动。

(13)6级及以上大风时严禁室外起吊作业。

6.4.2 安全设施

(1)吊钩应具有防脱钩装置。

(2)夜间进行起吊作业时应设置照明。

(3)作业时四周应设置警戒区域(图6-8)。

(4)在汽车式起重机驾驶室应配备消防器材。

a)

b)

图 6-8　汽车式起重机支腿支垫及吊装区域警戒

6.5　钢筋切断机

6.5.1　安全要点

(1)启动前,应确认切刀无裂纹、刀架螺栓紧固、防护罩牢靠,钢筋切断机如图 6-9 所示。

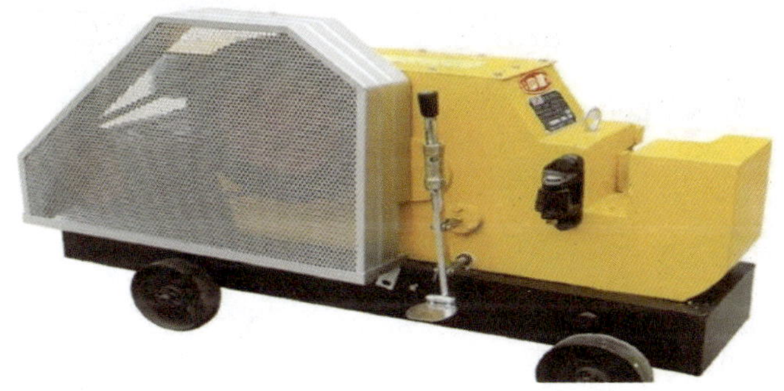

图 6-9　钢筋切断机实物图

(2)启动后,应先进行空转,检查各传动部位及轴承运转正常后,方可进行作业。

(3)切长料时,应设专人把扶。切短料时,手和切刀之间的距离应保持在 15cm 以上,如手握端小于 40cm 时,应使用套管或夹具将钢筋短头压住或夹牢。

(4)作业后,应切断电源,用钢刷清除切力间的杂物,进行整机清洁保养。

6.5.2　安全设施

(1)切断机传动装置应设置防护罩。

(2)操作人员须正确穿戴劳动防护用品作业。

6.6 钢筋调直机

6.6.1 安全要点

(1)钢筋调直机料架、料槽应安装平直,对准导向筒、调直筒和下切刀孔中心线。

(2)作业时,禁止非作业人员进入作业现场。

(3)钢筋调直到末端时,人员必须躲开,以防甩动伤人。在调直短于2m或直径大于8mm的钢筋时,应低速加工。

(4)在调直块未固定、防护罩未盖好前不得送料,作业中严禁打开各部防护罩及调整间隙。

(5)当钢筋送入料架后,手与凸轮必须保持一定距离,不得接近。

6.6.2 安全设施

应在导向管的前部应安装一根1m左右的钢管或钢护筒。被调直的钢筋应先穿过钢管或护筒,再穿入导向筒和调直筒,以防钢筋接近调直完毕时弹出伤人,如图6-10所示。

a)

b)

图6-10 钢筋调直机实物图

6.7 钢筋弯曲机

6.7.1 安全要点

(1)机械应安装在坚实稳固的地面上,并保持水平。固定式机械应有稳固的基础,移动式机械作业时应制动行走轮,钢筋弯曲机如图6-11所示。

(2)在弯曲钢筋的作业半径内和不设固定销的机身一侧严禁站人。弯曲好的半成品,应堆放整齐,且堆放高度不宜超过2m,弯钩不得朝上。

(3)对超过机械铭牌规定直径的钢筋严禁进行弯曲。作业后,应堆放好成品,清理场地,切断电源,锁好开关箱,做好润滑工作。

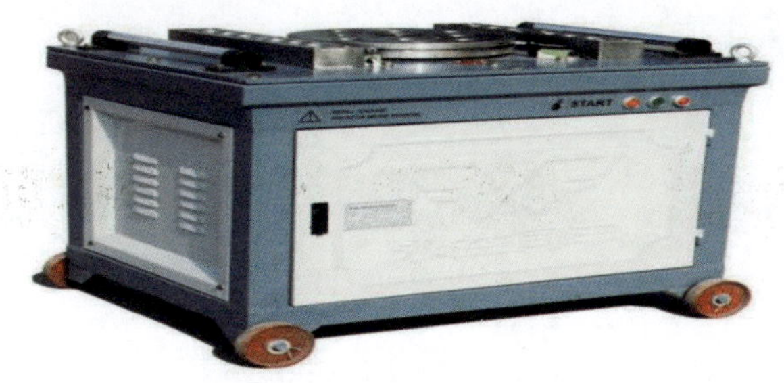

图 6-11　钢筋弯曲机实物图

(4)改变工作盘旋转方向时必须在停机后进行,即从正转—停—反转,不得直接从正转—反转或从反转—正转。

6.7.2　安全设施

(1)在弯曲未经冷拉或带有锈皮的钢筋时,应佩戴防护镜。

(2)作业人员须正确佩戴防护手套及其他劳动防护用品。

6.8　预应力张拉设备

6.8.1　安全要点

(1)张拉作业前必须检查张拉设备、工具、仪表(如千斤顶、油泵、压力表、油管、顶轴器及液控顶压阀等)是否符合施工及安全要求,检查合格后方可进行张拉作业。张拉锚具应与机具配套使用,锚具进场时,应分批进行外观检查,不得有裂纹、伤痕、锈蚀,按规范监理取样送检试验,合格后方可使用。千斤顶与压力表应由有资质的单位进行配套校验。使用的螺栓、螺母、铁楔,不得有滑丝和裂纹。

预应力张拉设施校验期限:

①后张法超过 6 个月,张拉次数超过 300 次,使用过程中千斤顶或压力表出现异常,千斤顶或压力表必须检修或更换配件。

②先张法使用的连接器,张拉次数不超过 60 次,其他仪表及设施按相关安全规程进行校验(图 6-12、图 6-13)。

(2)张拉机具应由专人使用和管理,并应经常维护,定期校验。

(3)张拉时发现油泵、液压千斤顶、锚具等有异常情况时应停止张拉,查明原因并排除异常后方可继续作业。

(4)张拉作业时,安全阀应调至规定值,严禁任意调整。梁两端的正面不准站人,操作人员应站在预应力钢绞线的侧面。

(5)高压油泵停止作业时,应先断开电源,再将回油阀缓慢松开,待压力表退回至零位时,方可卸开通往千斤顶的油管接头,使千斤顶全部卸荷。

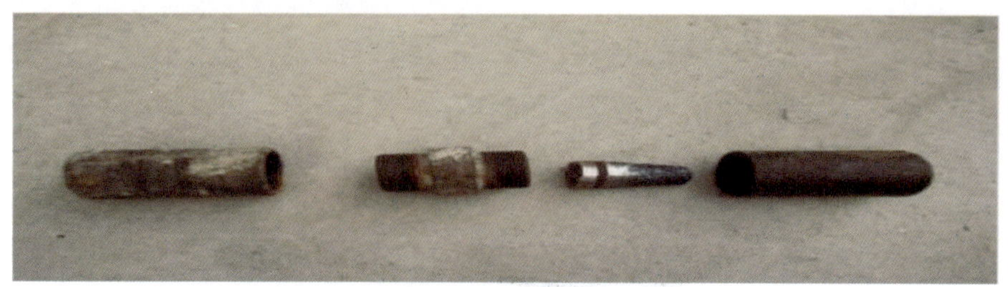

图 6-12 先张法连接器

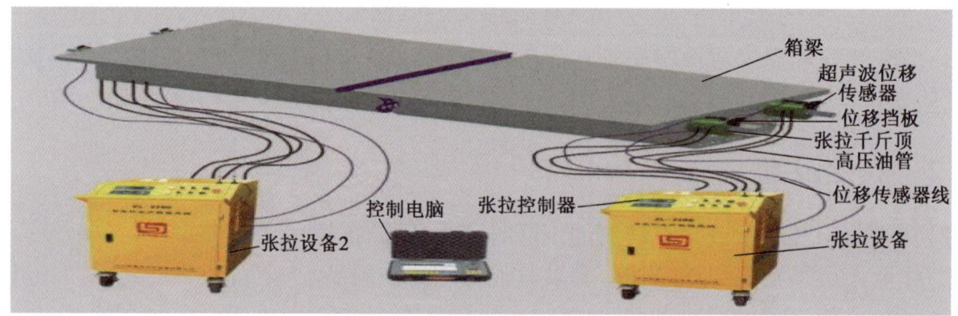

图 6-13 预应力张拉系统设备

(6)作业现场应积极推广智能张拉系统及智能压浆成套设备的使用。

(7)预应力后张法施工安全要点:

预应力张拉机具与锚具应按设计要求配套订购和使用,千斤顶与压力表在使用前,应配套进行校验,并确定张拉力与压力表读数之间的关系,校验时的精度应达到规定要求。油泵与千斤顶的连接,应将螺栓拧紧,接头要包扎好,严防漏油喷射,为确保施工安全,预应力钢束(钢绞线)张拉前,应遵守下列规定要求:

①张拉作业区,无关人员不得进入。

②认真检查张拉设备、工具,包括千斤顶、油泵、压力表、油管,顶楔器及液控顶压阀等是否符合施工安全和施工的要求,压力表还应按规定周期进行检定。

③对施工人员应进行详细施工及施工安全交底。安全员应尽职展开相关工作。

④锚环、锚塞在使用前应认真进行检验,合格后方可使用。

⑤高压油泵与千斤顶之间的连接点,各接口必须认真检查,必须完好无损。油泵操作人员要戴防护眼镜,以保安全。

⑥油泵开动时操作人员应认真操作,做到近、回油速度与压力表指针升降均平衡、均匀一致,经常检查安全阀,确保其灵敏可靠,如有问题,应停止作业,修复可靠后再使用。

⑦张拉前,操作人员要确定联络信号,协调作业。如果张拉两端相距较远,宜配置对讲机等通信设备。

⑧钢丝束、钢绞线应按规定进行检查,符合设计规定要求方可使用。

(8)千斤顶安挂必须牢固,必要时可另设安全保险设施。张拉时,千斤顶的对面或后面严禁站人，作业人员应站在千斤顶的两侧。

(9)张拉操作中，应随时注意情况变化，若出现油表振动剧烈，发生漏油、电机声音异常，发生断丝、滑丝等异常情况，应立即停机认真检查，处理妥善后，方可继续作业。

(10)张拉钢束完毕，退销时应采取安全防护措施。人工拆卸销子时，不得强击。

(11)张拉完毕后，对张拉施锚两端，应妥善保护，不得压重物。管道尚未灌浆前，梁端应设围护或挡板。严禁撞击锚具，钢束及钢筋。

6.8.2 安全设施

(1)预应力张拉作业时须设置警戒区域，设置安全警示标牌。

(2)后张法张拉两端须设置移动式张拉挡板，挡板内侧宜设置厚度为18mm的木板，外侧宜设置厚度为5mm的钢板，张拉挡板高度和宽度应大于预应力钢绞线位置50cm，具体尺寸根据不同类型梁板预应力张拉束位置适当调整，如图6-14所示。

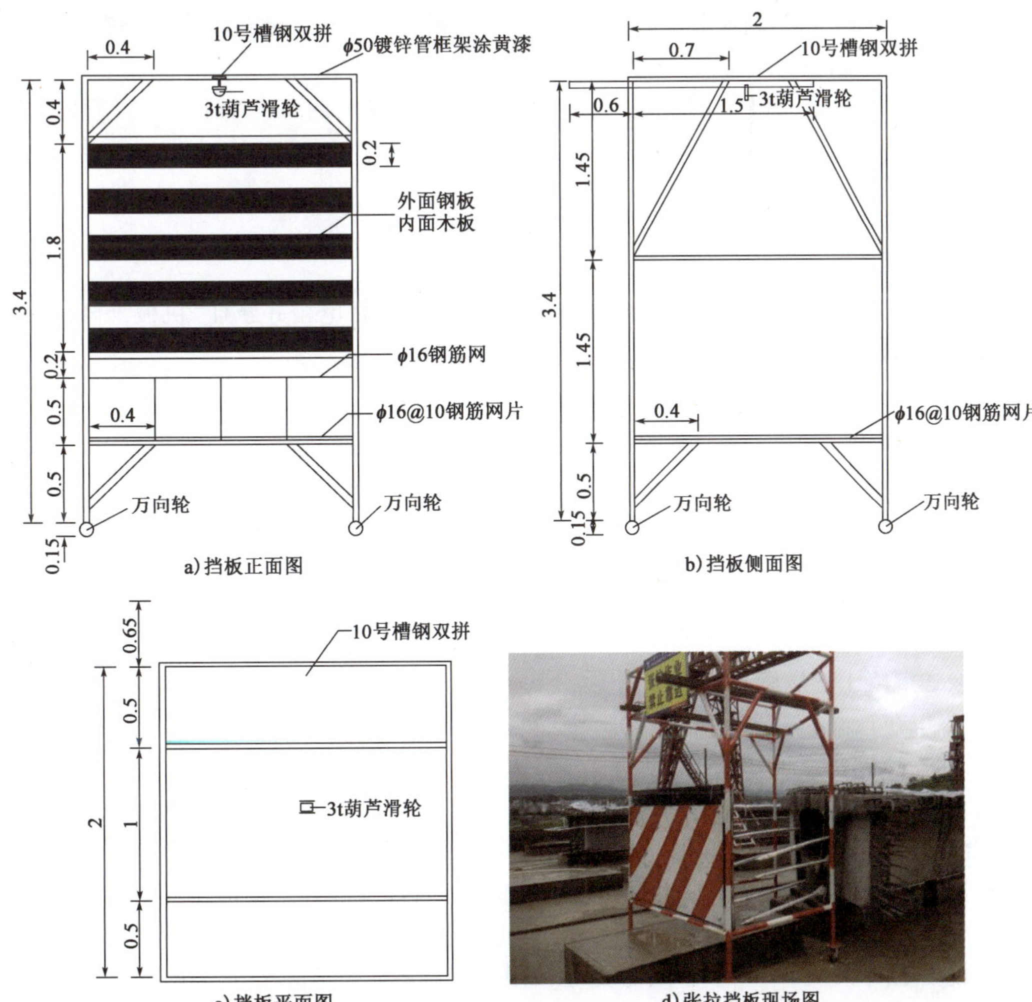

图6-14 张拉挡板(尺寸单位:m)

6.9 小型搅拌设备

6.9.1 安全要点

(1)搅拌机安装就位的基础必须坚实,支架或支脚筒架应稳固,不准以轮胎代替支撑。

(2)作业前应检查搅拌机的转动情况是否良好,安全装置,防护装置等是否牢固可靠,操作灵活。

(3)搅拌机运转中严禁进行维修、保养作业以及用其他工具伸进搅拌机筒内或在筒口清理灰浆。

(4)搅拌机作业中,当料斗升起时,严禁任何人在料斗下停留或通过。当需要在料斗下检修或清理料坑时,应将料斗提升后用铁链固定或插入插销锁住料斗。

(5)操作中如发生故障不能运转时,应先切断电源,将筒内灰浆倒出,进行检修、排除故障。

6.9.2 安全设施

(1)搅拌机发生故障或者需要清理时,必须拉闸断电,锁好电箱并悬挂"机械维修,严禁合闸"的安全警示标牌,并由专人监护。

(2)搅拌设备四周应设置警戒及警示标牌。

6.10 混凝土输送泵

6.10.1 安全要点

(1)泵送混凝土输送管道应布设平顺,管道和输送泵应安装牢靠稳固,接头和卡箍应密封、稳固,不得在管道上加压或悬挂重物。管道应设置独立的支撑设施,管道第一个拐弯处设计,施工钢筋混凝土反力墩,不能借助爬梯、脚手架、塔式起重机等固定。

(2)作业前,应检查电气设备是否完好,各种仪表是否正常,传动安全保护装置和料斗滤网及安全保护装置是否齐全可靠。各部位操作开关、按钮、手柄等均应在正确位置。

(3)因故障停机时,应打开泄浆阀使压力下降,然后排除故障。混凝土泵压力未降到零时,不得拆卸空气室、压力安全阀和管道,更不得把手伸入阀体进行操作。

(4)混凝土汽车泵在作业过程中,必要时(如作业环境不通视等情况下)须由专人指挥。

(5)启动高压泵时,操作人员应在确认泵口没有对准人员后方可启动作业。

(6)清理管道时应设置警戒区,管道出口端前方10m内不得站人,混凝土泵车如图6-15所示。

a)

b)

图6-15 混凝土泵车实物图

6.10.2 安全设施

(1)混凝土浇筑人员必须佩戴安全帽、护目镜、穿绝缘胶鞋等劳动防护用品。

(2)夜间工作须有足够的照明。

(3)作业区域应设置明显的警示标志和必要的围挡、防护措施,严禁无关人员进入。

(4)汽车泵支腿处的地面应稳固、满足承载要求,支腿须全部伸出打开,并设置枕木或钢板进行支垫。

(5)高温条件下或长时间持续作业,地泵泵管应采取覆盖湿土工布、麻袋等措施进行降温。

6.11 混凝土振捣器

6.11.1 安全要点

(1)使用前应检查振捣器各部连接是否牢固,旋转方向是否正确。

(2)混凝土振捣器(图6-16)应保持清洁,不得有混凝土黏结在电动机外壳上妨碍散热。

(3)作业转移时电动机的导线应保持适宜的长度和松度,并防止电源线与钢筋、模板缠绕。严禁用电源线、软管拖拉或吊挂振捣器。

(4)不得在初凝的混凝土、地板、脚手架和干硬的地面上进行混凝土振捣器的试振。

(5)作业后必须做好混凝土振捣器的清洁、保养工作,并将其存放在干燥处。

(6)因钢筋密度太大,难以振捣的混凝土,振捣器的振捣杆可采取措施,但必须安全可靠方可进行施工。

6.11.2 安全设施

操作人员必须穿戴绝缘胶鞋和绝缘橡胶手套(图6-17)。

图 6-16　混凝土振捣器实物图

图 6-17　振捣人员

6.12 切　缝　机

6.12.1 安全要点

(1)作业前应进行检查。刀片必须符合安全要求,刀片与刀架联结螺栓必须牢固可靠。

(2)进行切缝作业时,必须前进单向切缝。使用中发现异常状况时,应立即停机。

(3)除专业维修人员外,禁止他人打开和调整电源控制箱,禁止操作工任意拆卸机器部件,禁止设备带病运行。

(4)严禁无冷却水时进行切缝作业。

6.12.2 安全设施

(1)混凝土切缝机(图 6-18)操作人员必须戴绝缘手套,穿绝缘胶鞋。切缝机及电缆必须绝缘良好。作业后必须切断电源,盘好导线。

(2)刀片安全防护罩应齐全有效。

图 6-18　水泥地面切缝机

6.13 潜 孔 钻

6.13.1 安全要点

(1)清孔作业时,工作人员应远离孔口,防止高压气体带出的碎粒伤人。

(2)潜孔钻(图 6-19)进行钻孔作业时,停机面应平坦,当在倾斜地面上作业时,履带板下方应用楔形块塞紧。

(3)边坡锚杆作业时,必须设置作业平台,并且固定牢靠后方可作业。

(4)开钻前必须认真检查各部传动系统(如滑架、拉筋、回转、升降卷扬、除尘、轴承)以及各部螺栓是否松动、完好,严禁设备带病作业。

(5)在钻进操作过程中,钻架支腿范围之内不准站人,以防支腿旋转伤人。

(6)作业时,应充分带足水量,减少粉尘飞扬,粉尘较大时宜进行喷雾降尘。

a) b)

图 6-19 潜孔钻实物图

6.13.2 安全设施

作业人员在过程中必须佩戴防尘口罩、护目镜等劳动防护用品。

6.14 卷 扬 机

6.14.1 安全要点

(1)卷扬机(图 6-20)的安装地基应平整、坚实,与基础的连接须牢固可靠。

(2)卷扬机应定期检查各项线路及制动装置,做好维修保养工作。

图 6-20　卷扬机实物图

(3)作业前应检查钢丝绳、离合器、制动器、传动滑轮等,发现故障应立即排除。

(4)通过滑轮的钢丝绳不得有接头、结节和扭绕。

(5)卷扬机卷筒上的钢丝绳应排列整齐,不得在转动中用手拉或脚踩钢丝绳。作业中,不得跨越卷扬机钢丝绳,卷筒剩余钢丝绳不得少于 3 圈。

(6)卷扬机不得超载使用,不得用于运送人员,作业人员也不得乘坐被吊物体。

(7)卷扬机作业时,操作人员不得离开操作岗位。

(8)卷扬机使用的钢丝绳应符合《钢丝绳通用技术条件》(GB/T 20118—2007)的相关规定,钢丝绳安全系数 K_n(钢丝绳最小破断拉力与卷扬机额定荷载的比值)不得小于表 6-1 中的值。

钢丝绳安全系数 K_n　　表 6-1

工作级别	M1	M2	M3	M4	M5	M6	M7	M8
安全系数 K_n	3.15	3.35	3.55	4.0	4.5	5.6	7.1	9.0

6.14.2　安全设施

(1)卷扬机的后锚应牢固可靠,钢丝轴上方宜设安全防护装置,防止钢丝飞出伤人。

(2)卷扬机上方应设置防雨棚(顶棚)等防雨设施,并保证视野开阔。

(3)卷扬机作业时,若钢丝绳离地面过近,宜设置承托滚轮,防止钢丝绳拖地。

第7章 专用设备、设施

7.1 一般规定

(1)爬模、翻模、移动模架、挂篮、满堂支架、防撞墙及隧道施工用的移动式台架、贝雷架及钢管柱支架等工程应编制安全专项施工方案(含拆除方案),并附有受力计算书、主要节点构造详图等。专项施工方案必须经施工企业技术负责人审批签认,并按规定进行评审,融入专家的评审建议和意见后,方可实施。具体如下:

①爬模、翻模、移动模架、挂篮等专用设备进场前应由施工单位组织设备物资等部门技术人员对资料进行查验(包括厂家生产资质、产品合格证,以及设计图、方案说明及结构受力计算书等设计文件)。

②爬模、翻模、移动模架、挂篮等专用设备的操作人员必须接受制造厂家组织的培训,并取得培训合格证书。起重信号司索工、起重机械司机、起重机械安装拆卸工、高处作业吊篮安装拆卸工、电梯司机等特种作业人员应持证上岗。

③开工前必须对各级施工人员进行技术、安全交底并留有记录。

④小型管件及配件进场时应按比例抽检,并由监理工程师见证取样送有资质的试验室检验,贝雷片、钢管柱应按照相应规定进行验收。

⑤支架周边应设置排水设施,支架经雨水浸泡后应重新对支架及基础进行检查。支架预压完后应及时进行混凝土浇筑,超过1个月未进行混凝土浇筑的应对支架重新进行检查,超过3个月的应重新进行预压。

⑥爬模、翻模、移动模架及挂篮的现场安装、爬升、移动过程中须有施工技术人员和安全管理员现场指导,统一指挥。

(2)当遇大雨、有雾或6级及以上风力等恶劣天气时,应停止露天高处作业和高空吊运作业。爬模、翻模、移动模架及挂篮的安装、爬升和移动不得在夜间进行。

(3)凡患有高血压、心脏病、惧高症等不适合高处作业的人员不得参加爬模、翻模、移动模架、挂篮等专用设备的作业。

(4)施工作业平台、通道、上落梯须保证作业和通行空间,四周挂设防护网,立面防护网采用过塑钢丝网,并安装牢固、保持完好。平台板须满铺并固定,平台板和踏步须有防滑措施;爬模、翻模、移动模架、挂篮等防护栏杆高度应为1.5m。

(5)爬模、翻模、移动模架、支架及挂篮等专用设备、设施的拆除应按拆除方案进行,根据不同设备和拆除作业要求确定危险区域和范围，并设置警戒及专人值守。

（6）专用设备、设施在搭设、拆除、预压时，地面应设围栏和警戒标志，并派专人看守，非操作人员不得进入警戒区域；安装完毕后，应组织检查验收，合格后方可进入下一道工序。

①支模过程中如遇中途停歇，应将已就位模板或支架连接稳固，不得浮搁或悬空。

②临时用电、吊装作业应符合本指南第2章和第5章相关要求。

7.2 爬　　模

7.2.1 安全要点

（1）液压爬模系统包括预埋件总成、爬升轨道、液压爬升系统、爬架平台、墩身模板，安装过程安全检查要点见表7-1。

液压爬模安装安全检查要求　　表7-1

检查项目	检查内容	基本要求
预埋件总成	埋件板、高强螺杆（带爬锥）、受力螺栓及埋件支座	埋件板、高强螺杆、受力螺栓的规格、材质须检验合格，安装位置、锚固符合设计要求；爬锥预埋在混凝土中的组件严禁采用焊接定位的方式
安装过程安全检查	结构要求	结构混凝土强度达到设计要求
	导轨	安装前先预拼装，导轨安装须符合设计要求，导轨长度满足爬升要求
	液压爬升系统	液压泵符合设计要求；上下棘爪安全可靠；上轭和下轭安装符合设计要求
	模板系统	模板横背楞、竖背楞及后移装置安装符合设计要求；各连接螺栓及调节装置齐全并紧固
	平台与周边防护	架体平台的脚手板须满铺、固定，并有防滑措施；每层楼梯口、上落梯子安全可靠；周围栏杆牢固，高度符合要求；周边安全网防护符合安全要求

（2）安装完成后施工单位应组织验收，验收合格通过后，报监理部、业主验收合格各方签认后方可投入使用。

（3）在每次爬升前须明确专人对爬升系统的安全条件进行仔细检查，确认安全后方可进行爬升，爬升前安全检查要点见表7-2。

爬模爬升前安全检查要求　　表7-2

检查项目	检查内容	基本要求
爬升前安全检查	结构混凝土强度	爬升前混凝土强度须达到爬升规定的设计强度
	天气状况	在天气状况正常（风力小于6级、无雾、无雷雨等）
	人员配置	派专人指挥、专人操作，指挥、通信信息须清晰、统一、规范

续上表

检查项目	检查内容	基本要求
爬升前安全检查	安全警示、警戒	爬升作业前施工作业区设置警示、警戒，并有专人值守，在影响范围进行护栏围蔽，避免爬升过程中高空坠物伤人
	附墙装置	附墙受力螺栓应拧紧，同一导轨附墙挂座应挂牢固且在同一条线上；承重插销与安全销应完好、插好
	导轨	导轨长度满足爬升高度要求，无变形（扭曲、轨道面凸凹不平、轨道锈蚀、脱焊），承重舌完好
	操作架体及平台	承重三脚架无变形（立杆扭曲、脱焊、横梁凸陷），连接牢固（横拉、斜拉钢管扣紧），各插销须完好、插好
		操作平台面板及必要的堆放物件须牢固，平台铺装应密铺，各层间的上落梯及周边护栏安装稳固，安全网完好，各层平台设限载标示，物品堆放符合规范
	模板	模板上施工荷载符合要求，堆放均匀，爬升前方的障碍物清理彻底
	液压爬升系统	各液压油缸工作正常。爬升系统同步阀、胶管完好。配电配置符合安全用电管理规定

（4）在爬升过程中须明确专人检查，发现异常立即停止作业或撤离作业人员，安全检查要点见表7-3。

爬模爬升过程安全检查要求 表7-3

检查项目	检查内容	基本要求
爬升过程安全检查	导轨爬升	导轨表面已涂上润滑油，爬升过程顺利，无异响
		液压油缸上、下顶升弹簧装置方向一致向上
		顶升到位后确保插销锁定装置到位，导轨顶部楔形插销与悬挂件安全接触
	爬架爬升	导轨爬升完成后，确认油缸进油阀门和控制柜已关闭、电源已切断
		所有锚固应完全解除，提升路径上不得有障碍物
		同步提升，控制各榀爬架的爬升高差（不超过3cm），基本上保证爬升同步与平台的平衡稳定，发现异常应查明原因
		应分段同步爬升，每30cm设置检查标记一道
		液压系统正常，爬升过程顺利，无异响
		顶升到位后，应及时插上悬挂插销及安全插销。确认油缸进油阀门、控制柜已关闭，电源已切断

（5）爬升定位后，应主要对锚固系统、作业平台和模板的安全性能进行检查（图7-1），要求各插销已锁定和锚固到位，平台铺装、上落梯和周边护栏连接牢固并完全封闭，安全网完好，检查验收后方可进行下一步施工。

（6）拆除作业须按拆除方案进行，主要进行以下方面安全检查：

①确定模板与墩身的连接锚固已解除。

②平台上的物品已移开，铺装板上的垃圾及混凝土渣等已清理干净。

③拆除顺序符合方案要求。

a)

b)

图 7-1 爬模承重部位和导轨检查

7.2.2 安全设施

(1)参加高处作业的施工人员进入施工现场必须佩戴安全帽，进行高空及悬挂作业时应系好安全带、穿防滑靴。进入高空安全作业的人员应获得当地预防保健所的“健康检查卡”，且确认无恐高症、高血压、心脏病等。特殊的超高层工程应配置全场视频，进行全方位的安全监控。

(2)应在墩(塔)身四周搭设脚手架作为人员上下通道及施工作业平台，并满足安全作业的要求。爬模施工平台的脚手板须满铺、不得留有空隙，避免落物，如图 7-2 所示；爬模施工平台的四周须安装安全防护网，人行通道用过塑钢丝网围蔽，如图 7-3 所示。

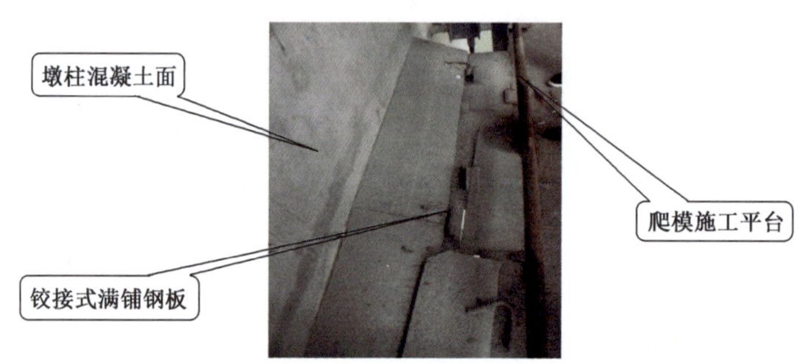

图 7-2 爬模施工平台的满铺

(3)爬模施工平台上的零散物品应放入收纳箱内，并做好固定防风措施，防止高空坠物，如图 7-4 所示。

(4)爬模拆除时，爬模下端四周应设有警戒区域。

(5)在爬模每层对角位置处应各布置 2 个(每层共 4 个)4kg 干粉灭火器，上下层的放置位置应交错。

爬滑模施工现场如图 7-5 所示。

图 7-3 爬模安全防护

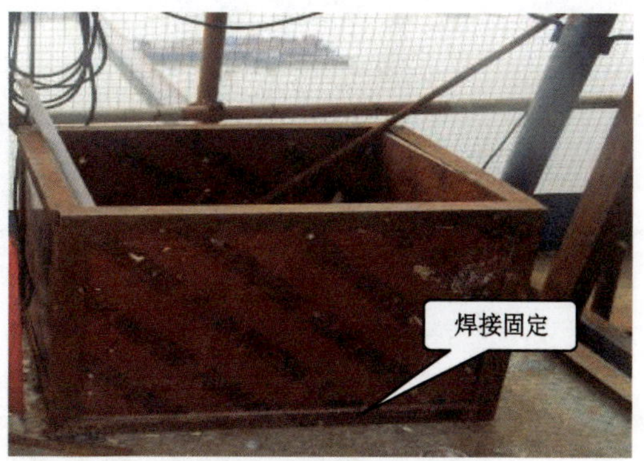

图 7-4 爬模平台收纳箱

图 7-5 爬滑模施工现场

7.3 翻 模

7.3.1 安全要点

(1)翻模施工前应对施工方案、作业人员资质、设备检测、试拼情况以及施工作业平台、通道等进行检查,确认符合要求方可进行施工。安全检查要点见表 7-4。

翻模施工前安全检查要求 表 7-4

检查项目	检查内容	基本要求
施工前安全检查	专项施工方案(含翻模设计)	方案及设计文件齐全(包括翻模设计图、方案说明及结构受力计算书),经施工企业技术负责人审查签认和总监办审查通过
	施工作业人员要求	施工作业人员身体条件符合要求,培训,交底到位,熟悉操作规程,各项防护设施齐全
	翻模系统及其设备检测	机具设备等具备生产厂家相关检验合格证书,试拼符合方案要求;结构混凝土强度达到翻模安装要求的设计强度
	施工作业平台及通道	作业空间符合施工和通行要求,稳定,与结构预埋件连接牢固,平台板满铺并固定,有防滑措施,安全防护栏杆及安全防护网符合要求

续上表

检查项目	检查内容	基本要求
施工前安全检查	通信联络	专人指挥(固定)、专人操作(固定),通信信息清晰、统一、规范
	警示、警戒	施工作业区已设置警戒、警示,提示标牌齐全,并有专人值守

(2)施工过程中应主要检查各项安全防护措施是否落实,操作是否符合规程要求,具体安全检查要求见表7-5。

翻模施工过程安全检查要求 表7-5

检查项目	检查内容	基本要求
施工过程安全检查	模板拆除	拆除前检查上节模板的锚固情况,螺杆无变形、松动
		拆除时须用手拉葫芦将各分块模板临时吊挂在上一节未拆除的模板稳定挂点上,逐块拆除提升安装就位
	模板安装	安装前墩身钢筋须安装完毕
		模板固定前须用手拉葫芦吊挂固定在已安装的钢筋外侧,并临时固定,连接螺栓和对拉杆安装牢固;连接螺栓应装满所有螺栓孔,螺母端应交替布置
	作业平台	各分节模板安装固定后,各层的工作平台须重新连接,确保稳固,上落梯子、临边防护及安全网等同步安装到位
	交叉作业	尽量避免交叉作业,无法避免时,须做到防护措施到位,经现场安全、技术人员检查同意,并对各层作业人员交底
	其他	平台需设限载标示,实际荷载不得超过设计值,堆积物不得集中堆放,并采取防风固定措施,及时清理,尽量减小平台荷载。已承受荷载的支架和附件,不得随意拆除或移动

(3)翻模的拆除须按拆除方案进行,拆除前须做好交底,严格遵守操作规程,各项安全警示、防护措施落实到位,拆除安全检查要点见表7-6。

翻模拆除安全检查要求 表7-6

检查项目	检查内容	基本要求
翻模拆除安全检查	翻模板拆除前的安全检查	天气状况正常(风力小于6级、无雾、无雷雨、光线充足等)
		施工作业区警戒、警示、提示标牌设置齐全,并有专人值守
		模板与墩身的连接锚固已解除
		平台上的物品应移开,垃圾及混凝土渣等应清理干净
	翻模拆除安全检查	平台联系已解除,支架平台稳固
		模板应分节段、分块进行拆除
		模板连接拆除前应先采用手拉葫芦将模板上端锚挂在墩顶的钢筋上
		操作人员安全防护措施到位
		已拆除的模板、拉杆、支撑等及时运走或是妥善堆放
		先拆模板拆除后,应将已活动的模板、拉杆、支撑等临时固定牢固

7.3.2 安全设施

(1)模板应按设计和施工说明要求的顺序拼装,模板及其支架必须采取临时固定措施防止倾覆。

(2)模板拆装区域周围,必须设置警戒,警示、提示标牌齐全,并有专人值守。

(3)组装模板时应及时用螺栓将相邻模板连接固定好,防止模板倾倒伤人。

(4)大型模板必须有操作平台、上下梯道、走桥和防护栏杆等作业空间和防护设施,如有损坏应及时修复,如图7-6所示。

a)

b)

图7-6 翻模施工安全防护

(5)电气设备必须做好接地保护,电线接头必须做好绝缘保护,与支架及构件接触处须穿管保护。

7.4 移动模架

7.4.1 安全要点

(1)移动模架拼装应由具有专业资质的单位承担。

(2)移动模架试拼、安装后应进行静载试验,验收合格后方可投入使用。

(3)移动模架试拼、安装时,应按表7-7的要求进行安全检查。

移动模架试拼、安装安全检查要求　　表7-7

检查项目	检查内容	基本要求
受力构件检查	螺栓、吊杆、吊带等	检查各构件材质、规格是否符合设计方案及施工方案的要求
试拼、安装安全检查	牛腿	牛腿下部对拉杆及上部高强连接螺栓连接良好
		两侧牛腿支腿中心线与墩身法线重合,顶面横梁平整、洁净
	推进小车	滑轨高程正确;纵、横移推动架无变形,销孔完好
		小车与牛腿的连接滑板螺丝完好,连接板相关部位无变形
		主液压缸螺母锁紧,小车滑板处的外侧限位导向块焊缝完好

续上表

检查项目	检查内容	基本要求
试拼、安装安全检查	推进小车	小车滑板紧固螺栓无外露、松动和缺失
	主梁	各主梁接头均使用高强螺栓，保证连接板与被连接板密贴
		主梁对应支点处腹板焊缝完好、无弯曲脱漆现象
		主梁内部的横梁支撑螺旋顶无滑丝损坏，固定螺栓拧紧
		主梁下腹板范围内无弯曲脱漆现象
	导梁	导梁接头处的高强螺栓抽检无松动、滑丝和缺失
		导梁与主梁间的销孔和连接板无变形脱漆现象
		主梁与鼻梁锁紧；导梁与主梁对接水平
	横梁	横梁与主梁及横梁间高强螺栓连接良好；对应的支撑螺旋顶处焊缝完好、无弯曲脱漆现象
	外模板	外模板支撑框架的销孔和连接板无变形脱漆现象
		调节螺旋杆无弯曲变形，销轴完好，并安装好固定开口销子
		板间的连接螺栓无松动、滑丝和缺失
	悬挂	吊带顺直，张紧程度要求一致，禁止受横向剪切力作用，上下两端的垫板、螺母上好，两端伸出的长度要求足够长，保护套管两端要求密封
		吊挂工字钢走道连接用的U形栓必须按设计要求用弹簧垫圈、双螺母防止松动
		走道在纵向与横向均应顺直，小车通过时无卡滞现象
		悬挂位置的高强螺栓抽检无松动、滑丝和缺失
		液压缸对应的支点处腹板焊缝完好、无弯曲脱漆现象
	液压电气	检查液压系统，液压管、阀等无泄漏，油位正常
		纵横向顶推系统运转正常，空载启动无异响
		电气线路应进行保护，接头无裸露、松动、浸水现象
	施工平台	设计的梯子、栏杆、平台必须按设计要求安装，作业平台、楼梯、过道空间满足要求；栏杆设置牢固，高度符合要求、安全网牢固等
静载试验	加载程序、过程检查、参数分析	静载试验须按批复的方案实施，逐级加载，不得欠载或超载；加载和预压过程明确专人检查、观测，发现异常立即停止；对观测参数进行分析，出现异常应分析原因进行处理
其他		在主框架没有完全形成之前，如果出现台风等恶劣天气，需要采用特殊措施确保模架的安全

(4)在混凝土浇筑前，应对移动模架各部件及安全措施进行全面检查，确认符合要求方可浇筑，浇筑前及浇筑过程应按照表7-8的要求进行检查。

移动模架混凝土施工安全检查要求

表 7-8

检 查 项 目	检 查 内 容	基 本 要 求
浇筑前安全检查	施工平台、上下梯、过道及安全网	施工平台、上下梯、过道、栏杆及安全网应牢固可靠
	液压系统	液压管、阀等无泄漏，油位正常
	主千斤顶及横向千斤顶	主千斤顶应安装机械锁，横向千斤顶应缩回
	主梁间及主梁与横梁等连接部位	主梁节块间螺栓及横梁与主梁间螺栓应上紧
	高强钢筋	各高强钢筋应上紧就位
	支撑托架	支撑托架应正确固定在墩柱上
	临时用电	临电线路完好，电箱设置符合要求
浇筑过程安全检查	专人值守，模板及模架变形检查观测	浇筑过程应有专人指挥，有管理人员值班；连续浇筑时间较长的必须轮班，禁止疲劳作业；浇筑过程中模板变形应在设计允许范围内；检查内模撑杆的销轴无松脱或脱落；注意观察混凝土梁渐变段的两个框架是否沿斜面滑动，必要时要采取临时加固措施

(5)移动模架过孔前及过孔时应按照表 7-9 的要求进行安全检查。

移动模架过孔安全检查要求

表 7-9

检 查 项 目	检 查 内 容	基 本 要 求
过孔前的安全条件检查	人员配置	人员配置及班前教育交底到位，专人指挥，施工单位主要领导现场值守
	气象情况	过孔前应根据当地的天气预报情况选择合适的过孔时间，避免在过孔时出现大风或暴雨等不利天气
	模架结构检查	按照安装后验收要求，检查主要构件(包括托架、主梁、导梁、横梁、悬挂、模板等)有无异常
	液压电气检查	液压管、阀等无泄漏，主千斤顶的机械锁应拧紧
		纵移、横移油缸已缩回，缩回后应用销轴锁定顶推机构
		临电设施使用正常，确保电线长度足够
	场地清理	工作平台及过道施工机具、材料应全部移走
	推进小车	小车滑动面与牛腿顶面应清理干净，润滑充分；主液压缸螺母锁紧；小车滑板处的外侧限位导向块焊缝完好
	模板	支撑托架与主梁连接楼梯部位应拆除，内外模板与结构应彻底脱离，地震防护应拆除
横移过孔过程安全检查	传动部位	横移油缸应同步打开，两侧油缸的同步偏差不大于横移油缸的一个行程
		前辅助支腿位于垫石侧面的顶紧丝杠应顶紧
		启动行走一定距离(约 30cm)应停机检查主梁、导梁，确定无异常后方可继续过孔
		过孔中注意观察前支腿从动轮与导梁轨道之间有无卡滞、脱轨的可能
		过孔快结束时，最后 1m 应按点动按钮前进，并且在钢轨上设置木楔子、铁鞋或其他安全限位装置，有专人看守，坚决防止纵移越位

(6)移动模架拆除前须掌握天气情况,避免拆除过程中出现大风、暴雨等不利天气;模架拆除须严格按照拆除方案进行,拆除过程须有专人指挥,并设置安全警示区域,进行警戒。

(7)其他方面:

①平台设置应使操作人员能抵达每一施工区域,包括液压操作区域,并有足够的操作空间。不同构件上的平台应进行受力验算,充分考虑各工况下的不利因素和承载力要求,与各构件同时安装。

②移动模架托架安(拆)、底模横梁联(拆)承重销等高空临边作业人员必须系好安全带。

③移动模架的吊装须符合吊装作业的规定。

④移动模架上的施工临时用电应符合临时用电规定,输电线路与模架长时间接触部位须穿管保护。

⑤托架及模架施工中,其下方禁止人员通行。操作平台上,3 人以上人员不得聚集一处,严禁向下乱抛掷钢筋、螺丝、工具等,下班时应清扫并整理好料具。模架横移、前移过程中除模架操作人员,禁止其他人员逗留站立在模架上。

⑥施工材料等不得堆放在移动模架两侧翼缘板通道上,应保持通道畅通。

7.4.2 安全设施

(1)在移动模架的适当位置应设置各类安全警示标牌,但标牌不得影响通行和作业。

(2)移动模架在使用前应设置临边防护设施,平台、过道四周要有防护栏杆和安全网,平台、过道板铺设应牢固,不得留有空隙。

(3)进入海上等有通航要求的区域施工的移动模架应增设航标警示标志(按海事、航道管理部门要求执行)。

(4)施工期间应根据实际情况在模架底部两侧设置警戒区域。

(5)跨路施工如无法改道,须采取防漏、防抛及全封闭等措施,并满足本指南第 9 章相关章节要求。

7.5 挂　　篮

7.5.1 安全要点

(1)挂篮制作加工完成后应进行试拼装,现场安装完成后须做静载试验,验收合格方可使用。挂篮验收应按表 7-10 的要求执行。

挂篮验收安全检查要求　　表 7-10

检查项目	检查内容	基本要求
受力构件检测及静载试验	关键受力构件	材料、焊缝要做超声波探伤
	关键受力螺栓、角座、吊带	进行受力试验

续上表

检查项目	检查内容	基本要求
受力构件检测及静载试验	主桁架	整体对拉试验
	静载试验	各项受力和变形指标符合设计方案要求
行走系统	前支点	前支点处钢枕支垫密实、平整
	枕木间距及支垫	枕木间距符合要求,采用井字形垫法,轨道与枕木支垫要密实
	轨道安装	轨道中心线与设计位置相符,轨道水平、在同一高程线,锚固符合设计要求,轨道前端需安装限位卡
承重系统	主桁	主桁与轨道中心线对中
	后锚、连接销	后锚锚固数量足够、位置准确、连接器标记正确,各连接销打紧、上好保险销
	上横梁、扁担梁	前后上横梁安全通道、施工平台满足方案要求,后锚扁担梁规格符合设计要求
	吊带、杆	吊带垂直、无变形、损伤现象、吊带连接板无张开等现象
底篮系统	底板平台	底板平台满足施工安全防护要求
	安全过道	底篮安全过道、安全护栏满足安全防护要求
	底篮与纵梁连接销	底篮与纵梁连接销打紧、穿保险销
	滚轮箱滑动梁	滚轮箱滑动梁安装限位卡
模板系统	内外模板	外模、内模无变形现象
	对拉螺杆	对拉螺杆按照设计要求间距布置、规格符合设计要求
	反力梁	外侧模下方的反力梁规格尺寸应符合要求,有加肋
	承重梁与吊带连接	翼板承重梁与吊带连接牢固

(2)挂篮行走应以千斤顶或者倒链做动力,严禁使用卷扬机钢丝绳牵引。

(3)同一"T"形构件两套挂篮推进应严格同步,以确保结构安全。

(4)挂篮后锚系统所用的精轧螺纹钢,安装时须竖直受力,不得倾斜产生偏心受拉、弯折;精轧螺纹钢用连接器连接时,接长端应用油漆画出1/2连接器长度,确保两根精轧螺纹钢的端头在连接器内的长度一致。

(5)每套挂篮都应配备消防器材,以防电焊作业引燃防雨、防晒篷布和安全网等。电焊作业时,电焊机电缆与焊接地线必须同步引至施焊部位。

(6)严禁使用精轧螺纹钢作为悬挂吊带,应使用钢板吊带。

(7)挂篮应设置防雷接地导线,防止雷击事故发生。

(8)移篮过程中施工技术人员、安全管理员应现场监护,并按表7-11的要求进行检查。

挂篮移篮安全检查要求 表7-11

检查项目	检查内容	基本要求
移篮前安全检查	人员撤离	除操作人员外,其他无关人员须撤离作业区,特别是底篮上不得站人
	干扰物撤移	挂篮各部位不得有拉紧的电缆线,不得有杂物阻挡,翼板横隔梁不得挡住挂篮前移
	脱模情况	底篮、侧模与混凝土面应完全脱离

续上表

检 查 项 目	检 查 内 容	基 本 要 求
移篮前安全检查	轨道及枕木	轨道与枕木间应支垫密实，轨道上表面应保持平顺、光滑，轨道前端限位装置有效，轨道应在同一水平位置，轨道中心线与方案位置相符
	保险装置	保险绳应预紧，应做好移篮前各种机具检查
	油压箱及滚轮箱	液压油缸有效运转，滚轮箱应做到紧贴已浇梁段
	指挥配合	有专人统一指挥协调
	同步性	移篮时支腿应同步行走
	移篮速度	移篮速度控制在 0.1m/min 以内
	移篮稳定性	移篮过程中挂篮应保持稳定
其他		如遇异常情况（大风、失稳等），立即停止作业，撤离人员

7.5.2 安全设施

（1）所有悬挂吊带、斜拉吊带均不得采用精轧螺纹钢，所有后锚杆要求全部配置锚垫板，并套双螺母保险；对每施工段的吊带、吊杆进行安装后的检查，保证垂直、轴心受力的安全要求。

（2）挂篮的支承平台应有足够的平面尺寸，能满足梁段现场施工作业的需要，临边应设安全防护网，做到上、下施工范围全封闭，如图 7-7 所示。

a)

b)

c)

图 7-7　挂篮施工图

(3)挂篮模板的制作与安装应准确、牢固,后吊杆和下限位拉杆孔道应按设计尺寸、位置预留。

(4)挂篮跨道施工,保证既有工程的安全有效净空。上跨公路、城市道路、铁路的净高必须符合高速公路建筑限界的相应规定,其净空不得小于5.5m(图7-8);下穿铁路、一级公路的净空不得小于5.5m;下穿二级公路、城市道路的净空不得小于5m;其余下穿公路的净空不得小于4.5m;人行通道不得小于4.5m;同时还应采取防落物措施,要求底篮及侧面达到全封闭,以及工程周边设置安全防护棚。

图7-8　挂篮跨道路施工

7.6　满堂支架

7.6.1　安全要点

(1)满堂支架应优先选用碗扣式、盘扣式、扣件式钢管支架等定型产品,不得使用门式支架搭设(图7-9)。

(2)支架基础施工前,应根据现场实际情况采取针对性的措施处理地基,特别注意对软基地段的地基处理,地基处理后经检测承载力符合方案要求后方可进行混凝土基础施工。

(3)支架基础宜采用厚度不少于10cm的C20混凝土,并高于周边地表20~30cm,基础四周须设置排水沟,并保证排水畅通(图7-10)。基础经检验合格后进行支架搭建。立杆下应设置厚度不小于5cm垫板,基础宽度须伸出翼板边缘外侧不小于50cm(图7-11)。

图7-9　塔式支架

图7-10　支架周围排水沟

(4)支架经验收合格后,严格按照批准的专项施工方案确定的分级加载程序、荷载分布和加载量进行预压，最终荷载宜为支架需承受全部荷载的1.10～1.20倍。预压加载宜采用混凝土预制块，使用沙（土）袋预压时应采取防雨措施。预压前、预压过程中和卸载后，应严格按照专项施工方案要求的观测断面、观测点、观测频率进行观测。发现明显危险征兆时应及时撤离现场人员。其他要求应参照《钢管满堂支架预压技术规程》（JGJ/T 194—2009）相关规定，如图7-12所示。

图7-11　支架基础和垫板

图7-12　支架预压

（5）可调底座及可调托撑丝杆与调节螺母的啮合长度不得少于6扣，插入立杆内的长度不小于150mm，托撑伸出长度不宜大于300mm。底座和托撑应密贴地面或楞梁，不得悬空或托空。

（6）应根据所承受的荷载组合计算确定立杆间距和步距，且扣件式支架立杆间距不应大于1.5m，碗扣式支架立杆间距不应大于1.2m。

（7）扣件式支架立杆接头应采用对接扣件连接，相邻两根立杆的接头不得设置在同一步距内，且接头沿竖向错开的距离不宜小于500mm，各接头中心距主节点不宜大于步距的1/3。横杆位置与立杆接头中心的垂直距离应小于150mm。

（8）支架高度较高时，立杆底部应设置可调底座或固定底座；立杆上端包括可调螺杆伸出顶层水平杆的长度不应大于0.7m；立杆的垂直偏差不得大于架高的1/300，且不得超过100mm。当搭设到墩顶时，内排立杆应低于墩身40～50cm，外排立杆应高出墩身顶1～1.5m。

（9）当混凝土龄期和强度满足规范或设计要求后，方可进行模板、支架的拆除。

（10）模板应按顺序分段拆除码放，不得硬砸、硬撬或用机械大面积拉倒。钢模板应用绳索拉住或用起吊设备拉紧，起吊前人员要撤离到安全位置，然后缓慢送下。中途停歇时，应将已松扣或已拆松的模板、梁、杆等拆下运走（图7-13）。

（11）支架应自上而下逐层拆除，不得上下交叉作业。剪刀撑和连墙件应随架体逐层拆除。拆除的管件、脚手板等应采用人工传递或吊机吊运，不得随意抛掷。

（12）临时用电线路在架体的架设、接地、避雷、与架空输电线路的安全距离等，应符合《施工现场临时用电安全技术规范（附条文说明）》（JGJ 46—2005）的有关规定。

7.6.2 安全设施

(1)剪刀撑应采用旋转扣件将水平杆和立杆安全连接,按融入专家意见和建议的安全施工专项方案,进行纵向、横向、水平及两侧、两端设置;按钢结构的受力工况,竖向剪刀撑杆件可分内、外侧设置,便于与相交杆件进行安全连接。

(2)剪刀撑斜杆宜采用搭接连接,搭接长度不小于1000mm,搭接处用不少于3个旋转扣件等距连接。

(3)每道剪刀撑的宽度不应小于4跨,且不应小于6m,斜杆与水平杆夹角宜在45°~60°之间,满堂支架外围必须连续设置剪刀撑,如图7-14所示。两条平行相邻斜杆与水平杆的两个交点的距离应不大于5m。在架体外侧周边及内部纵、横向应由底至顶连续设置竖向剪刀撑。两层竖向剪刀撑间距不应大于4.5m。当支架高度大于4.8m时,其顶部、底部和中间均应连续设置水平及纵、横向剪刀撑,两层水平剪刀撑间距不应大于4.8m。

图7-13 拆除模板

图7-14 支架剪刀撑及杆件间连接

(4)作业层上非主节点处的横向水平杆,宜根据支承脚手板的需要等间距设置,最大间距不得大于纵距的1/2。纵向水平杆搭接长度不应小于1m,并用3个旋转扣件固定。

(5)支架底层应设置纵、横向水平杆作为扫地杆,纵向水平杆宜设置在立杆内侧,长度不宜小于3跨。碗扣式支架扫地杆距地面高度不应大于350mm;扣件式支架纵向扫地杆应采用直角扣件固定在距底座以上不超过200mm处的立杆上,横向扫地杆应采用直角扣件固定在紧靠纵向扫地杆下方的立杆上,严禁在施工中拆除扫地杆。

(6)用支架做门洞式通道(图7-15)时,应设置满足要求的防撞墙和门架式限高限宽设施。参照本指南9.1.7条的规定。防撞连续墙高度应不小于0.95m,上游导向墙伸出长度应不小于2.0m,前端放置防撞沙桶;并设置交通引导标志、减速板、限速标志、夜间警示灯等设施。必要时,应增设24h值班岗亭;门洞进出口处,搭设悬出(外悬宽度按专项安全方案)挑沿。

(7)作业层(面)临边处应设置防护栏杆、安全网、挡脚板。防护栏杆高度为1.2m,立杆间距不大于1m,横杆与上下杆件之间距离不应大于60cm,安装牢固。立杆和扶杆宜采用ϕ48.3×3.6钢管制作,并涂红白或黄黑相间的反光漆。安全网宜选用过塑钢丝网,挡脚板高度应不低于180mm,如图7-16所示。

图 7-15　门洞式通道支架

图 7-16　作业层临边防护

(8)架体的高宽比应不大于 3,当大于 2 时,应在架体外侧四周和内部水平间隔 6 ~ 9m,竖向间隔 4 ~ 6m 设置连墙件与建筑结构拉结。无法设置连墙件时,应采取设置钢丝绳张拉固定等措施。

(9)因高支架与墩身的刚度不同,视高支架长、中、短柱的高度,必须加密两个间距以上的安全过渡段。

(10)选择通行方便的部位,在满堂支架外围设置人员上下的安全专用通道。

7.7　钢管柱及贝雷架支架

7.7.1　安全要点

(1)地基承载能力应符合设计要求,应对基础的稳定性和承载能力进行验算和检测,应满足稳定性、承载能力和安全要求。

(2)钢管柱、横向分配梁、贝雷梁及钢梁的关键部位、受力点的焊缝应经检验检测,满足《钢结构焊接规范》(GB 50661—2011)第 8.2 节的要求方可使用。

(3)钢立柱纵、横向间距和高度应根据架体设计方案确定,钢管柱上的槽钢应当位于钢管柱的中心位置。

(4)立柱应支撑在混凝土垫块或承台上,垂直度允许偏差不大于 1/400 墩身高度,且不大于 2cm。底座与基础垫块预埋件的焊接应牢固,同时进行横向和斜向连接固定;对钢管支架设置纵、横向及水平剪刀撑,保证架体的整体安全稳定性,形成整体承重体系(图 7-17)。

(5)应采取措施防止立柱顶部横向分配梁及高度调节件坠落。

(6)贝雷梁吊装前应对贝雷梁拼装质量进行复检,跨度较大的贝雷梁应增设加强悬杆,以增强贝雷梁的稳定性,因贝雷梁的既有设计参数及制作工艺的不同,要对贝雷梁各部位的杆件规格进行核查,为专项安全方案的编制人员提供可靠的验算依据。同时,应事先对贝雷架的锈蚀程度进行评估，检查各种销栓是否齐全等。

(7)钢管支架上的横向分配梁应支在贝雷架的节点部位，不得支在弦杆上。

(8)钢管柱关键部位受力点的焊缝应按方案要求进行焊缝质量检测，满足承载力要求。

(9)吊装时，应对已就位的相邻横向分配梁、贝雷梁、钢梁、楞梁进行临时固定，防止倾倒。贝雷梁、钢梁在按专项施工方案规定的位置就位后，应增设横向联系；两侧临空面应采用限位措施，防止侧向滑移，如图7-18所示。

图7-17　钢管立柱

图7-18　贝雷架

(10)所有门洞、通道上方的雷梁、钢梁等必须设置刚性水平密封防护层，防止高空坠物伤人。

(11)贝雷架、钢梁搭设完毕后，应按设计组合荷载的1.05～1.10倍进行预压。

(12)拆除时，应从上至下逐层进行。拆除钢梁、贝雷梁横向联系前，对每一片梁进行临时固定，防止倾倒；同时应按照专项施工方案规定的顺序拆除，防止横向分配梁失去平衡，造成侧翻。

7.7.2 安全设施

(1)人员上下钢立柱应使用安全爬梯。

(2)门洞式通道支架进出通道处应加设宽度1m以上的悬挑安全雨棚，贝雷架下方应挂设兜网和过塑钢丝网，或满铺铁质板。

(3)作业面临边处应按照本指南7.6.2的规定设置防护栏杆、安全网、挡脚板(高度不小于180mm)。

7.8 脚　手　架

7.8.1 安全要点

(1)脚手架搭设、拆除，由必须领取“特种作业人员操作证”的专业架子工，按不同(扣件式、碗扣式、标准式及悬挑式)形式的钢管脚手架施工规范进行(图7-19～图7-26)；操作时必须佩戴安全帽、安全带，穿防滑鞋。

(2)大雨和6级及以上大风或台风，不得进行脚手架的作业，大雨和台风后必须采取安全防滑措施。

图7-19　扣件式钢管脚手架

图7-20　碗扣式钢管脚手架

图7-21　悬挑式脚手架

图7-22　标准式组装脚手架

图7-23　支架底托

图7-24　脚手架直芯扣

图 7-25 脚手架直角扣

图 7-26 脚手架旋转扣

(3)搭设作业时,应按其中一个角部开始两个方向延伸搭设,确保已搭设部分稳定,门式及其他纵向竖立面刚度较差的脚手架,在连墙点设置层宜加设纵向水平长横杆与连接件连接。

(4)搭设作业,应按以下要求做好自我保护并保护好现场人员的安全。

①在架作业人员,脚下要铺设必要数量的脚手板,不得有探头板,当暂无落板时,用于落脚或抓握,把(夹)持的杆件均应为稳定的构架部分,着力点和构架节点的水平距离应不得大于0.8m,垂直距离不得大于1.5m,位于立杆接头以上的自由立杆(尚未与水平杆连接者)不得用手把持杆。

②架上作业人员,要做好分工和配合,传递杆件应掌握重心,平稳传递,不要用力过猛,以免引起人身或杆件失稳,对每完一道工序,要相互询问并确认后,才能进行下一道工序。

③作业人员要佩戴工具袋,工具用后装入袋中,不要放在架上,以免掉落伤人。

④架设材料要随上随用,以免放置不当时掉落。

⑤下班前,所有上架材料应全部搭设上,不要存留在架上,且形成稳定的架构;不能形成稳定的架构的部分,应采取临时措施,予以加固。

⑥在搭设作业过程中,地面上的配合人员应避开可能落物的区域。

(5)支架搭设后班组进行自检合格后,报监理部进行验收检查,采用力矩(60N·m)扳手对连接螺栓进行抽查60%以上;整改后悬挂验收合格标识牌(图7-27、图7-28)。

图 7-27 验收合格标识牌

图 7-28 塔式起重机机身与支架分离

7.8.2 安全设施

(1)作业前应检查作业环境,安全防护设施是否齐全有效,确认无误后,方可作业。

(2)作业时应随时清理,落在架面上的材料,保证架面上规整清洁,不要乱放材料、工具,以免影响作业安全和发生掉物伤人。

(3)在进行撬、拉、推等操作时,要注意采取正确的姿势或一手把持在稳定的结构或支持物上,以免用力过猛身体失去平衡,或把东西甩出。在脚手架上拆除模板时,应采取必要的支托措施,以免拆下的模板材料掉落架外。

(4)当架面高度不够,需要垫高时,一定要采取稳定可靠的垫高办法,不要超过50cm。超过50cm时,应按搭设规定升高铺板层,在升高作业面,应相应加高防护设施。

(5)架面上运送材料经过正在作业人员时,要及时发出"请注意,请让一让"的信号,材料要轻搁稳放,不许采用倾倒猛扎,或其他匆忙的卸料方式。

(6)严禁在架面上打闹,戏耍,退着行走或跨坐在外防护栏杆上休息,不要在架面上抢行、跑跳,相互避让时应注意身体不要失稳。

(7)在脚手架上进行电气焊作业时,要铺铁皮接着火星,或移除易燃物,以防火星点着易燃物,并应有防火措施。

(8)其他安全注意事项:

①运进杆配件,应尽量利用垂直运输设施或悬挂滑轮提升,扎牢固,尽量避免或减少人工层层传递。

②搭设过程中,除必要的1~2步架的上下外,作业人员不得攀缘脚手架上下,应走房屋楼梯,或分设安全人梯。

③搭设时,不得使用不合格的架设材料。

(9)钢管脚手架超过周围建筑物或在暴露较多的地区施工,应安设防雷设施,其接地电阻不大于4Ω。

(10)架上作业应按设计规定的荷载或规范使用,严禁超载。

(11)建筑施工区域应设置围挡设施,围挡主体宜采用角钢或砖砌体制作,高度不小于2m,单块围挡顶部宜设置一个LED射灯,射灯照射重点作业区域。

(12)现场入口处等醒目位置应设置安全警示镜及安全防护用品正确佩戴示意图,以助作业人员正确使用安全防护用品,警示镜应牢固、抗风、防雨;同时还应设置重大风险源告知牌及指示标牌。

7.8.3 洞口、临边安全防护

(1)在进入建筑物入口处,或建筑物物体坠落半径范围内的人行通道处应采用ϕ48钢管搭设安全通道(图7-29),通道宽度应宽于出入通道两侧各1m,高度宜为3m,进尺深度应符合高处作业安全防护范围。通道外侧挂设密目安全网及警示标志,上方采用双层防护,两层之间间距宜为800mm,棚顶应满铺不小于5cm厚的脚手板,非出入口和通道两侧必须封闭严密。

(2)建筑物楼层邻边四周,无围护结构时,必须设置牢固的安全防护栏杆,满挂密目安全网。

(3)楼梯踏步及休息平台处,必须设置牢固的安全防护栏杆,满挂密目安全网。回转式楼梯间应支设首层水平安全网,每隔4层设一道水平安全网,立杆间距不大于1.2m,如图7-30所示。

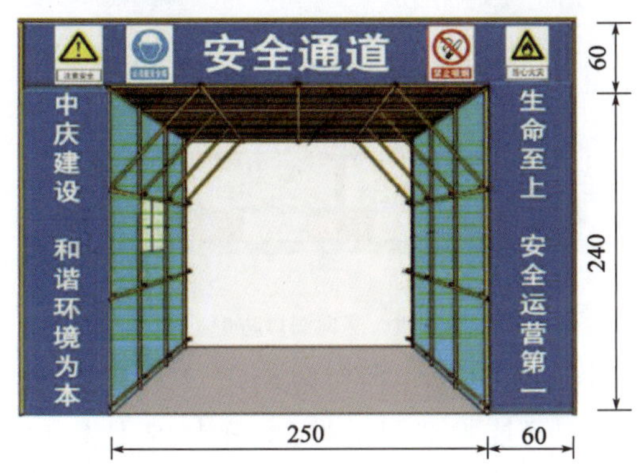

图7-29 安全通道(尺寸单位:cm)

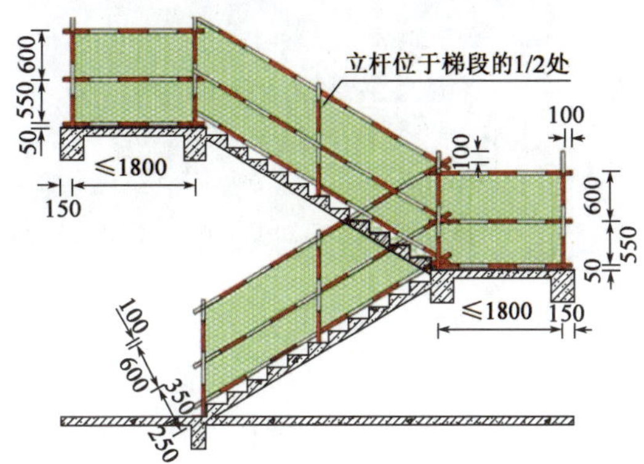

图7-30 上下楼梯临边防护(尺寸单位:mm)

(4)对于边长小于250mm的洞口,必须用坚实的木板盖严,盖板应固定防止挪动移位,并进行警示标识(图7-31)。

(5)对于边长大于250mm,小于1500mm的洞口,采用钢筋和水板防护(图7-32),在洞口上加螺纹$\phi 12$钢筋网片,钢筋间距200mm,在钢筋上覆盖15mm木模板,用铁丝和钢筋绑扎牢固,铁丝的连接扣向下放置,防止绊人,模板和钢筋成超出洞口300mm。在木板边用水泥砂浆做成斜坡。

图7-31 洞口用盖板覆盖

图7-32 洞口防护栏杆

(6)1.5m×1.5m以上的孔洞,四周必须设两道护身栏杆,中间支挂水平安全网。

(7)下边沿至楼板或底面低于80cm的窗台等竖向洞口,如侧边落差大于2m时,应加设1.2m高的临时护栏,如图7-33、图7-34所示。

(8)防护栏杆底部设置高为180mm的挡脚板,栏杆表面涂刷红白或黄黑相间的反光漆。立杆须与建筑物牢固连接,宜采用冲击钻钻孔,打入1根$\phi 18$钢筋,深度不小于200mm,外露150mm,与立杆焊接。

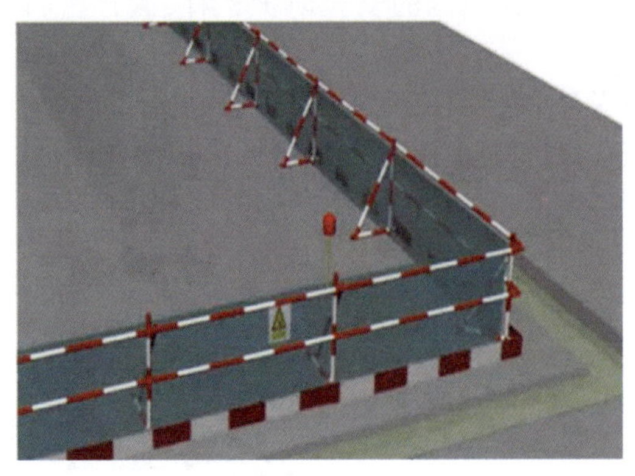

图 7-33　屋面、楼层临边防护

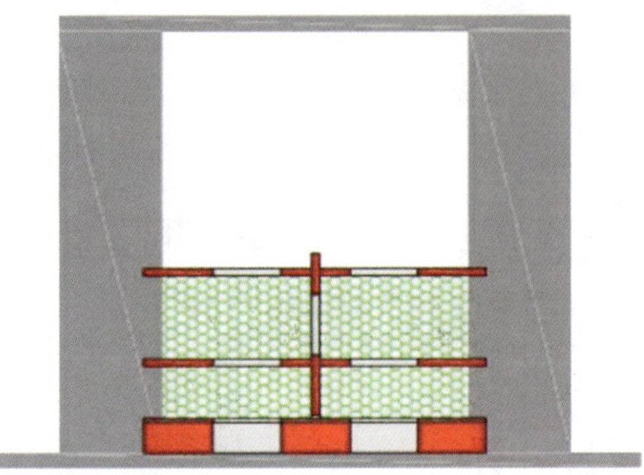

图 7-34　竖向洞口防护

(9)电梯井口必须设高度不低于 1.2m 的金属防护门，电梯井内每隔两层且不超过 10m 设一道水平安全网，安全网应封闭严密。未经上级主管技术部门批准，电梯井内不得作垂直运输通道和垃圾通道；施工电梯的其他安全防护按照本指南 5.7 节要求执行。

7.9 爬　梯

7.9.1 安全要点

(1)人行爬梯宜采用专业厂家生产的定型产品。高度较小时可搭设斜道，当高度小于 5m 时，宜采用"一"字形；当大于等于 5m 时，宜采用"之"字形(图 7-35、图 7-36)。

(2)梯笼中梯道宽度不得小于 0.9m，坡度不得大于 1:1，节段高度不得大于 2.5m。

(3)梯笼投入使用前应进行验收，按规定设置双层防坠立网，立网材料宜选用过塑钢丝网；梯笼仅供人员上下使用，不得用作材料运输通道。

(4)斜道楼梯步距应保持一致，横杆和立杆外露长度不得超过 100mm。

图 7-35　"之"字形斜道

(5)斜道宽度和休息平台宽度不应小于1m，坡度保持在30°~45°，斜道应满铺脚手板。

7.9.2 安全设施

图7-36 标准梯笼

(1)梯笼高度达到5m时，须设置连墙件；超过5m时，每隔5m处及顶端应设置一道与立柱等构筑物连接的水平加强件。距立柱等构筑物较远时，应增加缆风绳或抛撑加固，抛撑、缆风绳及地锚应有警示标志。

(2)斜道两侧应设置防护栏杆和挡脚板，参照本指南7.6.2第(7)条的规定。

(3)斜道外侧宜挂过塑钢丝网封闭。斜道每两步距加设水平斜杆，侧立面应连续设置剪刀撑。

(4)斜道对承重支架不应附着支架或建筑物设置，斜道两端、平台外围和端部应按照《建筑施工扣件式钢管脚手架安全技术规范》(JGJ 130—2018)中第6.4条的规定设置连墙件，斜道示意如图7-37所示。

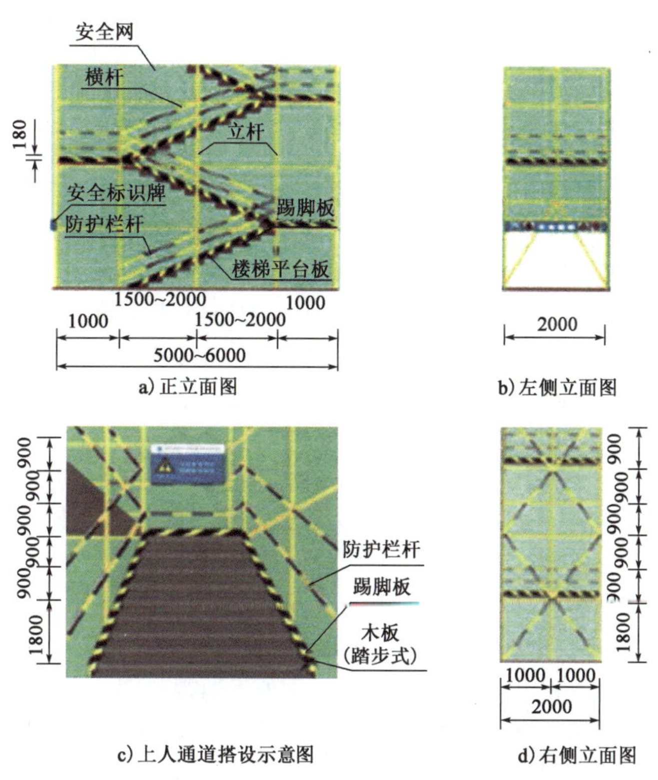

图7-37 斜道示意图(尺寸单位:mm)

第8章 爆破施工

8.1 一般规定

(1)爆破工程应实行分级管理,必须满足《爆破安全规程》(GB 6722—2014)、《爆破作业单位资质条件和管理要求》(GA 990—2012)、《爆破作业项目管理要求》(GA 991—2012)和《广东省公安厅关于爆破作业项目许可和安全管理的规定(试行)》(粤公通字〔2015〕35号)相关要求。总体施工组织设计中应明确各爆破作业项目类别、级别。爆破设计施工、安全评估与安全监理应由相应资质的企业承担,爆破工程技术人员的资格须满足作业项目要求,其中保管员须为爆破实施单位指定人员。

(2)必须编制爆破工程专项施工方案,方案内容应包含:工程概况、爆破环境、风险(危险)源辨识及分析、爆破技术方案、施工组织方案、爆破设计相关图纸、起爆网络设计及起爆网络图、安全设计及防护、警戒图;复杂环境爆破设计应当制订应对复杂环境的方法、措施及应急预案。C级及以上爆破工程、水下爆破工程的专项施工方案须经专家论证、审查。

(3)需公安机关审批的作业项目,应按要求做好爆破工程的专项设计、评估、监理工作。爆破作业单位应于作业前3天发布施工公告,前1天发布爆破公告,并在作业地点张贴,施工公告内容应包括:工程名称、建设单位、设计施工单位、安全评估单位、安全监理单位、工程负责人及联系方式、爆破作业时限等。爆破公告内容:爆破地点、每次爆破时间、安全警戒范围、警戒标识、起爆信号等。

(4)爆破作业人员(爆破员、安全员、保管员等)应按有关规定进行培训,并取得相关证件。

(5)作业前应对爆破技术方案进行安全技术交底,对周边环境(附近建筑物、管线、人员等)采取必要的安全防护措施。爆破设计人员向现场爆破工程技术人员交底,由爆破工程技术人员向爆破班长交底,爆破班长向安全员、保管员、押运员等交底。

(6)爆破作业现场须按照最小爆破安全距离(表8-1)划定警戒区,在确定的危险区边界设置明显的警戒线、警戒标志和警戒岗哨,警戒岗哨须处于通视范围。

爆破(抛掷爆破除外)时,个别飞散物对人员的安全距离 表8-1

爆破类型及方法	个别飞散物的最小安全距离(m)
浅孔爆破法破大块	300
浅孔台阶爆破	200(复杂地质下不少于300)
深孔台阶法爆破	按设计,但不小于200

续上表

爆破类型及方法	个别飞散物的最小安全距离(m)
隧道爆破	按设计,但不小于300
拆除爆破、城镇浅孔爆破及复杂环境深孔爆破	由设计确定

注:沿山坡爆破时,下坡方向的安全距离应比表内数值增大50%。

(7)装药时照明必须使用36V及以下安全电压;严禁边打眼边装药;需使用木制或竹制炮棍装药时,炮眼填塞质量必须符合安全规程和设计要求。装药完成后应由爆破班长或安全员发出预警信号,确认全部人员撤离后发出起爆信号,由爆破员实施起爆。加强起爆开关箱和起爆钥匙管理。

(8)在残孔附近钻孔时应避免凿穿残留炮孔,在任何情况下均不许钻残孔。

(9)装药完成由专门人员发出预警信号后,除1~2名爆破员外其他作业人员必须全部撤出警戒区,确认全部人员撤离后方可通知爆破员连接雷管实施起爆,起爆站与爆破位置的距离应满足设计要求并不小于300m。雷雨季节不得采用电起爆法起爆。

(10)爆破后通风排烟的时间不应小于15min,之后检查人员(最多2人)才能进入爆破作业地点进行危石检查,检查人员应为现场技术负责人、爆破班长、有经验的起爆员或安全管理员。发现盲炮应立即进行安全警戒,及时报告并由原爆破作业人员处理,确定安全后方可解除安全警戒。

(11)处理盲炮前应由爆破技术负责人定出警戒范围,并在该区域边界设置警戒,处理盲炮时无关人员不许进入警戒区;应派有经验的爆破员处理盲炮;硐室爆破的盲炮处理应由爆破工程技术人员提出方案并经单位技术负责人批准后,由处理者填写登记卡片或提交报告,说明产生盲炮的原因、处理的方法、效果和预防措施。

(12)雷电、暴雨天不得实施爆破作业(隧道洞内爆破除外);强电场区爆破作业不得使用电雷管;能见度不超过100m的有雾等恶劣天气不得露天爆破作业。

(13)爆破区域附近存在建(构)筑物时,应监测振动波速及建(构)筑物的沉降和位移。

8.2 爆破器材申领、储存、收发、运输与装卸

(1)民用爆炸物品的库房设施必须经过当地公安机关审批,并符合《小型民用爆炸物品储存库安全规范》(GA 838—2009)要求;储存的民用爆炸物品数量不得超过储存设计容量,炸药、雷管须分库储存,账、卡、物必须相符一致,严禁在库房内存放其他物品。

(2)申领民用爆炸物品时必须由现场爆破班长和安全员提出申请;必须经在当地公安机关备案的项目负责人或受其委托的现场技术主管及副经理2人以上审批签字;领取数量不得超过当班用量和审批数量。

(3)保管员和领用人员(爆破安全员、爆破员)必须互相确认领用爆破器材的品种、数量、编号等(图8-1);确认申领爆破器材在批准的指定场所内使用才可发放,严禁一人多机多卡发放爆破器材;押运人员必须由持证人员担任,并在发放单上签字。

图 8-1　炸药、雷管领取

(4)运输车辆及驾驶人员必须是经公安机关核准备案的专用车辆和人员;保管员在运输车辆出发后必须立即向现场技术主管报告;运输爆破器材时必须由专人押运,炸药、雷管必须用专用车辆运输,严禁混装,运输车辆宜配备 GPS 定位系统;严禁无关人员搭乘运送车辆。

(5)车辆应按指定路线行驶,途中因故障停留时必须立即报告,设警示标志,由专人看守。人工搬运爆破器材时,雷管、炸药必须分别放在专用包(箱)内,搬运人员之间必须保证有足够的安全距离,不得一人同时携带雷管和炸药。遇暴雨、雷电、有雾等恶劣天气时,必须停止运输和装卸作业。

(6)爆破器材运至现场后必须清点复核其品种、数量、规格,并签字确认;临时加工地点应设置防爆箱、警戒区,严禁无关人员靠近;临时加工存放的雷管、炸药必须保证有足够的安全距离,由专人看管,严禁私自收藏和乱丢乱放。作业人员在保管、加工、运输爆破器材时严禁穿着化纤衣物。

(7)爆破后剩余的爆破器材必须当班清退回库,由爆破员、押运人员、保管员三方签字确认品种、数量、规格;严禁擅自销毁民用爆炸物品;不再使用时,应当将剩余的民用爆炸物品登记造册,报公安机关处置。

8.3　路基土石方爆破施工

8.3.1　安全要点

(1)路基石方开挖时严禁采用硐室爆破,崩塌与岩堆地段爆破开挖时应采取控制爆破技术,近边坡部分宜采用光面爆破或预裂爆破。

(2)对需要爆破的地段应进行全面调查,查清爆破所处的位置、地形,障碍物等。确保空中缆线、地下管线和施工区边界处建筑物的安全。爆破作业前应设置警戒区,对于 A 级爆破应报请公安机关现场配合组织警戒,并加强现场防护及爆破面的检查。

(3)爆破作业须统一指挥,统一信号(第一次警报—预警信号,第二次警报—起爆信号,第三次警报—解除警报信号)。

(4)在雷雨天气禁止爆破作业。遇到突然的雷雨时,爆破现场人员应立即撤离,并派专人看管现场,防止无关人员闯入危险区。

(5)孤立巨石块解体或爆破受限区(居民区附近或邻近其他结构物)作业时,应采用特殊技术措施(如静态爆破技术)保证安全,避免飞石对人员生命财产及周围环境带来危害。

8.3.2 安全设施

(1)在人员和车辆进出口应设置爆破公告,在确定的危险区边界设置警示牌、警戒带(图8-2、图8-3)。

图8-2 爆破施工安全公告

图8-3 临近爆破警戒

(2)爆破作业时宜采用手摇式警报器作为预警、起爆、解除信号的装备,必要时可采用声光报警装置。

(3)宜采用篱笆、钢网、胶管帘、土袋等对爆破飞石进行防护。

8.4 桥梁爆破施工

8.4.1 安全要点

(1)基础爆破开挖及桩孔爆破作业宜采用浅眼松动爆破法,严格控制炸药用量。

(2)应按方案设计的点位标注钻孔位置,钻孔后必须进行检查和孔口封堵处理,在积水难以排除情况下,应采用防水爆破器材。

(3)装药前,应断开爆破区域的电源。爆破前,爆破桩基孔口应做覆盖防护,相邻桩孔人员必须撤离现场作业,严禁投掷雷管、炸药。

(4)爆破后通风15min,并检查孔口、孔壁有无损坏以及孔内是否存在有害气体,确认安全后方可进行下一道工序。

8.4.2 安全设施

(1)爆破前须设置警示标牌及划定警戒区(图 8-4);爆破作业过程中须由专人负责警戒。

(2)孔口宜采用钢网及炮被(如由废旧轮胎编制而成的炮被或湿棉被)覆盖防护,并用土袋压重(图 8-5)。

图 8-4 设置警戒区

图 8-5 废旧轮胎编制的炮被

8.5 隧道爆破施工

8.5.1 安全要点

(1)洞口与明洞的石质边、仰坡及相接路基应采用预留光爆层法或预裂爆破法,不得采用深眼大爆破或集中药包爆破开挖。

(2)小净距隧道应错开施工,先、后行洞掌子面错开距离应大于 2 倍的隧道开挖宽度,应严格控制爆破振动,爆破时另一洞内作业人员应撤离出洞外。

(3)连拱隧道中的导洞不得作为爆破临空面。

(4)长度小于 300m 的隧道,起爆站应设在洞口侧面 50m 以外;其余隧道洞内起爆站距爆破位置不得小于 300m,起爆站位置应能避免飞石、冲击波和噪声等对人员造成伤害。

(5)雷管、炸药运至隧道内后应分开临时存放,距离不小于 25m,并设专人看护。打眼工序没有完成时,严禁将炸药、雷管运上台架,严禁边打眼边装药;装药时照明必须使用 36V 及以下安全电压;装药必须使用炮棍(木棍或塑料棍);炮眼堵塞质量必须符合安全规程和设计要求。剩余爆破器材必须立即核对、清理、退库并签认。

(6)掌子面爆破开挖应严格控制单段起爆药量和总装药量,并安全控制爆破振动。

(7)岩爆地质隧道施工宜在围岩内部应力释放后采用短进尺安全开挖。

(8)最大爆破安全控制标准 1.5cm/s,深圳市规定控制在 1cm/s 内,沉降控制在 2.5cm 内;多分段,选用振动烈度小的炸药,关键部位采取微差爆破或人工开挖施工。

(9)隧道开挖采用浅孔锥形掏槽,分上下台阶微差爆破(毫秒爆破,几毫秒到几十毫秒时差,分段为1至20段),根据进度要求最大循环安全进尺为1.2~1.4m,炮眼利用率85%,药包长度可作调整。

需用药量计算式:

$$Q=0.33eqW^3$$

式中:e——采用2号岩石炸药,查表$e=1$;

q——坚实的泥灰岩六类土,$q=1.75\text{kg/m}^3$;

W——炮孔装药长度,一般为炮孔深度L的1/3~1/2。

8.5.2 安全设施

(1)隧道洞口应设专人负责人员、材料、设备与爆破器材进出隧道的登记管理和安全监控等工作。

(2)爆破器材运至现场后,应立即开始警戒,警戒线距爆破器材临时存放点不小于25m;起爆前,警戒线应设置在爆破点周围300m(图8-6),严禁无关人员进入爆破区域。

图8-6 隧道内爆破警戒

第 9 章 恶劣环境施工

9.1 一 般 规 定

(1)施工单位在编制施工组织设计时,应根据当地季节性变化规律及施工环境,制订雨季、台风季节、高温季节、冬季及夜间施工的安全技术措施,并编制极端天气(台风、汛期等)应急预案。

(2)施工单位应储备特定环境施工时的应急物资,并定期对应急物资进行检查,确保险情出现时能够及时有效地投入使用。

(3)雨季、台风季节、高温季节、冬季、夜间施工前,施工单位应对作业人员进行针对性的安全教育培训及安全技术交底。

(4)施工单位应及时收集当地气象、水文等信息,并采取相应的预防措施。

(5)在台风、暴雨来临前,建设、监理、施工单位应实时跟踪天气情况,并落实主要负责人带班制度,按要求启动相应应急预案,发现险情应及时按程序上报。

(6)遇到大雨、雷雨、高温、6 级及以上大风等恶劣天气时,应立即停止高处露天作业、脚手架搭设或拆除作业及起重吊装等作业。

9.2 雨 季 施 工

9.2.1 安全要点

(1)雨季来临前,施工单位应检查、修复或完善现场防雷装置、接地装置、用电设备、排水设施,围堰、堤坝等应采取加固和防坍塌措施,易冲刷部位应采取防冲刷或疏导措施。

(2)雨季来临前,应清除基坑、孔口、沟边过剩弃土,减轻坡顶压力;并做好傍山施工现场、便道上边坡的危石处理及塌方、滑坡威胁地段的预防措施。

(3)雨季施工期间,应及时排除现场积水;在河道、河滩上进行施工时,应及时疏通河道,确保行洪面;位于洪水可能淹没地带的设施、设备、材料应及时移到安全地带。

(4)雨季施工期间,应定期检查用电设备的线路、接地装置是否完好有效。

(5)大风大雨后,应及时检查临时设施是否受损,起重设备基础是否下沉,塔式起重机垂直度是否变化，门式起重机轨道是否倾斜、变形，支架、脚手架是否牢固，围堰、基坑、边坡是否稳定等，发现隐患应立即治理。

(6)大雨过后，应及时清除截水沟、排水沟中的沉积物，保持排水顺畅。

9.2.2　安全设施

(1)施工单位应提前备足雨季施工所需的防汛应急物资和器材；作业人员应配备雨衣、雨鞋等防护用品。

(2)雨季来临前，应在现场的大型临时设备周边设置排水沟，严防雨水冲入设备内。露天作业机具应设置防雨棚，现场配电箱宜采用防雨布进行遮盖。

(3)雨季来临前，施工单位应根据施工总平面图，结合现场地形情况设置排水沟(图9-1)，排水沟应满足集水、排水要求；若施工现场邻近高地，应在高地的边沿(施工现场上侧)设置截水沟，防止洪水冲入现场；同时应备足抗洪用的抽水设备。

(4)现场脚手板、斜道板、作业平台应设置防滑措施。

a)

b)

图9-1　现场排水沟

9.3　台风季节施工

9.3.1　安全要点

(1)台风来临前，监理单位应组织专项安全检查，督促施工单位对施工现场的临时用房、围墙、脚手架、塔式起重机、门式起重机、架桥机、施工电梯、基坑支护及模板工程等防风措施进行检查、加固，台风来临前检查门式起重机夹轨器是否处于工作状态。落实船舶避风锚地和拖轮转移地点，必要时人员、重要资料须撤离。

(2)台风季节施工时，应定期对现场中大型设备的防雷接地、生活区临时用电进行检查；现场电缆、电线应检查、加固；台风暴雨期间不使用的电气设备应切断电源。

(3)现场所有松散的材料都应绑扎并锚固或者转移到安全区域;堆放在安装好的梁上的材料应当绑在预留钢筋上,地面成堆叠放的构件应摆放整齐、稳固。

(4)施工单位应定期检查现场排水设施,保证现场排水畅通,防止因台风暴雨造成洪涝灾害。

(5)台风暴雨过后,施工单位应组织对现场特种施工设备、重要设施、施工用电线路、场内施工便道等进行检查,并由监理单位复查,确认安全后,才能恢复使用、继续施工。

9.3.2 安全设施

(1)当台风来临前,对临时驻地、临时设施、机械设备(主要为架桥机、门式起重机、塔式起重机)应增设或加固缆风绳(图 9-2);当收到台风橙色预警信号时,应将驻地活动板房中的人员全部撤离避险、安置。

(2)墩柱的钢筋骨架已绑扎安装且未浇筑混凝土部分的骨架和模板超过 8m 时,应按相关要求设置缆风绳加固(图 9-3),采用钢管压控屋面。

图 9-2　项目驻地增设缆风绳

图 9-3　未浇筑的墩柱用缆风绳加固

9.4　高温季节施工

9.4.1 安全要点

(1)高温季节施工前,施工单位应合理调整作息时间,尽量避开中午高温时间作业,并根据气象站发布的高温预警信号采取相应的防范措施,红色预警时宜停止户外作业。

(2)高温作业时,人员若出现头晕、恶心、胸闷、心悸、乏力等中暑先兆时,应立即到阴凉处休息,并服用防暑降温药品、清凉饮料等。现场需按人员储备防暑降温药品。

(3)职工宿舍应保持通风干燥,定期清扫、消毒,保持室内整洁、卫生;同时应加强员工的饮食管理,避免出现食物中毒事件。

(4)各类生活垃圾应每天按时清运出场,确保员工有良好的生活及休息环境。

9.4.2　安全设施

（1）施工单位应及时给员工发放清凉油、人丹、风油精、藿香正气水等防暑降温药品。

（2）在露天作业中的固定场所，应搭设遮阳棚（图9-4），设置应急药箱，并供应茶水、清凉含盐饮料、绿豆汤等。

a)

b)

图9-4　施工现场遮阳棚

（3）集中设置的员工宿舍宜统一装配空调降温；食堂应配置冷藏设施，保证食物不变质。

（4）厨房应配有纱门、纱窗，同时应积极落实工地灭蚊蝇、灭鼠、灭蟑螂等措施。

9.5　冬季施工

9.5.1　安全要点

（1）办公、生活区不得使用简易电炉、碘钨灯等取暖，不得使用电加热器烧水，淋浴房应通风，防止一氧化碳中毒。

（2）冬季施工时，施工单位应定期检查消防设备设施，及时更换不符合要求的消防器材；明火作业地点应由专人看管，易燃物与火源保持不小于10m的安全距离。

（3）施工车辆行驶在有松土路面的坡道或斜坡时应减速慢行，与前车保持安全距离，防止发生追尾事故。

（4）雨后，作业人员应及时清除作业平台、脚手板上的雨水；电工应对现场所有用电设备、供电线路进行全面检查，发现问题立即处理。

9.5.2　安全设施

冬季施工前，施工作业平台、人员上下通道、脚手板表面等应设置防滑条、防滑垫等防滑设施，易滑倒区域须设置“当心滑倒”等安全警示标志。

9.6 夜间施工

9.6.1 安全要点

(1)施工单位需要进行夜间施工时,应提前向监理单位申请夜间施工报备,未经监理工程师批准,不得进行夜间施工。

(2)夜间施工时,按《建筑照明设计标准》(GB 50034—2004)规定,为新建、改建和扩建的居住、公共、交通和工业建筑工程的施工,达到照度的标准值;施工单位应加大巡查力度,严格落实主要负责人带班制度;施工易撞部位、交叉路口、临边洞口等区域应加强防护与监管,严禁无关人员及车辆进入施工现场。

(3)施工单位应加强对反光标识标牌、反光设施的管理与维护,损坏的及时更换。

(4)雷雨、大风等极端恶劣天气时严禁夜间施工,同一区域应避免夜间交叉作业。

(5)交通繁忙道路夜间施工,涉及需要占道施工的,需提前向主管交警部门进行申请,并严格按交警批复的交通疏解方案实行。

(6)根据《深圳市建筑施工噪声管理规定》,夜间施工作业噪声可能超过施工场界噪声限值的,须按规定到市环境保护行政主管部门办理夜间施工许可。

9.6.2 安全设施

(1)夜间施工现场须设置符合施工需求的照明设备,光束不得直接照射工程船舶、机械操作和指挥人员;作业区域四周或出入口应设置警戒带及反光警示标志(图9-5)。

a)

b)

图9-5 夜间照明设备及反光警示标志

(2)施工现场的易撞部位、交叉路口应设置夜间警示灯,临边、预留孔洞等部位应设置防护栏杆及反光警示标志,夜间使用的安全爬梯、通道等部位应增设照明设备,照度满足施工要求(图9-6)。

图 9-6 夜间警示灯

(3)夜间施工的所有机械设备、机具及防护装置均应粘贴反光条或反光标识(图 9-7);作业人员须穿戴反光衣、配备手电筒。

a)

b)

图 9-7 施工车辆尾部反光膜

(4)夜间作业的船只应按规定办理完备的手续(参照本指南第 15.7 节),并配置齐全的夜航、停泊标志灯及照明器。

9.7 有限作业空间施工

9.7.1 土质隧道掘进机(盾构)带压开舱检查换刀

(1)安全施工措施:

①施工前组织全体施工人员进行安全技术交底,学习有关安全制度和安全操作规程;参加入舱操作人员(图 9-8),必须考核合格后,持有效证件上岗。

②机械设备要完好,必须有可靠的安全防护装置,做到定人操作、保养和检查。电气线路

或机具发生故障时,必须要电工处理,其他人员不得修理或排除故障。

③带压开舱前,必须对土质掘进机(盾构)验收中的主要12项重新进行联合检查(含刀盘扭矩、总推力等8项技术参数);施工前必须检查所有闸门密封件和密封表面的清洁及破损情况,进舱前及过程中必须进行有害气体检测(图9-9)。

图9-8 带压开舱入舱门(值班观察孔)

图9-9 带压开舱前的联合检查

④准备一个急救箱,里面要有纱布、消毒水、棉签、云南白药、创可贴等处理皮外伤的应急药物,要是出现较大的伤口要及时送往医院。

⑤认真填写人员及物料进舱记录,出舱时对照检查。万一发生事故,如有可能,人员必须垂直运送到隧道外面。

⑥通向闸的逃生通道以及闸本身必须保持畅通,不得存放材料和工具。线缆和软管不得堵塞闸门。

⑦遇异常情况,现场负责人必须要求操作人员马上撤出开挖舱。异常情况是指,开挖面出现失稳迹象,开挖面出现渗水,作业人员受伤。

⑧加强换刀位置地表监测,如有异常立即上报。

⑨恢复掘进后必须进行地面钻孔注浆加固处理。

(2)应急救援组织机构及人员联系方式:

以应急救援领导小组为基础,成立应急反应指挥部,下设应急处理技术组、应急处理监测组、应急处理物资设备组、应急处理保卫组等工作小组,并组建抢险突击队、义务消防队和医疗救护队。

(3)应急物资:

生产物资设备类:沙袋、水泥、水玻璃、工字钢、氧气、乙炔、挖掘机、电焊机、钻机、高压双液注浆泵、灰浆搅拌机、油压千斤顶等。现场设备、物资根据施工进度需要配备。

(4)应急准备:

应急处理工作组24h值班,随时保证通信畅通,接到应急通知迅速组织各应急处理组、应急处理突击队立即赶到现场进行抢险救援。应急救援人员必须经过认真培训,开展过定期的救援演练。救援设备、物资准备充分、到位,实施专人、专库管理。

应急救援从事前预测、监控,事中分析、处理,事后总结、恢复的总体工作包括:

①事先对在工程施工中可能出现的突发事件进行预测、分析,并储备相应的应急处理机具、物资。

②加强工程监测、监控,实行信息化施工。一旦监测数据出现预警值,立即报告应急处理领导小组,同时监测、监控小组按程序增加监测频率和监测点。

③应急领导小组组织工作小组分析原因,制订应急处理方案及对策措施,及时向有关单位和部门汇报。

④组织应急突击队进行应急处理。

⑤应急处理完成后,恢复正常,分析原因,总结经验,避免类似突发事件再次发生。

(5)实施程序提供根据预案中基本原则编制的反应机理。具体包括:应急救援行动程序、事故汇报程序、应急处理程序、保护程序、社会支援程序、信息发布程序和事故后的恢复/进入程序。

(6)应急救援行动程序:

针对事故的具体情况选择应急对策和行动方案,从而能及时有效地使伤害和损失降低到最低程度和最小范围。

①应急救援行动的优先原则:员工和应急救援人员的安全优先;防止事故扩散优先;保护环境优先。

②事故现场、项目经理或安全总监应采取以下行动:

a.掌握情况。事故发生时间与地点;种类、强度;已知的危害方向;事故现场伤亡情况,现场人员是否已安全撤离;是否还在进行抢险活动;有无火灾与爆炸伴随;现场的方向、风速;事故危及项目外的可能性。

b.报告与通报。在掌握事故情况,并判明或已经发现事故危及项目外时,应立即向有关单位或部门进行报告:报告业主、总公司;根据事故的严重程度及情况的紧急程度,按预案的应急级别发出警报。

c.组织抢救与抢险。防止危害扩散的最有效措施是迅速消除事故源。同时,应熟悉事故设施和设备的性能,懂得抢险方法,必须组织尽早抢救与抢险。要迅速集中力量和未受伤的岗位职工,投入先期抢险。

③应急指挥中心应急级别一般划分为三级:预警、现场应急、全体应急。应急处理程序如图9-10所示。

a.值班人员的行动:记录事故发生区报告的基本情况;按预案规定,通知指挥部所有人员到达集中地点,并规定时限;根据情况的危急程度,做好应急出动准备。

b.应急救援工作小组的行动:根据事故发生区报告的情况,指示安全技术人员进行危害估算;会同专家咨询组判断情况,研究应急行动方案,并向总指挥提出建议。

9.7.2 钢箱梁梁内协助拼装、焊接、涂装

(1)一般规定

制、拼前必须进行三级安全教育,做好班前安全培训;特种人员必须考核合格后,持证上岗;进行板单元的制造直接影响梁段的几何形状和尺寸精度,在制造中应重点控制;由于板件

的厚度不大,采用火焰修整焊接变形较为困难;必须做好箱内配合制拼操作、焊接工人的防暑、降温后勤工作;钢箱梁板单元的制造精度、安全施工工艺如下:

①钢板赶平及预处理;

②数控切割机下料;

③U 形加劲肋制作;

④用高精度自动定位胎组装带纵肋的板单元;

⑤中纵腹板单元(带锚管)的加工制作;

⑥对单侧有纵肋的板单元采用反变形焊接技术;

⑦优先选用自动和半自动 CO_2 焊方法。

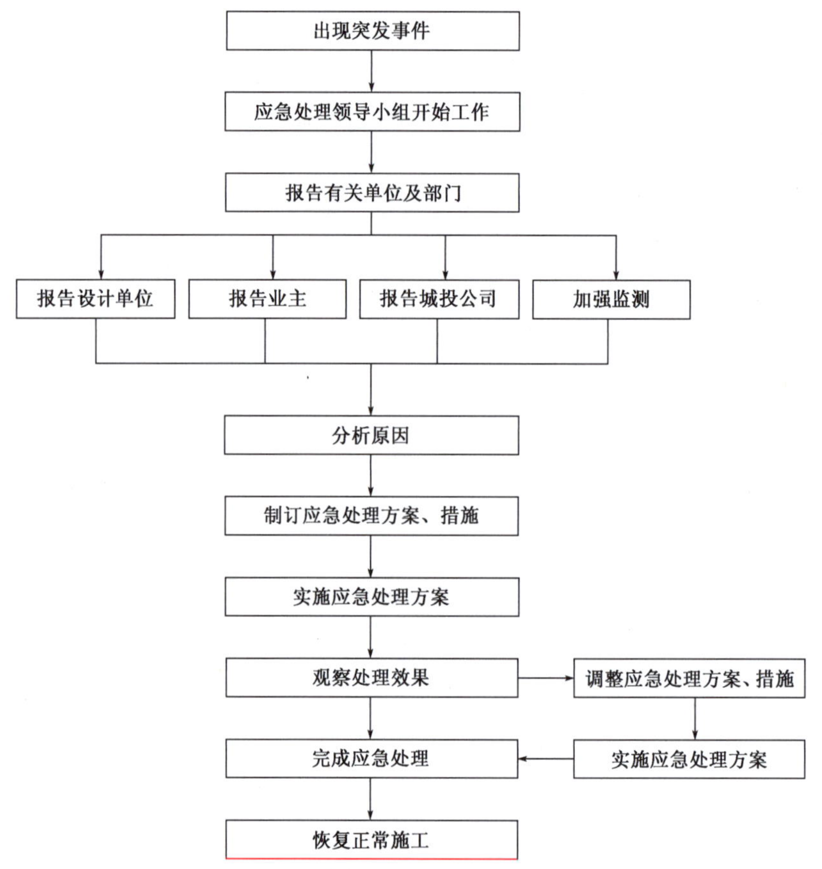

图 9-10　应急处理工作流程图

(2)安全措施

①制造采用梁段匹配组装、焊接与安全预拼装同时完成的做法;

②安全胎架设计应符合《钢结构工程施工质量验收规范》(GB 50206—2001)的要求,安全胎架底板单元定位有纵横基准线、风嘴(锚箱)定位基准线、基准点、桥梁中心线以及胎架外独立设置的基准线、基准点,供随时对胎架进行安全检测。

③除保证胎架精度外，检修道横梁作为胎架的一部分，其组装精度也必须得到保证，另外还应对横隔板的组装精度予以特别控制。

④为保证梁段的几何尺寸，尤其是吊点之间的距离，除在各板单元接缝间预留收缩量之外，桥面板应有一块板单元在宽度方向留配切量。

⑤每一梁段桥中心线处的底板单元上胎架组装定位及制造中的测量均应避开日照影响。

⑥全面采用陶质衬垫单面焊双面成型焊接工艺。

⑦采用合理的焊接顺序和焊接方向及必要的工艺措施（如反变形、约束等）控制焊接变形。

（3）桥上组焊

桥上组焊先进行三级安全教育，做好班前安全培训，特种人员必须考核合格，持证上岗，施工工艺包括吊装安全就位、顶板单元制拼、中纵腹板传力部件制拼、胎内组装隔板。

相关焊接工艺流程如图9-11～图9-14所示。

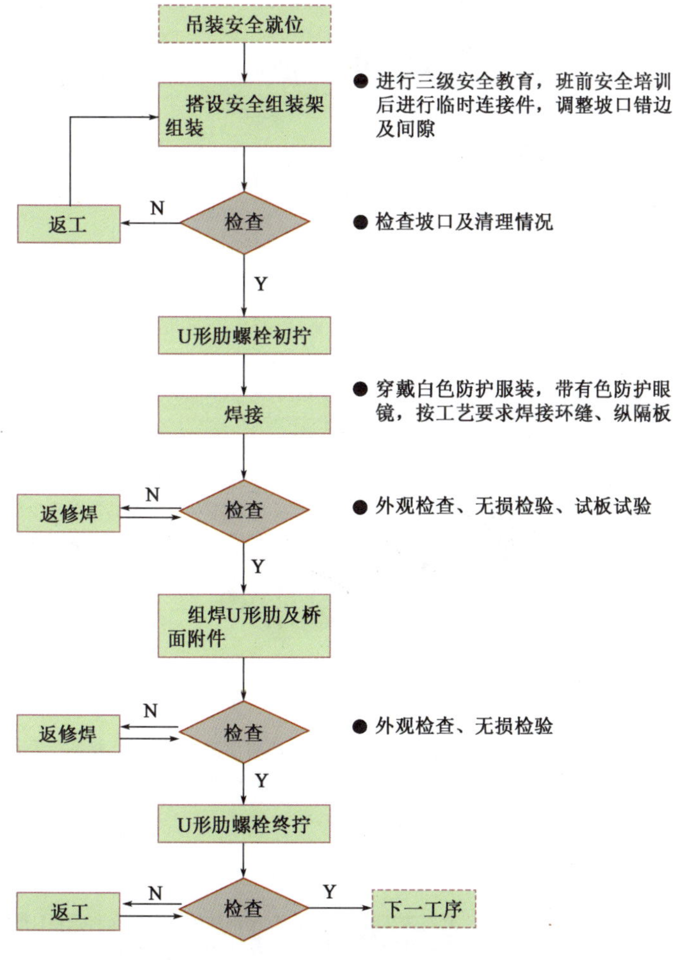

图9-11　搭焊组装架工艺流程图

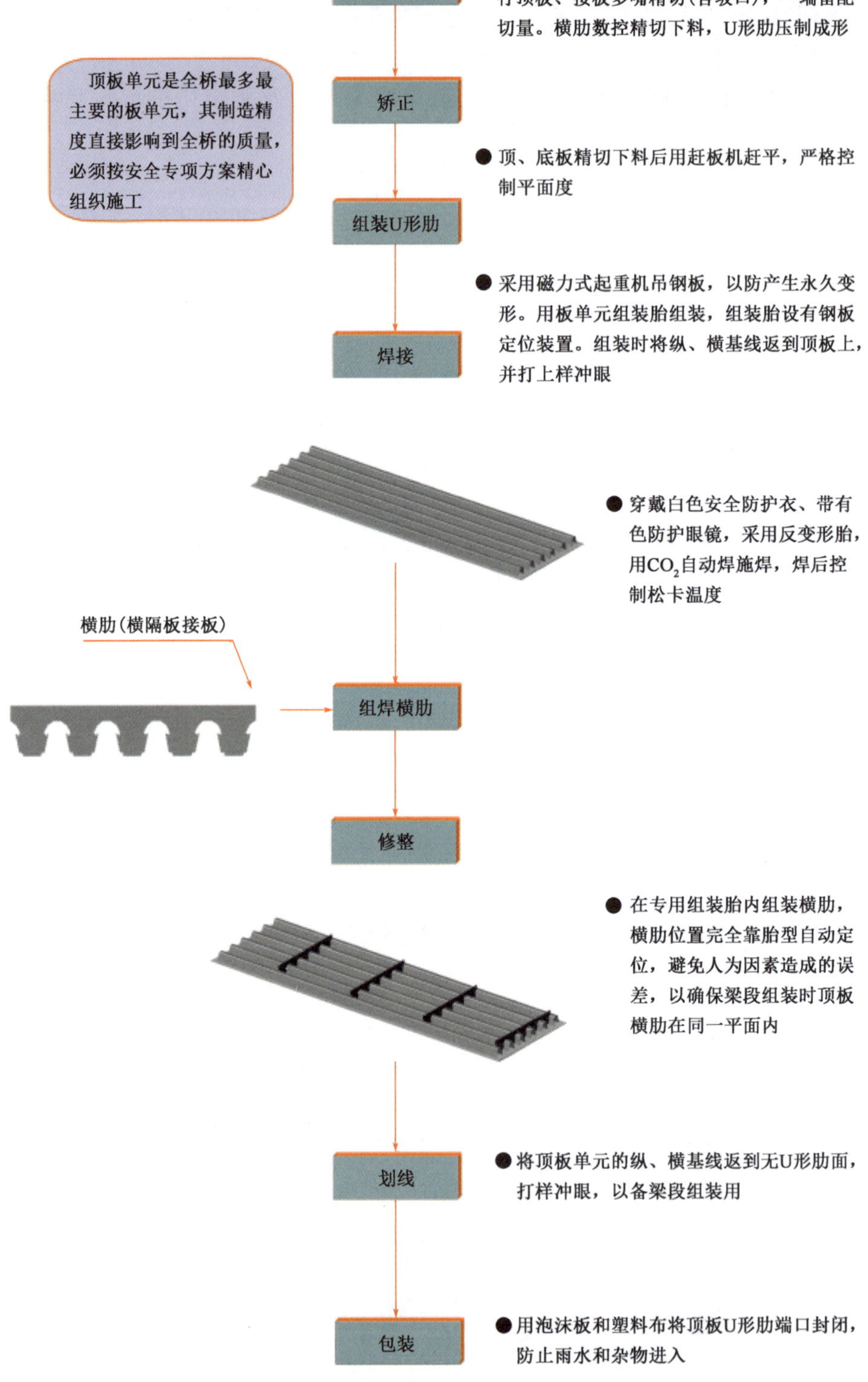

图 9-12　顶板单元制作焊接工艺流程图

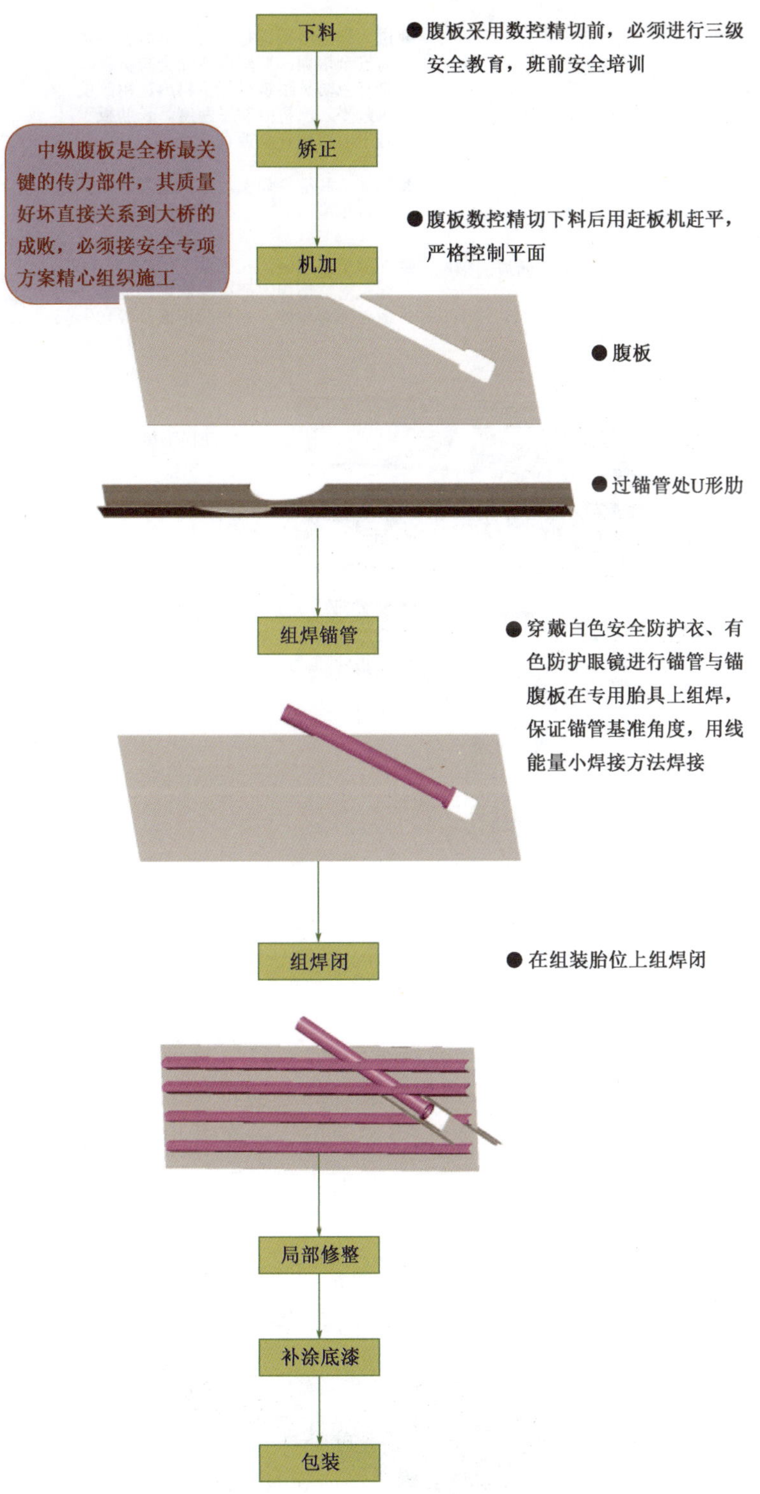

图9-13　中纵腹板制作焊接工艺流程图

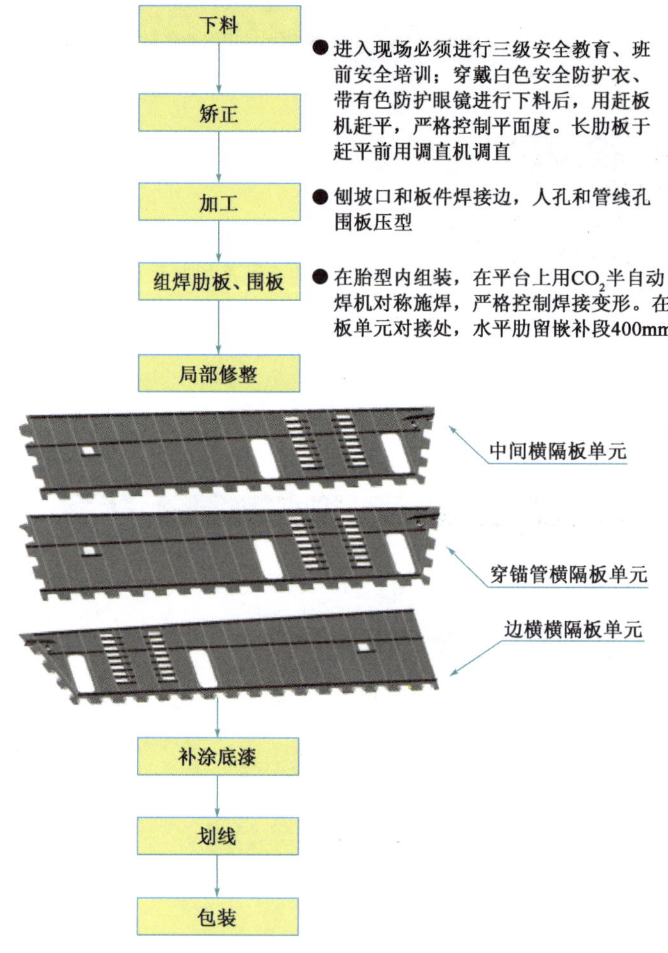

图 9-14　胎内组焊肋板围板工艺流程图

(4)钢箱梁涂装安全要点(图 9-15)

①进场人员必须进行三级安全教育,做好班前安全培训;特种人员经考核合格后,持证上岗;地面铺设轨道,待涂装钢箱梁由带液压升降装置的电动轨道运输车运进涂装厂房,用液压装置升起钢箱梁至支撑架上,收起液压装置,电动轨道运输车开出涂装厂房,钢箱梁在涂装厂房内进行涂装施工。机械化喷涂工装布置在车间端头,喷砂机及手工电弧喷涂机沿墙布置在车间两侧。

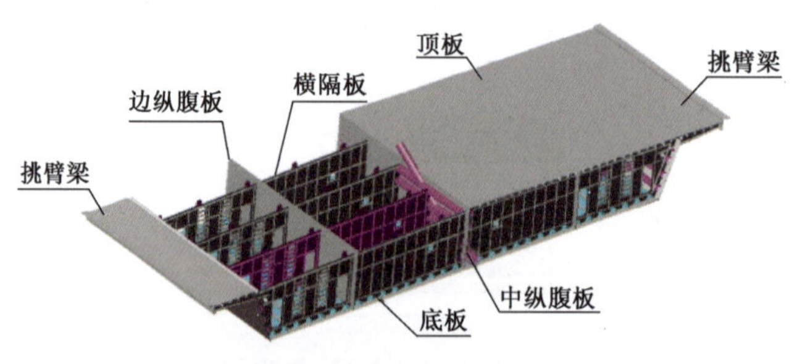

图 9-15　钢箱梁示意图

②首先在存梁区对待涂装钢箱梁进行预处理,清理焊渣焊瘤,清洗油污。运输一节钢箱梁进涂装厂房,先对外表面喷砂除锈,喷砂完毕后,清理干净钢砂,吹净表面灰尘,进行电弧喷铝。喷铝完毕后对钢箱梁换墩,对原墩位位置进行喷砂除锈和电弧喷铝。

③喷铝完毕后对内表面进行喷砂,喷砂完毕后喷漆。为使铝涂层均匀,对钢箱梁底面这样的大平面使用机械化工装进行电弧喷涂。

(5)钢桥面安全涂装

①使用无尘自动喷砂机对桥面进行喷砂除锈,考虑中央分隔带和路缘石等部位无法使用无尘自动喷砂机喷砂除锈,因此行车道使用无尘自动喷砂机喷砂除锈,中央分隔带和路缘石等部位使用手持喷砂机喷砂除锈。

②施工时全桥封闭,设计两个滑动厂房,整桥2个半幅同时施工,空压机等固定设备放置在桥一端的混凝土桥面,从钢桥一端(远端)向另一端(近端)倒退施工,钢桥面全部施工完毕撤离设备,已涂装完毕的桥面在铺装沥青路面前派专人看护,妥善保护以免涂层受损,禁止行车,只能行人,不能沾油污。

③为提高手工喷砂效率,避免喷砂对其他区域影响,设计制造3个钢铁结构全封闭手工喷砂棚,用于2个边路缘石和中间分隔带的手工喷砂除锈,喷砂棚装风机可通风除尘,手工喷砂棚带轮子可移动,每喷砂完毕一段移走喷砂棚,清理钢砂,用吸砂机吸清表面钢砂和灰尘。

④为减少设备移动,提高工作效率,在桥塔处建立固定空压机站,把空压机、空气净化设备、空气冷却设备、水箱等大型设备固定安装在空压机站,用无缝钢管沿桥面铺设一条主输气管路,从空压机站向工作点输气。

⑤按照正常的施工情况,配备的设备和设备能力是能满足工期要求的,但考虑到施工地点地处海岛,雨水较多,台风较多,桥面施工期间正是夏季,桥面暴晒,温度高,夏天雷雨多,这些因素会对正常施工工期产生一定的影响。

(6)安全措施

①派出技术好、作风好的机电工程师和设备检修工,加强设备维护,使设备处于完好状态。

②关键设备至少有2台备用,以保证不因设备故障影响工期。

③为预防中暑,保证工人有一个健康的身体投入到工作中,应采取一些防暑降温措施如使用两间大的滑动厂房遮阳避雨、配备防暑药、配备风扇、避开中午高温时间多利用夜晚时间等。

④合理安排工期,合理安排施工人员,根据现场情况及时进行调整。

⑤由于夏天雷阵雨较多,应采取防雨措施,无尘自动喷砂机和电弧喷涂设备遮盖防雨,采取小型防雨设施保证钢砂和手工涂装设备防雨,雨停后立即清扫积水,用压缩空气吹干潮湿桥面,使桥面快干。

⑥早上上班喷砂前,如要喷砂的工件有露水潮湿,用压缩空气快速吹干潮湿表面,减少等待时间。

第 10 章 跨路、跨线施工

10.1 一般规定

(1)跨路、跨线施工前应编制专项施工方案、交通疏导方案，组织安全评价，由施工企业技术负责人审核并组织专家论证审查，按照专家意见修改完善，经有关管理部门批准，再由总监理工程师批复同意后实施。实施前应进行公告，如图 10-1 所示。

图 10-1 交通疏导

(2)跨路、跨线施工应尽可能封闭下方道路，为行人和车辆开辟新的临时道路。在无法封闭下方道路的情况下，应搭设跨线桥梁安全防护棚。在公路或铁路上空进行桥梁吊装时，应临时中断交通。

(3)跨通航水域施工时，应设置号灯、号型，根据通行情况设置防撞设施。

(4)在路基附近挖掘、钻孔时不得影响路基结构安全，不得损坏各种信号、通信设施，不得影响行车瞭望视线。

(5)现场作业车辆、机械必须配备作业警示灯，现场作业人员须穿戴反光衣。

(6)跨线作业交通安全标志应按照现行《道路交通标志和标线》(GB 5768—2009)规定设置。

(7)应按照现行《道路交通标志和标线》(GB 5768—2009)的规定及交通管理部门的要求，在通车门洞前后 10m 外各搭设一座门式限高架(限高 4.5m)，具体方案应得到公路管理机构交通警察管理部门核准。采用组合桁架梁搭设时，应贴红白或黄黑相间的反光膜或刷反光漆；限高架顶部应设置车辆限高、限宽、限速等标识牌及夜间警示灯(图 10-2)。

图 10-2　限高架设置

(8)安全防护棚应具备较强的抗砸、抗冲击能力，防护棚类型选用见表 10-1。

防护棚选用要求　　表 10-1

公路等级		类型	防护棚形式
高速公路、一级公路	三车道以上、两车道弯道	承重	桁架支撑体系
	两车道		桁架或满堂支架
	三车道以上、两车道弯道	非承重	桁架
	两车道		脚手架
二级公路及以下	两车道	承重	桁架或满堂支架
	两车道	非承重	脚手架

(9)安全防护棚的长度应大于自由坠落的防护半径，跨线桥坠落高度、防护等级和防护半径分类情况见表 10-2。

跨线桥坠落高度、防护等级和防护半径分类　　表 10-2

序号	坠落高度(m)	防护等级	防护半径(m)
1	2～5	一级	2
2	5～15	二级	3
3	15～30	三级	4
4	>30	特级	>5

(10)当上部施工高度超过 24m 时，下方应设间距 600mm 的双层防护棚(图 10-3)，必须满铺能承受大于 10kPa 均布静荷载的材料，或 50mm 的厚木板以及符合要求的其他材料。

(11)安全防护棚施工完成后应组织验收。

(12)需多次上跨同一道路时，应安排同步施工。主体结构施工完成后，应及时施作桥面整体面层、防撞栏、防抛网；交安设施部分可由跨线主体施工单位同步完成。

(13)安全防护棚拆除施工应设作业区，其边界设警示标志，并有专人看守，非作业人员严禁入内。

(14)防护棚设防雷装置，防护棚每隔 50m 设一处接地，防护棚架最远点接地电阻不得超过 10Ω。

图 10-3　双层防护棚

10.2　桁架式安全防护棚

10.2.1　安全要点

(1)在防护棚搭设位置周边的导行路段内,各种导行设施应齐全,标志应明显,标线应准确,经交警同意后设置减速带。对施工区域应尽可能进行封闭,封闭设施上贴反光膜和挂夜间警示灯。无法封闭的应采用警示路锥、反光水马等进行现场围蔽。如图 10-4、图 10-5 所示。

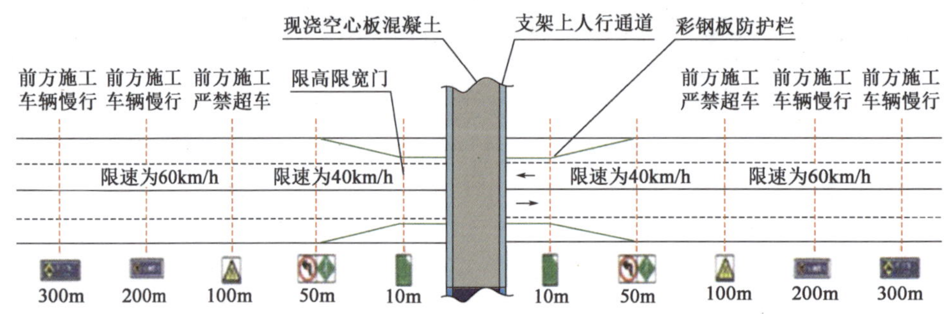

图 10-4　交通标志标线布置

(2)基础一般采用钢筋混凝土结构,其外观尺寸和强度应按照满足防碰撞的要求进行设计和施工,且满足承载力要求。周边应做好排水设施。

(3)防护棚应按坠落半径设置挑檐长度,双层防护棚顶板四周应设钢管架与纵横梁可靠联系,并安装彩钢板,其上贴红白或黄黑相间反光膜或刷反光漆,其上沿需超出防护棚顶板面 0.8m,并形成封闭围护,以防止跨线桥梁上部物件及施工材料抛物坠落影响下方行车。

a)

b)

图 10-5 交通导行

10.2.2 安全设施

(1)防护棚应设置轮廓灯、警示灯、爆闪灯等设施。在夜间警示灯应持续亮灯,通道内须保证充足的照明。

(2)防护棚两端支墩立柱应贴红白或黄黑相间反光膜或涂反光漆,钢管立柱侧面张挂安全密目网。

10.3 钢管脚手架式安全防护棚

10.3.1 安全要点

(1)防护棚应采用外径 48 ~ 51mm、壁厚为 3.5mm 的钢管扣件脚手架或其他型钢材料搭设,严禁采用竹木杆件搭设。

(2)立杆基础必须做硬化处理,底座加 50mm 厚垫板,立杆必须沿通行方向设置扫地杆和剪刀撑,侧面立杆间距应不大于 2m。水平横杆第一道距地应为 200mm,第二道起间距应为 1200mm,防护棚横向悬挑尺寸应为 0.6 ~ 0.8m。外侧斜撑应挂密目网。

(3)应根据通道所处位置及人、车通行要求确定防护棚净空高度和宽度,高度不低于 3.5m,宽度不小于 3m。

(4)宽度超过 3.5m 或高度超过 4m 的防护棚,立杆间距应缩小或使用双立杆、型钢、脚手架等格构式立柱,纵向横杆应采用型钢制作或搭设承重脚手架。

10.3.2 安全设施

(1)安全通道檐板侧面应粘贴间距 300mm 红白或黄黑相间的反光膜或刷反光漆。

(2)防护棚两侧边应设置反光水马等设施,引导行人从安全通道内通过,必要时满挂密目网封闭。

（3）钢筋棚可视现场实际情况，因场地狭小，既要保证原材料的规范存放，还要确保合同工期的完成，故而进行“钢筋安全制作、加工活动棚”的设计施工（图10-6）；纵向（两侧）将槽钢向上作为滑槽，立柱底部安装钢活轮推动。

a）

b）

图10-6 钢筋安全制作、加工活动棚

第11章 取弃土(渣)场

11.1 一般规定

(1)弃土(渣)场应按照设计文件(包含截排水设施、挡渣墙、边坡防护、弃土要求、稳定计算书等)设置,新增或扩容弃土(渣)场时应按要求进行变更,变更时应按照设计变更的流程实施。

①弃土(渣)场宜设置在缓坡、山谷或荒沟中,其位置与高度应保证路堑边坡、山体和自身的稳定;弃土(渣)应相对集中堆放,不得影响附近建筑物、农田、水利、河道、管线、交通和环境等;严禁在岩溶漏斗、暗河口、滑坡体上、泥石流沟上游弃土(渣);严禁贴近、挤压桥墩(台)或涵洞口,避免产生附加推力。

②取土(渣)场的位置、边坡、深度应符合设计要求,并结合当地土地利用、环保规划进行布置,不得随意取土(渣),且不得危及周边建(构)筑物等既有设施的安全。

③取、弃土(渣)场清理地表时,不得用火焚烧,防止发生火灾;取土后应清理场地的废料和土方工程的废方,不得影响排灌系统及农田水利设施。

④取、弃土(渣)场的后期处理应满足环保要求;红线外的取、弃土场地,须在工程结束(即复垦或复绿)后,及时移交当地政府,并按要求办理移交手续。

(2)始终坚持"安全第一、预防为主、综合治理"的安全管理原则。

①严格审查施工安全专项方案,临时用电施工组织设计和安全生产应急预案,审查安全保证体系的全面性、科学性及合理性。

②审查进场施工设备的安全性、安全准用证明以及特殊工种的人员上岗证。

③定期召开安全例会,分析不安全因素,提出整改要求,部署安全工作;定期与业主等单位联合组织安全、文明施工检查(包括现场和资料)。

④在进行现场巡视或定期检查时,重点对吊装设备、施工用电、施工机具等进行检查。

⑤施工用电设施重点检查现场照明,以及低压干线架设三相五线制执行情况、开关箱、熔丝、变配电装置;施工机具重点检查漏电保护装置、绝缘状况、防护装置。

⑥对安全事故的处理要坚持"四个不放过" 原则,即:事故原因不清楚不放过,事故责任者和员工没有受到教育不放过,事故责任者没有处理不放过,没有防范措施不放过。

11.2 弃土(渣)场

11.2.1 安全要点

(1)弃土(渣)作业应遵循“先支护、后弃土”的原则。

(2)弃土(渣)前,施工单位应先按设计要求完善截排水措施、挡渣墙及周边防护设施(图11-1、图11-2),由监理工程师组织检查、验收,合格后方可投入使用。

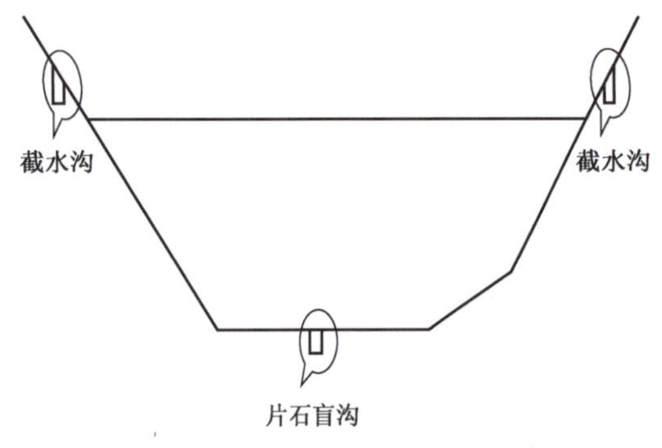

图11-1 截水沟位置示意图

图11-2 拦渣墙

(3)弃土(渣)时应自下而上分层填筑,并按照设计的分层厚度和压实度进行施工;严禁采用自上而下倾倒的方式弃土(渣)。

(4)弃土(渣)场边坡坡率不宜大于2∶1;并根据弃土(渣)高度进行平台设置及坡面防护。

11.2.2 安全设施

(1)弃土(渣)时,周边应设置警戒带及“禁止靠近”等安全警示标志。有行人、行车道的,须采取隔离或封闭措施(图11-3)。

(2)弃土(渣)时,每填筑一层,边坡临时排水设施应及时跟进(图11-4)。

图11-3 弃土(渣)场隔离措施

图11-4 弃土(渣)场临时排水沟

(3)弃土(渣)车辆的运输通道应设置线路指示标牌及限速标志标牌,并设专人指挥弃土(渣),指挥人员须穿反光衣;急转弯路段应设置反光镜及“减速慢行”标志;在滚石路段应设置防滚石措施(防护网)及“当心落石”等安全警示标志。

11.3 取土(渣)场

11.3.1 安全要点

(1)取土(渣)场施工方案应明确取土(渣)场开挖顺序、分级开挖高度及坡率等内容。

(2)取土(渣)时应根据土质情况自上而下放坡开挖,保证边坡的稳定性,严禁掏底取土(渣)。

(3)取土(渣)后的裸露面应及时整治,取土(渣)场边坡不得超出设计坡率,并应采取防护措施,避免产生滑坡、泥石流等次生的灾害。

11.3.2 安全设施

(1)取土(渣)场底部应设置临时向外的排水设施,防止积水浸泡坡脚,造成边坡坍塌。

(2)施工期间,应在取土(渣)场周围设置警戒带等安全隔离设施(图11-5),并在醒目位置设置“施工重地,闲人免进”等安全警示标牌;宜设置夜间警示和反光标识。

(3)取土(渣)完成后,山坡裸露面宜采用喷播植草防护,开挖区宜进行整平、复绿(图11-6)。

(4)取土(渣)场上方有架空线时,应对杆线采取有效的保护措施。

图11-5 取土(渣)场周边隔离措施

图11-6 开挖区整平复耕

第12章 标志标牌

12.1 一般规定

(1)安全标志标牌应设置在存在危险因素的场所和设备、设施上,标志标牌应易于辨认,位置应醒目、合理。

(2)安全标志标牌应按照标准化管理,即以统一的格式制作、安装和设置,规范现场安全生产及文明施工。安全标志标牌主要分为以下四类:

①禁止标志:禁止人们不安全行为的图形标志。

②警告标志:提醒人们对周围环境引起注意,以避免可能发生危险的图形标志。

③指令标志:强制人们必须做出某种动作或采用防范措施的图形标志。

④提示标志:向人们提供某种信息(如标明安全设施或场所等)的图形标志。

(3)施工单位应定期对安全标志标牌进行检查、维护,保持清洁醒目、完整无损;若发现标志标牌破损、变形、遗失或缺少时,应及时修整、更换或补充。

(4)建设单位应统一规范工程项目的安全标志标牌。

(5)施工现场道路交通标志标牌按照现行《道路交通标志和标线》(GB 5768)要求执行。

12.2 制作材料

(1)安全标志标牌可选用镀锌铁皮、铝合金板、薄钢板等坚固耐用的材料制作,一般不宜使用遇水变形、变质或易燃的材料;有触电危险的场所应使用绝缘材料。选用的反光膜应符合《道路交通反光膜》(GB/T 18833—2012)相关要求。

(2)标志标牌图形应清晰,材料表面应光滑,不能出现毛刺、孔洞;边缘和尖角应适当倒棱,呈圆滑状,带有毛边处应打磨光滑。

12.3 基本形式、参数及尺寸

安全标志的基本形式与参数见表12-1,尺寸见表12-2。

安全标志的基本形式及参数　　表 12-1

安全标志类别	基本形式	相关参数	备注
禁止标志	c α d_2 d_1	外径 $d_1=0.025L$； 内径 $d_2=0.800d_1$； 斜杠宽 $c=0.080d_2$； 斜杠与水平线的夹角 $\alpha=45°$	基本形式为带斜杠的圆形框；圆形和斜杠为红色，图形符号为黑色，衬底为白色；文字辅助标志衬底为红色，字为白色黑体字
警告标志	a_2 a_1	外边 $a_1=0.034L$； 内边 $a_2=0.700a_1$； 边框外角圆弧半径 $r=0.080a_2$	基本形式为正三角形边框；三角形边框及图形符号为黑色，衬底为黄色；文字辅助标志为白底黑框，字为黑色黑体字
指令标志	d	直径 $d=0.025L$	基本形式为圆形边框；图形符号为白色，衬底为蓝色；文字辅助标志衬底为蓝色，字体为白色黑体字
提示标志	a	边长 $a=0.025L$	基本形式为正方形边框；图形符号为白色，衬底为绿色或红色；字为黑色黑体字

注：L 为观察距离。

标志标牌的尺寸(单位:m) 表 12-2

型号	观察距离 L	圆形标志的外径	三角形标志的外边长	正方形标志的外边长
1	$0<L\leq2.5$	0.070	0.088	0.063
2	$2.5<L\leq4.0$	0.110	0.142	0.100
3	$4.0<L\leq6.3$	0.175	0.220	0.160
4	$6.3<L\leq10.0$	0.280	0.350	0.250
5	$10.0<L\leq16.0$	0.450	0.560	0.400
6	$16.0<L\leq25.0$	0.700	0.880	0.630
7	$25.0<L\leq40.0$	1.110	1.400	1.000

注:允许有 3% 的误差。

12.4 颜色与字体

禁止标志、警告标志、指令标志、提示标志颜色参照《安全色》(GB/T 2893—2008)的基本规定执行,各颜色的 RGB 等效值见表 12-3,标志中的文字字体均采用黑体。其中,红色表示禁止,黄色表示警告,蓝色表示指令,绿色表示提示。

安全标志各种颜色的 RGB 等效值 表 12-3

颜色种类	红色	黄色	蓝色	绿色	白色	黑色
RGB 等效值	230.0.32	255.255.0	0.72.152	0.165.82	255.255.255	0.0.0
色彩效果						

12.5 布设要求

12.5.1 构造与安装

(1)标识牌安装方式可分为固定式和可移动式,固定式分为附着式、悬挂式、柱式。

(2)柱式的标志标牌一般由底板、支撑件、基础等组成,各组成部分应连接可靠;支撑件应具有一定的强度和刚度,并考虑美观要求,可选用槽钢、角钢、工字钢、管钢等材料制作。

(3)标识牌采用柱式安装时应安装稳固,满足抗风、抗拔、抗撞击等要求。

(4)标识牌采用附着式和悬挂式的方式安装时,可直接粘贴、悬挂于附着物上,且应稳固不倾斜。

(5)标识牌采用可移动式安放时,应考虑配重、尺寸等因素,确保其稳定性。

12.5.2 布设位置

(1)标志的布设位置应合理、醒目,应能引起观察者注意并迅速做出判断,有足够的反应时间或操作距离。环境信息标志宜设在有关场所的入口处和醒目处；局部信息标志应设在所涉及的相应危险地点或设备(部件)附近的醒目处。

(2)标志标牌的平面与视线夹角应接近90°,观察者位于最大观察距离时,最小夹角不低于75°。

(3)标识标牌设置的高度,应尽量与人眼的视线高度相一致。悬挂式和柱式的环境信息标识牌的下缘距地面的高度不宜小于2m;局部信息标志的设置高度宜符合以下要求：

①当采用悬挂式安装时,在防护栏上的悬挂高度宜为0.8m。

②当采用附着式安装时,应粘贴在表面平整的硬质底板或墙面上,粘贴高度宜为1.6m。

③当采用柱式安装时,支撑件要牢固可靠,标志距离地面高度宜为0.8m。

④此处高度均指标识牌下边缘距离地面的垂直距离。当不能满足上述要求时,可视现场情况确定。

(4)标志标牌不得设在门、窗、架等可移动的物体上,标志前不得放置妨碍认读的障碍物；标识标牌不得设置在门架、门式起重机桁架梁等物体上,避免增大风阻面积。

(5)需要同时设置多个标识牌时,应按警告、禁止、指令、提示类型的顺序,先左后右、先上后下地排列。

(6)项目驻地、搅拌站、预制场、钢筋加工场、隧道洞口、大型桥梁、互通立交、港口施工区等区域宜设置的主要标牌见表12-4。

重点施工区域/场所的主要标牌一览表　　表12-4

序号	重点施工区域/场所	布设位置	标志名称
1	项目驻地	醒目位置	工程概况牌； 质量安全目标牌； 管理人员名单及监督电话牌； 安全文明施工牌； 消防保卫牌； 风险源告知牌； 安全宣传牌； 施工平面布置图； 施工单位消防设施平面布置图； 扬尘污染防治措施、非道路移动机械使用清单、建设各方责任单位名称及项目负责人姓名、本企业及工程所在地相关行业主管部门的投诉电话等信息
2	预制场、钢筋加工场	出入口醒目位置	工程概况牌； 质量安全目标牌； 管理人员名单及监督电话牌； 安全文明施工牌； 风险源告知牌； 现场平面布置图

续上表

序号	重点施工区域/场所	布设位置	标志名称
3	隧道洞口	洞口的醒目位置	工程概况牌； 质量安全目标牌； 管理人员名单及监督电话牌； 安全文明施工牌； 风险源告知牌； 安全宣传牌； 施工平面布置图； 扬尘污染防治措施、非道路移动机械使用清单、建设各方责任单位名称及项目负责人姓名、本企业及工程所在地相关行业主管部门的投诉电话等信息
4	大型桥梁	桥头的醒目位置	工程概况牌； 质量安全目标牌； 管理人员名单及监督电话牌； 安全文明施工牌； 风险源告知牌； 安全宣传牌； 施工平面布置图； 扬尘污染防治措施、非道路移动机械使用清单、建设各方责任单位名称及项目负责人姓名、本企业及工程所在地相关行业主管部门的投诉电话等信息
5	互通立交	互通区的醒目位置	工程概况牌； 质量安全目标牌； 管理人员名单及监督电话牌； 安全文明施工牌； 风险源告知牌； 施工平面布置图； 扬尘污染防治措施、非道路移动机械使用清单、建设各方责任单位名称及项目负责人姓名、本企业及工程所在地相关行业主管部门的投诉电话等信息
6	港口施工区	进场的醒目位置	工程概况牌； 质量安全目标牌； 管理人员名单及监督电话牌； 安全文明施工牌； 风险源告知牌； 环境保护牌； 现场平面布置图

第13章 个人防护与职业健康

13.1 一般规定

(1)建设、监理、施工单位应建立健全安全防护用品的购置、发放、领用、验收制度及职业健康管理制度。

(2)建设、监理、施工单位应按《个体防护装备选用规范》(GB/T 11651—2008)和国家颁发的劳动防护用品配备标准,为作业人员配备安全防护用品;安全防护用品须具有产品合格证,严禁使用不合格的防护用品。

(3)施工单位应及时对新进场的作业人员进行安全防护用品使用教育培训;作业人员进入施工现场前,须正确佩戴和使用安全防护用品,具体要求见表13-1。

安全防护用品佩戴一览表 表13-1

作业部位	工种	防护用品	备注
通用作业	电工	安全帽、绝缘手套、电绝缘鞋、防静电工作服	隧道内须穿戴反光衣、口罩
	焊工	安全帽、手套、焊接防护眼镜	隧道内须穿戴反光衣、口罩
	爆破员	安全帽、绝缘手套、电绝缘鞋、防静电工作服	隧道内须穿戴反光衣、口罩
	张拉工	安全帽、手套、防护鞋	隧道内须穿戴反光衣、口罩
	机械操作工	安全帽、耳塞	
桥梁工程	挖孔桩作业人员(孔口)	安全帽、安全带	
	挖孔桩作业人员(孔内)	安全帽、安全带、防尘口罩	
	混凝土工	安全帽、手套	
	钢筋工	安全帽、手套	
	架子工	安全帽、安全带、手套、防滑鞋	
	模板工	安全帽、安全带、手套	
	吊装工	安全帽、安全带、手套	架桥机人员
	压浆工	安全帽、护目镜、手套	
路基工程	潜孔钻操作工	安全帽、安全带、护目镜、口罩、防滑鞋	
	混凝土喷浆工	安全帽、护目镜、口罩	防护工程

续上表

作业部位	工　种	防护用品	备　注
路面工程	沥青搅拌楼操作工	安全帽、口罩、反光衣、耐高温防护鞋	
	沥青摊铺工	安全帽、口罩、反光衣、耐高温防护鞋	
隧道工程（洞内作业）	钢筋工	安全帽、手套、口罩、反光衣	
	模板工	安全帽、手套、口罩、反光衣、耳塞	
	锚喷工	防尘口罩、安全帽、反光衣、耳塞	
	掘进工	安全帽、口罩、护目镜、反光衣、耳塞	
	瓦斯检查员	安全帽、安全带、绝缘手套、电绝缘鞋、防静电工作服、口罩、反光衣	
交安工程	高处作业人员	安全帽、安全带、反光衣、手套、口罩	
	划标线人员	安全帽、口罩、防护鞋	
机电工程	隧道内高处作业人员	安全帽、安全带、反光衣、绝缘手套、口罩、头戴式电筒	
	其他作业人员	安全帽、反光衣	

（4）场区入口处宜设置安全警示镜及安全防护用品的正确佩戴示意图，以协助作业人员正确使用安全防护用品（图13-1）。

（5）建设、监理、施工单位每年应至少开展一次安全防护用品检查工作，发现异常时，及时进行维修或更换。

a)

b)

图13-1　安全警示镜

(6)职业病防治工作应坚持“预防为主、防治结合”的方针,实行分类管理、综合治理;建设、监理、施工单位应结合实际情况,制订职业病预控措施。

(7)施工单位应定期组织员工进行体检,及时了解员工的健康状态。

(8)建设、监理、施工单位应严格落实《职业病防治法》《用人单位职业健康监护监督管理办法》以及《职业健康管理体系要求》(GB/T 28001—2011)等规定。

(9)鼓励推广采用信息化,当作业人员进入技术复杂的桥梁等区域时,手机会自动接收现场存在危险因素、安全注意事项、预控措施等提示信息。

13.2 个 人 防 护

13.2.1 安全帽

(1)选用的安全帽应符合《安全帽》(GB 2811—2007)的要求,应在有效期内,无外观缺陷等,具体选用规则应参照《头部防护 安全帽选用规范》(GB/T 30041—2013)的相关要求。

(2)在使用期限内,每年应对安全帽进行一次定期检查;每次使用前应检查安全帽各部件是否完好、无异常,不应随意在安全帽上拆卸或添加配件,以免影响其原有的防护性能。

(3)佩戴安全帽时,应将帽带扣在颌下并系牢,锁紧帽箍,帽带排后一根应系在耳朵后侧,确保在使用中不会意外脱落(图 13-2、图 13-3)。

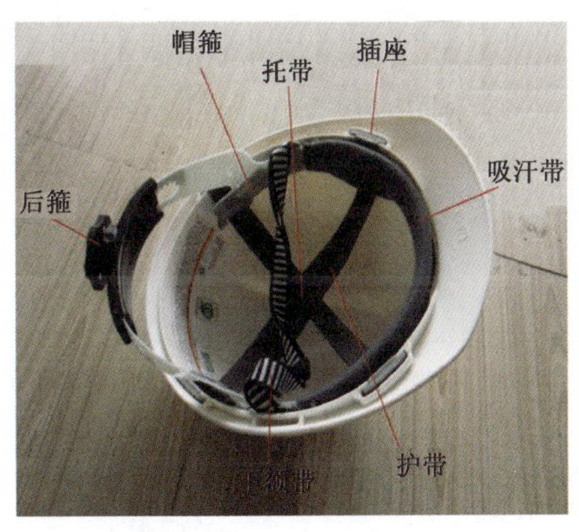

图 13-2 安全帽构造图

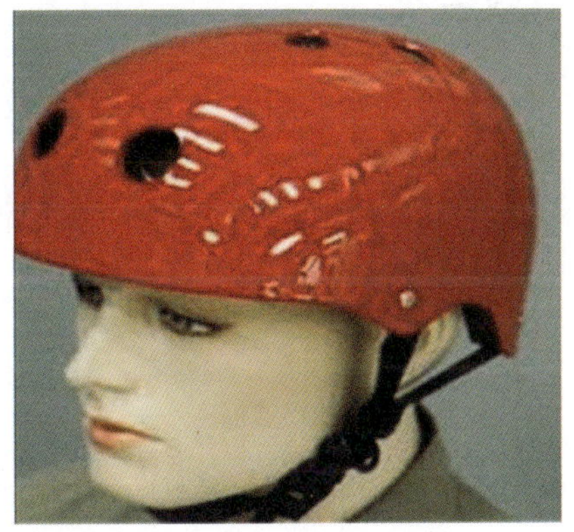
图 13-3 安全帽佩戴示意图(帽带后一根,系耳朵后侧)

(4)安全帽应保持整洁,不得涂刷油漆或用刀具划、刻;安全帽不得存放在酸、碱、有机溶剂、高温、潮湿或其他腐性环境中,以防材料老化或变质。

13.2.2 安全带

(1)2m 以上高处作业时作业人员应正确使用安全带,并遵循“高挂低用”原则(图 13-4、图 13-5),使用的安全带应符合《安全带》(GB 6095—2009)相关规定。

图13-4　双肩式安全带

图13-5　安全带高挂低用

(2)安全带有效期一般为3~5年;每次使用安全带前应检查各部位是否完好可靠,要经常检查安全带长绳、缝制部分及挂钩部分有无损坏,发现异常时立即更换或报废。

(3)高处作业时,选择的挂钩点应牢固可靠;若无固定挂处,应设置能供安全带钩挂的安全母索、安全栏杆等,禁止把安全带挂在移动、带尖锐棱角或不牢固的物体上。

(4)安全带不得擅自接长使用,使用3m及以上的长绳时应增设缓冲器(自锁钩用吊绳例外);安全带上的部件不得任意拆除。

13.2.3　救生衣

(1)水上作业或乘坐渡船时人员须穿戴救生衣,救生衣应符合《船用救生衣》(GB 4303—2008)相关规定(图13-6)。

(2)穿着泡沫类工作式救生衣前,应先检查浮力袋、领门带、腰带等是否完好可靠,救生衣若有损坏不得穿戴。

13.2.4　反光衣

隧道施工、夜间施工作业人员及路口交通指挥人员等须穿戴反光衣(图13-7)。

图13-6　救生衣

图13-7　反光衣

13.2.5 防护服

(1)焊接作业时,焊工宜穿着符合《防护服装 阻燃防护》(GB 8965—2009)要求的阻燃工作服(图13-8),电工宜穿着符合《防静电服》(GB 12014—2009)要求的防静电工作服(图13-9)。

图13-8 焊工工作服　　图13-9 防静电服

(2)防护工作服不得与有腐蚀性的物品放在一起,存放处应保持干燥通风。

(3)水下作业人员应穿着潜水服,以防潜水时体温散失过快(图13-10)。

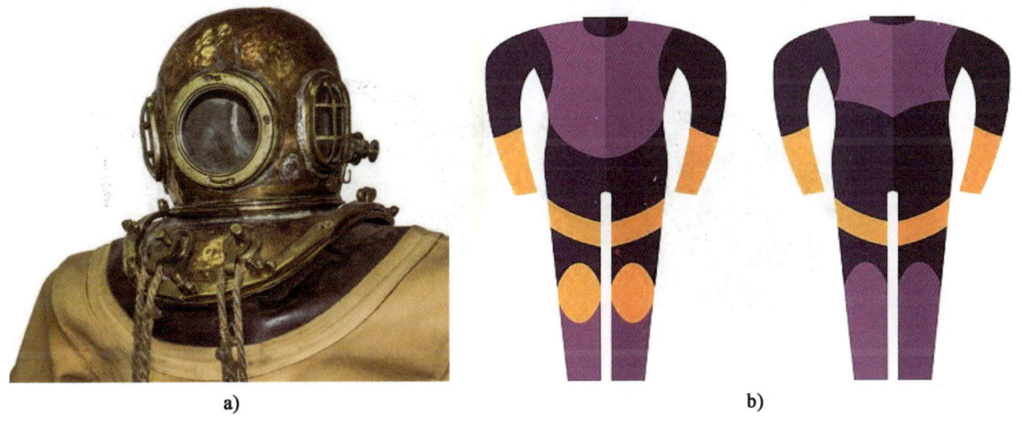

a)　　b)

图13-10 潜水服

13.2.6 防护鞋

(1)作业人员应正确穿戴防护鞋,电工、焊工须穿着符合《个体防护装备 职业鞋》(GB 21146—2017)要求的电绝缘鞋(图13-11)。

(2)高处作业人员作业时应穿着有防滑效果的防护鞋。

13.2.7 防护手套

(1)从事焊工作业及接触强酸、强碱材料的作业人员应佩戴防护手套,电工应佩戴绝缘手套(图13-12)。

(2)防水、耐酸碱手套使用前应仔细检查,不得破损;绝缘手套应定期检验电绝缘性能。

图 13-11　电绝缘鞋

图 13-12　绝缘手套

13.2.8　防护用具

(1)电焊作业人员须配备焊接防护面罩,气焊作业人员应配备焊接防护眼镜(图 13-13、图 13-14)。

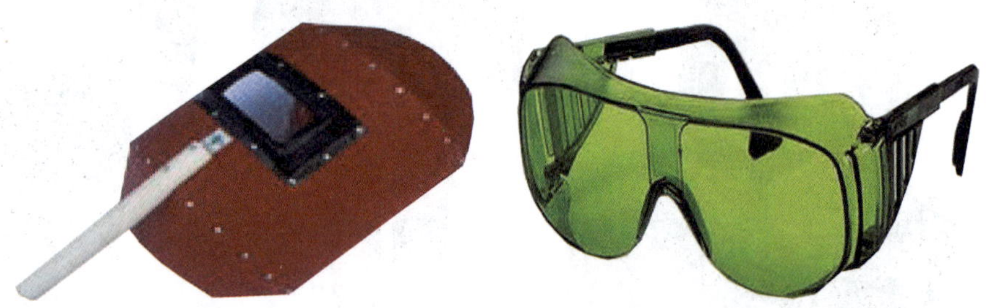

图 13-13　焊接防护面罩

图 13-14　焊接防护眼镜

(2)从事金属切割、混凝土、岩石打凿及装饰、打磨等作业的人员须佩戴护目镜(图 13-15)。

图 13-15　护目镜

(3)混凝土作业人员、沥青作业人员、隧道钻孔清渣作业人员须佩戴防尘口罩或防尘面罩(图 13-16、图 13-17)。

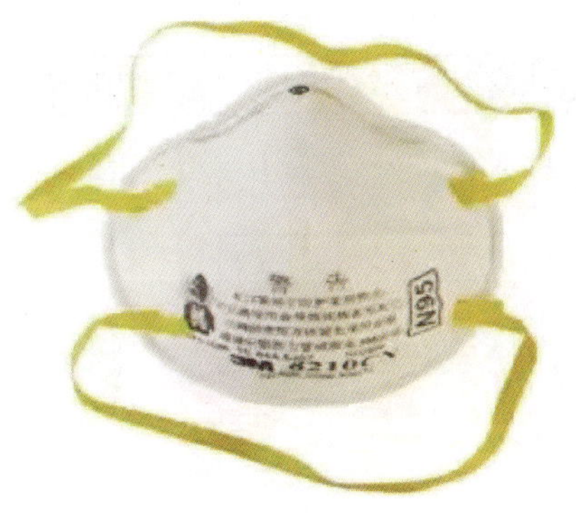

图 13-16 防尘口罩

图 13-17 防尘面罩

13.3 职 业 健 康

(1)公路工程施工中产生的常见职业病危害因素见表 13-2,危害因素安全标准值见表 13-3 ~ 表 13-5。

公路工程施工中产生的常见职业病危害因素　　表 13-2

序号	名　称	类　别	产生职业病危害因素的作业	可能导致的疾病
1	粉尘	矽尘	挖方工程、土方工程、地下工程、竖井和隧道掘进作业、爆破作业、碎石加工作业等	尘肺病
		电焊烟尘	电焊作业	
		水泥尘	水泥运输、储存和使用	
		其他粉尘	木材加工产生木尘;钢筋、铝合金切割产生金属尘等	
2	噪声	机械性噪声	凿岩机、钻孔机、打桩机、挖土机、推土机、自卸车、起重机、混凝土搅拌机等作业;混凝土破碎机、压路机、摊铺机等作业;混凝土振动棒、圆盘锯、金属切割机、切缝机等作业;构架、模板的装卸、安装、拆除、清理、修复以及建筑物拆除作业等	职业性噪声聋
		空气动力性噪声	通风机、鼓风机、空压机、发电机等作业;爆破作业;管道吹扫作业等	
3	高温	—	建筑施工活动多为露天作业,夏季受炎热气候影响较大,少数施工活动还存在热源(如沥青设备、焊接、预热等)	中暑
4	振动	局部振动	振动棒、凿岩机、风钻、电钻、电锯、砂轮磨光机等手动工具振动的作业	职业性手臂振动病;强烈的全身振动可导致内脏器官的损伤或位移,周围神经和血管功能的改变,腰椎损伤等
		全身振动	挖土机、推土机、平地机、摊铺机、打桩机等施工机械以及运输车辆作业	

续上表

序号	名称	类别	产生职业病危害因素的作业	可能导致的疾病
5	化学因素	氮氧化物、一氧化碳等有毒气体	爆破作业	化学中毒
		苯、甲苯、二甲苯、四氯化碳、汽油等有机蒸气，以及汞等金属毒物	油漆作业	
		苯、甲苯、二甲苯，以及汞等金属毒物	涂料作业	
		沥青烟等	路面敷设沥青作业	
		锰等金属化合物，氮氧化物、一氧化碳、臭氧等	电焊作业	
		硫化氢、甲烷、一氧化碳和缺氧状态	人工挖孔桩和隧道施工作业	
6	生物因素	致病细菌、病毒	所进食物被细菌或细菌毒素污染，或食物含有毒素；饮用水不合格	食物中毒
7	其他因素	紫外线	电焊作业	各类放射病（如放射性皮肤疾病、放射性白内障等）
		电离辐射	放射性花岗岩地段施工作业	
		高气压	潜水作业、沉箱作业、隧道作业等高压作业	减压病

工作场所空气中有毒有害物质的容许浓度（单位：mg/m^3）　　表 13-3

序号	名称	类别			最高容许浓度	时间加权平均容许浓度（8h）	短时间接触容许浓度（15min）
1	粉尘	水泥粉尘（含有 10% 以下游离 SiO_2）		总尘	—	4	6
				呼尘	—	1.5	2
		矽尘	含 10% ~50% 游离 SiO_2 的粉尘	总尘	—	1	2
			含 10% ~80% 游离 SiO_2 的粉尘		—	0.7	1.5
			含 80% 以上游离 SiO_2 的粉尘		—	0.5	1
			含 10% ~50% 游离 SiO_2 的粉尘	呼尘	—	0.7	1
			含 50% ~80% 游离 SiO_2 的粉尘		—	0.3	0.5
			含 80% 以上游离 SiO_2 的粉尘		—	0.2	0.3
		电焊烟尘		总尘	—	4	6
		其他粉尘		—	—	8	10

续上表

序号	名　称	类　别	最高容许浓度	时间加权平均容许浓度（8h）	短时间接触容许浓度（15min）
2	有毒物质	一氧化碳（非高原）	—	20	30
		二氧化碳	—	9000	18000
		一氧化氮	—	15	30
		二氧化氮	—	5	10
		二氧化硫	—	5	10
		硫化氢	10	—	—
		苯（皮）	—	6	10
		甲苯（皮）	—	50	100
		二甲苯	—	50	100
		四氯化碳（皮）	—	15	25
		臭氧	0.3	—	—
		溶剂汽油	—	300	450
		金属汞（蒸气）	—	0.02	0.04
		锰及其无机化合物（按 MnO_2 计）	—	0.15	0.45

注：1.“其他粉尘”指不含有石棉且游离 SiO_2 含量低于10%，不含有毒物质，尚未制订专项卫生标准的粉尘。

2.“总尘”指用直径为40mm 滤膜，按标准粉尘测定方法采样所得到的粉尘。

3.“呼尘”指按呼吸性粉尘标准测定方法所采集的可进入肺泡的粉尘粒子，其空气动力学直径均在7.07μm以下，空气动力学直径5μm 粉尘粒子的采样效率为50%。

工作场所噪声职业接触限值　　表13-4

接触时间	接触限值[dB(A)]	备　注
5d/w，=8h/d（每周5d，每天工作8h）	O类地区40～50	非稳态噪声计算8h等效声级
5d/w，≠8h/d（每周5d，每天工作时间不等于8h）	O类地区40～50	计算8h等效声级
≠5d/w（每周工作不是5d）	O类地区40～50	计算40h等效声级

工作场所紫外辐射职业接触限值　　表13-5

紫外光谱分类	8h职业接触限值	
	辐照度（$\mu W/cm^2$）	照射量（mJ/cm^2）
中波紫外线（280nm≤λ<315nm）	0.26	3.7
短波紫外线（100nm≤λ<280nm）	0.13	1.8
电焊弧光	0.24	3.5

（2）工作场所有害物质的测定应按《工作场所空气中有害物质监测的采样规范》（GBZ 159—2004）和《工作场所空气有毒物质测定（标准合订本）》（GBZ/T 160.1～160.81—

2004)要求执行;在无上述规定时,也可采用国内外公认的测定方法执行。

(3)施工单位应对现场作业健康环境进行辨识评估,对在职业危害工作场所的作业人员进行岗前告知,并设置风险告知牌,注明岗位名称、风险源名称、国家规定的最高允许浓度、监测结果、预防措施等。

(4)对可能造成职业危害的场所应限制工作时间,定期对工作场所存在的各种职业危害因素进行检测,检测结果须符合国家有关标准要求方可进行作业。

(5)粉尘作业施工场所应加强机械通风除尘,降低空气中的粉尘浓度,必要时采用雾化水进行降尘处理。当作业人员出现头晕、胸闷等不适反应,应及时撤离到通风良好、空气清新区域休息,用清水冲洗口、鼻,有条件的给予吸氧。

(6)作业人员进入噪声区域应佩戴耳塞,在噪声较大区域连续工作时,宜分批轮换作业。当作业人员出现噪声危害症状时,应迅速撤离至安静的地方休息;造成耳朵听力下降、身体不适等情况须到医院接受治疗。

(7)高温季节作业时,施工单位应配备必要的防暑降温药品、措施,合理安排作息时间。当有先兆或轻度中暑时,应将患者迅速移至阴凉通风处休息,服用清凉饮料、人丹等解暑药物;重度中暑者应及时送往医院抢救治疗。

(8)在隧道等通风不良的场所进行沥青摊铺作业,以及在易产生或存在一氧化碳、瓦斯、沼气等有害气体的场所作业时,应采用机械通风。当作业人员发生轻度中毒时,应迅速将患者移至通风、阴凉、干爽的地方,密切观察意识状态;发生中度、重度中毒者应及时送往医院抢救治疗。

(9)焊接操作人员应遵守安全操作规程,正确佩戴防护眼镜、面罩、口罩、手套等安全防护用品,尽量使用低尘低毒焊条或无锰焊条。

(10)在有辐射地段的隧道施工作业的人员应穿着成套防辐射工作服,并配备个人剂量计,保证其所受的射线计量每年不超过50mSv。若作业人员出现头晕、皮肤有红斑、瘙痒等症状时,应及时到医院治疗。

(11)从事潜水作业、沉箱作业、隧道作业等高压作业的人员应身体健康、经验丰富,水下作业人员须经过正规训练。当作业人员出现头痛、呼吸困难、皮肤刺痛、咳嗽、胸痛等症状时,应及时到医院治疗。

(12)施工单位不得安排有职业禁忌的劳动者、未成年工或者孕期、哺乳期女职工从事接触职业病危害的作业或者禁忌作业。

(13)高处作业人员的年龄和身体条件须符合如下要求:登高人员年龄宜控制在28~45周岁,男职工不宜超过50周岁,女职工不宜超过45周岁;作业人员均须体检合格后方可上岗;不准患有心脏病、高血压、贫血、恐高症等不适合高处作业的人员从事高处作业;对疲劳过度、精神不振和情绪低落人员要停止高处作业;严禁酒后登高作业。

(14)高处作业人员的着装要符合安全要求:必须佩戴和使用经检验合格的安全帽、安全带和安全绳等安全防护用具、用品,安全防护用具、用品破损或超过有效期的应及时进行更换。安全带在使用时要高挂低用,并挂牢固的结构件上,防止移位。不准赤脚或穿硬底鞋、拖鞋、高跟鞋等从事高处作业。

(15)高处作业人员必须经过三级安全教育、高处作业安全技术交底和岗前班组交底等工作，使其认识掌握高处坠落事故规律和事故危害，掌握高处作业安全知识和技能。

(16)在高处施工采取新材料、新工艺、新技术、新设备以及作业环境发生变化时，随时补充必要的、针对性的安全技术培训与交底。

(17)对高处施工作业现场可能坠落的物料，应及时拆除或采用固定措施。高处作业使用的物料应堆放平稳，不得妨碍通行和装卸。工具应随手放入工具袋，作业中的走道、通道板和登高用具，应随时清理干净；拆卸下的物料及余料和废料应及时清理运走，不得随意放置或向下丢弃。传递物料时不得抛掷。

(18)高处施工作业现场应根据要求将各类安全警示标志悬于施工现场各相应部位，夜间应设置警示灯。

(19)在雨、雾等天气进行高处作业时，应采取防滑和防雷措施；当遇到有 6 级及以上的强风、有雾等恶劣气候，不得进行高处作业；恶劣天气过后，应对高处作业安全设施进行检查，当发现松动、变形、损坏或脱落等现象时，应立即修理完善，维修合格后方可使用。

(20)高处临边作业必须沿临边连续设置上下两道固定牢固的防护栏杆，防护栏杆的高度不应低于 1.2m，立杆间距不得大于 2m，栏杆外挂密目安全网封闭。临边外侧下方是交通通道时，敞口立面必须满挂安全立网做全封闭处理，并设置限宽、限高、限速等安全警示标志和防撞设施，通道上部应架设安全棚。

(21)对需临时拆除或变动的安全防护设施，应采取可靠措施，作业后应立即恢复；高处作业操作平台应通过设计计算，并应编制专项方案，架体构造与材质应满足国家现行相关标准的规定，经验收合格后方可投入使用；操作平台应平整铺满并可靠固定，临边应设置防护栏杆，严禁超载、超负荷运行。

(22)单独设置的操作平台应设置供作业人员上下的安全通道，通道应搭设牢固并符合安全规定；移动式操作平台移动时，操作平台上不得上站人。

(23)从事井下、高空、高温、特别繁重体力劳动或其他有害身体健康的工作应按国家有关规定执行。

(24)施工单位需向监理单位提交登高作业人员的资格材料，见表 13-6，监理单位审批后，做好台账，方可准许登高作业。

(25)在工作中如发生其他职业危害，应参照国家及地方相关法律法规的规定进行预防。

登高作业人员资格表 表 13-6

序号	名　称	类　别	内　容	备　注
1	证件	姓名		
		性别	□男 / □女	
		年龄	□28 – 45 岁 □超过 45 岁(女) □超过 50 岁(男)	
		身份证号码		

续上表

序号	名　称	类　别	内　容	备　注
2	体检表	健康状况		
		患有心脏病、高血压、贫血、恐高症等不适合高处作业的疾病	□是／□否	
3	防护用具	安全帽、安全带和安全绳等产品检验合格证	□有／□无	
4	教育交底	三级安全教育	□是／□否	
		高处作业安全技术交底	□是／□否	
		岗前班组交底	□是／□否	
5	风险告知	对作业人员进行重大风险源书面告知	□是／□否	
6	会签栏	总监理工程师		监理单位
		安全专业监理工程师		
		项目经理		施工单位
		安全主任		
		安全员		

13.4　安全教育培训体验馆

设置安全教育培训体验馆，主要项目有安全、消防、灭火、登高及防坠落等教育培训（图 13-18、图 13-19）。

图 13-18　安全教育培训体验馆

a)

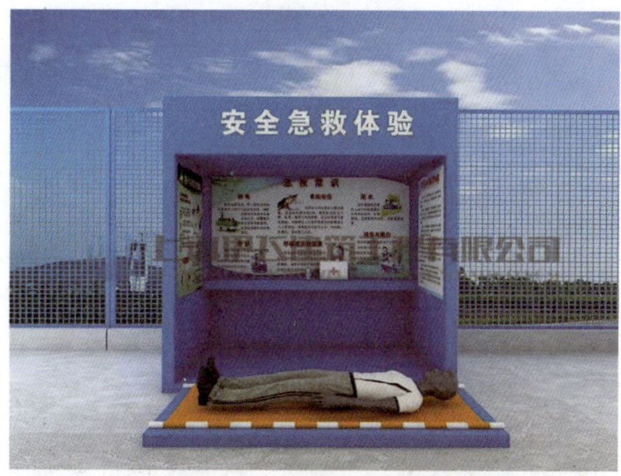

b)

c)

d)

图 13-19　安全教育培训基本项目

13.5　净化工程施工环境 6 个 100%

（1）施工围墙、外架 100% 全封闭（图 13-20）。

（2）出入口及车行道 100% 硬底化（图 13-21）。

图 13-20　施工围挡及外架 100% 全封闭

图 13-21　出入口及车行道 100% 硬底化

(3)出入口100%安装冲洗设施(图13-22)。

(4)易起尘作业面100%湿化施工(图13-23)。

图13-22 出入口100%安装冲洗设施

图13-23 易起尘作业面100%湿化施工

(5)裸露土及易起尘物料100%覆盖(图13-24)。

(6)出入口100%安装扬尘在线监测设备(TSP)(图13-25)。

做好安全净化环境的爱民工作。TSP:日均悬浮物规范二级标准:0.3mg/m^3、PM10:0.15mg/m^3、PM2.5:0.075mg/m^3。

a)　b)

图13-24 裸露土及易起尘物料100%覆盖

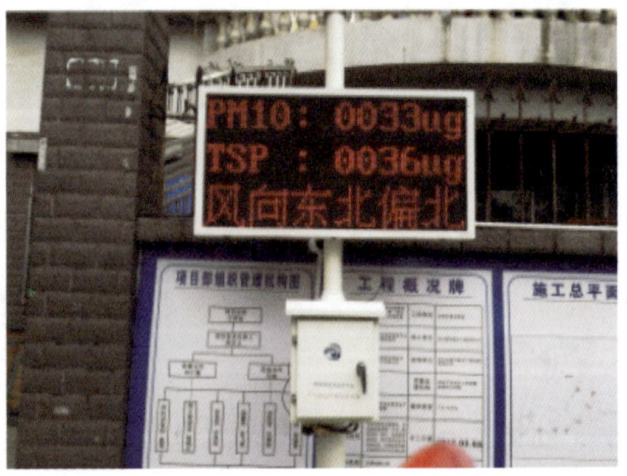

图13-25 出入口100%安装扬尘在线监测设备(TSP)

专业篇

第 14 章　地基、路基工程

14.1　一般规定

(1)路基工程应控制施工可能导致周边环境受到影响或发生不利事件的安全风险。建设单位组织的设计安全交底中应明确施工现场及毗邻区域内地下管线、地下工程、相邻建筑物和构筑物的有关资料，提供并保证资料真实、准确、完整，施工单位在开挖过程中应验证资料的真实性、准确性。

(2)施工单位应对工程影响范围内的周边环境进行全面核查，当实际状况与设计出入较大时，建设单位应组织设计、施工等单位补充完善工程措施。路基开工前，应在全面理解设计要求和设计交底的基础上，进行现场调查和核对。在详尽的现场调查后，应根据设计要求、合同、现场情况等，编制施工组织设计，并按管理规定审查报批。

(3)高边坡等工程应进行施工安全风险评估，编制相应的总体、专项风险评估报告，并组织专家评审。施工单位还应对危险性较大的滑坡处理和填、挖方路基工程编制专项施工方案，按照规模程度组织专家审查、论证[见《公路工程施工安全技术规范》(JTG F90—2015)附录A]。路基开工前必须建立健全的质量、环保、安全管理体系和质量检测体系，并对各类施工人员进行岗位培训和技术、安全交底。

(4)路基施工前应掌握影响范围内架空、地下埋设的各种管线情况并做好标识，并与管线产权单位对接沟通，方案报产权单位批准后，采取移出、保护或加固措施。

(5)岩溶地区施工前应根据洞穴的位置和分布情况，设置警示标志和防护设施。施工前应先疏导、引排对路基稳定有影响的岩溶水、地面水。深圳市龙岗区属岩溶地区，必须编制施工安全专项方案，按融入专家的建议和意见的方案进行施工。

(6)对路基沿线穿过的乡镇道路，道路两边进行围闭并设置交通警示标志。

(7)路基施工前应做好施工期临时排水总体规划和建设，临时排水设施应与永久性排水设施综合考虑，并与工程影响范围内的自然排水系统相协调。

(8)新建混凝土沥青路面及混凝土路面结构，面层以下的道路两侧有盲沟(不漏埋、不堵塞)、5%水泥稳定碎石、未筛分碎石、片石路基(大面朝下)等(图 14-1、图 14-2)。

(9)按国家施工、验收规范及省、市相关规定及行业标准进行施工，保证道路的路基安全稳定和及时安全排水畅通。

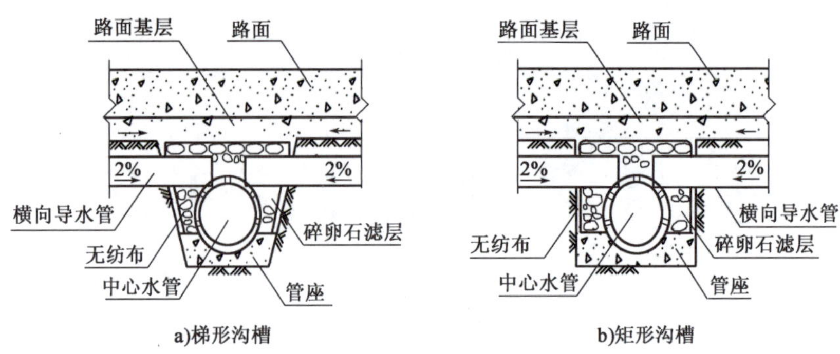

图 14-1　路基盲管

图 14-2　片石路基

14.2　安 全 要 点

(1)施工现场作业区应设置完善的警示标牌,作业期间必须有现场管理人员监护管理。人机配合土方作业,必须设专人指挥。机械作业时,配合作业人员严禁处在机械作业和走行范围内。配合人员在机械走行范围内作业时,机械必须停止作业。

(2)多台机械同时作业时,各机械(平地机、压路机等)之间应保持安全距离,前后间距应不小于 8m,左右间距应大于 2m。两台以上压路机同时作业前后间距不得小于 3m(图 14-3),坡道上纵队行驶时安全间距不得小于 20m。

图 14-3　多台压路机同时作业

(3)自卸式运输车辆必须按规定吨位装载,不得超载、超高;严禁车厢处于举升状态离场,翻斗内严禁载人;机械开挖作业时,必须避开构筑物、管线,在距离管道边 1m 范围内应采用人工开挖,在距直埋缆线 2m 范围内必须采用人工开挖。

(4)边缘地段上作业的机械应采取防止机械倾覆、边坡坍塌的安全措施。

(5)挖方施工中发现危险品及其他可疑物品时,应立即停止施工,按照规定报请有关部门处理。

(6)路堑开挖应采取保证边坡稳定的措施,开挖应分级开挖,边坡有防护要求的应开挖一级防护一级,且应自上而下开挖,不得掏底开挖、上下同时开挖、乱挖超挖。两台及以上挖掘机开挖、装运作业时,应有现场管理人员,防止抢装抢运,并保持通道畅通(图 14-4)。同时应做好坡顶、坡面监测,并采取临时排水措施,及时清除地表水和不稳定孤石。

(7)结构物台背回填区不宜采用重型压路机碾压。

(8)填挖交界处应保持施工通道平顺、畅通,确保行车安全(图 14-5)。

(9)路基土石方爆破按照本指南 8.1 要求执行。

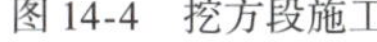

图 14-4　挖方段施工

图 14-5　填挖交界通道维护

14.3　安 全 设 施

砂桩、砾(碎)石桩、水泥搅拌桩、塑料排水板、水泥粉煤灰碎石(CFG)桩、静压管桩、旋喷桩、塑料套管桩等专项机械处理的软基路段施工,其工作垫层的厚度、压实必须满足设计要求,为软基处理施工机械提供一个平整、稳固的安全工作面,并满足以下要求:

(1)施工前对周围环境进行详细调查,查明施工区(高空、地面、地下)有无妨碍打桩的障碍物,对影响施工的因素采取必要的安全处理措施。

(2)现场入口边设置施工标识牌、明示安全要点,现场机械悬挂安全警示牌。现场临设、机具按批准的总平面布置图布设,工具、材料分规格堆放整齐,并进行分类标识。

(3)移动式电气机具设备应用橡胶电缆供电,并注意经常理顺电线。跨越道路时,应埋入地下或做穿管保护。必须由专业电工进行检修或操作。

(4)软地基、路基基础必须做好"平板荷载试验检测",检测报告存档备查。

14.4 路基、地基处理

14.4.1 一般规定

(1)加强现场机械设备和操作人员的管理,对机械设备常态化检查保养,进入现场的车辆必须服从统一指挥。

(2)机械设备必须张挂安全标志、现场安全生产警示牌。

(3)上下岗和交接班时,应先对设备进行检查保养并相互交底,做到心中有数。

(4)各种钢丝绳应定期检修调换,消除安全隐患。

(5)现场的操作人员及进入现场的人员必须戴好安全帽,高空作业必须系安全带,在现场不得穿硬底鞋、拖鞋,不得穿背心上岗,衣冠不整者不得进入工地。

(6)吊臂下不得站人,挂钩人员应注意钩、锤起落,夯锤吊起后地面操作人员应迅速撤离到安全距离以外,以防飞石伤人。强夯时,非操作人员严禁围观。

(7)测量锤顶高程或清理夯锤及气孔时,操作人员应注意吊钩甩把方向,以免发生意外,测量高程时,应待吊钩落稳后方可测量夯锤。

(8)吊机应铺垫平稳,操作人员应相互配合,如发现有异常,立即通知司机。

(9)所有生产人员均应互相配合,不得擅自离职,做好劳动保护,严禁带病上岗和疲劳上岗,严禁酒后上岗。

14.4.2 安全措施

(1)当强夯施工所产生的振动对邻近建筑物或设备会产生有害影响时,应设置监测点,并采取挖隔振沟或制订其他防振措施,严格执行。

(2)强夯前应对起重设备、所用索具、卡环、插销等进行全面检查,并进行试吊、试夯,检查各部位受力情况,一切正常,方可进行强夯。每天开机前,应检查起重机械各部位是否运转正常及钢丝绳有无磨损等情况,发现问题,应及时处理。

(3)对桅杆等强夯机具应经常检查是否平稳和地面有无沉陷,桅杆底部应垫 80 ~ 100mm 木板。

(4)起重机械停放应平稳,并对好夯点,方可进行强夯作业;起吊夯锤,吊索要保持垂直;起吊夯锤或挂钩不得碰撞吊臂,应在适当位置捆绑汽车废轮胎加以保护。

(5)夯锤起吊后,臂杆和夯锤下 25m 内严禁站人,且不得在起重臂旋转半径范围内通过。非工作人员应远离夯点 50m 以外,现场操作人员应戴安全帽。

(6)起吊夯锤速度不应太快,不能在高空停留过久,严禁猛升猛降,以防夯锤脱落;停止作业时,不得将夯锤挂在空中。

(7)夯击过程中应随时检查坑壁有无坍塌现象,必要时采取防护措施。

(8)为减少吊臂在夯锤下落时的晃动和反弹,应在起重机的前方用推土机或打桩拉缆风绳作地锚。

(9)强夯时应由专人统一指挥,起重机司机应熟悉信号。

(10)干燥天气进行强夯作业,在夯击点附近应洒水降尘;起重机应设钢丝网防护罩,操作司机应戴防护眼镜,以防落锤时溅起飞石、土块击碎驾驶室玻璃伤人。

14.4.3 安全参数(含路基强夯)

(1)采用履带式起重机作为强夯起重机,主夯夯锤采用铸钢夯锤,锤底面直径一般为2.2m,夯锤重11t,夯锤底面按照等边三角形布置3个与顶面贯通的排气孔,每个排气孔直径20cm。

(2)满夯击能采用100kN · m,落距10m。

(3)夯击方法:满夯。

(4)夯击次数:单点夯击次数一般设计为3击,夯击遍数暂定为2遍,可根据夯实资料调整夯击遍数。

一是最后两击的平均夯沉量不大于50mm,水准仪每击观测;

二是夯坑周围地面不应发生过大的隆起;

三是不因夯坑过深而发生提锤困难。

(5)夯点间距:夯点中心间距1.5m,正三角形布置(图14-6)。

(6)间隔时间:每两遍之间的间隔时间不少于5d。

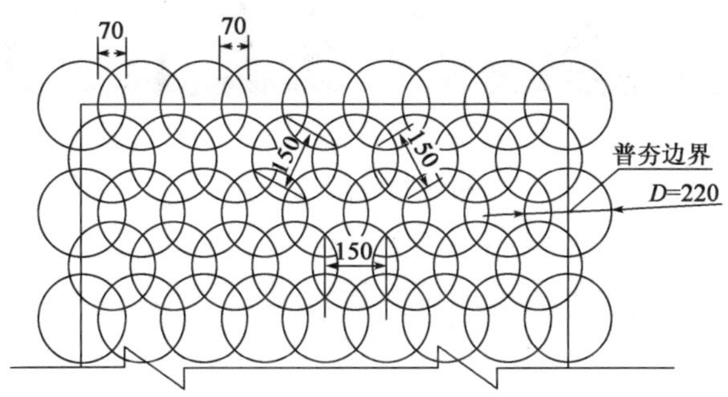

图14-6 夯点平面布置图(尺寸单位:cm)

14.4.4 安全要点

(1)场地清理:原地面清表0.3m,然后用推土机平整场地,按7m×7m方格网测量夯前地面高程。

(2)每一试验区选择相邻位置点布设一个勘探孔,用小螺钻在8m深度内,每隔0.5m取样,测定地基土的干密度、压缩模量、湿陷系数等。对夯前地基土采用标准贯入试验、静力触探、动力触探、载荷试验进行检测。

(3)利用全站仪准确测放第一遍夯点位置,误差不超过5cm,并用白灰定出安全夯点位置。

(4)夯机就位,使夯锤对准夯点,测量夯前锤顶高程。

(5)将夯锤起吊到预定高度,稍做停顿,使锤停止摆动。开启脱钩装置,待夯锤脱钩自由下落后,放下吊钩,测量锤顶高程,与落锤前锤顶高程比较,计算沉降量。若发现因坑底倾斜而造成夯锤歪斜时，及时用夯坑周围的土将坑底安全整平。

(6)重复第(5)步骤，当最后两击平均夯沉量不大于5cm时，即可收锤，安全完成一个夯点的夯击。

(7)夯机移位，换夯点，重复上述(4)～(6)步，直到完成第一遍全部夯点的夯击，用推土机将夯坑周围的土推至夯坑内将夯坑填平，按7m×7m方格网测量点夯后地面高程。

(8)在规定间隔时间后，按上述步骤逐次完成全部夯击遍数。

(9)采用接近于最佳含水率的粉质黏土，将场地填至夯前地面高程并用推土机推平后，用低能级安全满夯。满夯每点3击，强夯机组起吊、移动夯锤对准夯点(图14-7)；提升夯锤至预定高度，脱钩器自动脱开；夯锤呈自由落体状态夯击夯点土体，重复3击后停止该点夯击，准备施工下一夯点；按照四点中心搭夯一点，依次完成第一遍所有夯点的夯击(图14-8)。在规定间隔时间后，按上述步骤逐次安全完成全部夯击遍数。

图14-7　满夯施工

图14-8　点夯施工

(10)满夯完毕后，按7m×7m方格网测量满夯后地面高程。填筑接近于最佳含水率的粉质黏土，然后采用推土机初平，平地机精平，50t振动压路机分层碾压至夯前地面高程(图14-9、图14-10)，碾压后地基系数K_{30}≥60MPa/m。

图14-9　边线测设

图14-10　分层碾压

14.4.5　注意事项

(1)施工前，完成场地范围内的所有管线迁移，清除场地上空和地下障碍物，做好场地平整;夯点定位允许偏差 ±50mm,夯点设置明显标记和编号。夯击时,夯击点中心偏移小于 150mm。

(2)起重设备选用起重能力大于锤重 1.5~2.0 倍,带有自动脱钩装置的履带式起重机并满足提升高度的要求。施工中经常对夯锤、脱钩装置、起重机臂杆和起重索具等关键部件进行检查,发现问题及时采取安全有效措施。

(3)在夯实的土层内,当土的天然含水率低于 10% 时,对其增湿至接近最佳含水率;当土的天然含水率大于塑限含水率 +3% 以上时,采用晾干降低其含水率。

(4)开夯前检查夯锤重及落距,以确定单击夯击能量符合设计要求。

(5)强夯时土块、石子等飞击,现场人员必须戴安全帽,做好安全措施,画出影响范围,禁止闲杂人员进入。

(6)强夯机、水泥粉煤灰碎石桩(CFG)施工机械就位后应将机架摆放平整、稳定(图 14-11),并采取止动措施。

(7)强夯路段两侧 50m 以外设置警示牌,非工作人员严禁进入强夯区域(图 14-12)。强夯机操作室前应安装牢固的安全防护网,注意检查滑钩、钢丝绳等。机下施工人员应距离夯点 30m 外或站在夯机后方。

(8)强夯作业对临近居民区、既有建(构)筑物以及易受振动影响区域产生振动或损坏时,必须采取必要的减振措施加以防护。

图 14-11 CFG 桩施工(水泥粉煤灰碎石桩)

图 14-12 强夯施工现场警戒示意图

14.4.6 桩(旋喷、旋挖、静压力、真空预压、砂桩)

1)旋喷桩(图 4-13)

(1)一般规定

①全体人员必须认真遵守国家有关安全方面的政策、法令和规章制度。建立安全岗位责任制,逐级签订安全生产责任状,明确分工,责任到人。

②遵守高压旋喷桩施工安全操作规程和各项安全施工制度,并接受班前班后的安全检查。工班制订班前安全教育、技术培训制度,说明施工中应该注意的安全问题。

③现场施工人员必须戴好安全帽(靠近铁路既有线施工时禁止佩戴红色安全帽)和必要的劳动保护用品。员工着装应符合施工规定。

④施工现场主要出口、危险处和警戒区等处挂醒目的安全、防火标志提示牌。提醒每个人时刻注意安全。

⑤有安全隐患的工作场所，应配备齐全的安全防护用品；沾有易燃污渍的衣物不得继续使用。

⑥工人进场后，要由项目部、架子队安全负责人对其进行三级安全教育，定期开展安全教育培训，定期开展现场安全检查整治活动，重点检查电缆及保护装置设备传动系统等是否正常，发现隐患，限期整改。

⑦所有高压旋喷桩施工的人员都要接受安全教育和培训，合格后才能上岗。

⑧坚持执行施工前的安全技术交底，认真填写安全日记。

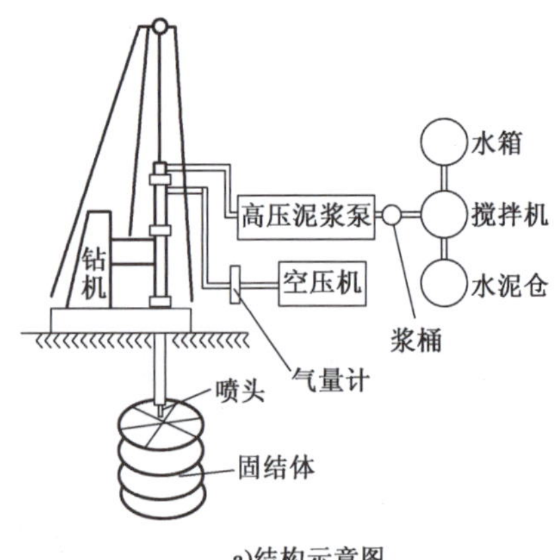

a)结构示意图

b)实物图

图 14-13　旋喷桩

(2)安全要点

①管理人员、值班当班安全员、防护员与现场管理人员对工地现场发生的问题应及时解决。如遇到重大的问题，应在第一时间按项目部规定进行上报处理。

②施工现场严禁嬉戏、打闹、酗酒等，严禁酒后上岗作业，违者立即清出现场，在既有线施工范围，严禁闲杂人员进入现场；特殊工种人员持证上岗，严禁无证上岗操作，防止机电事故和伤害他人事故的发生。

③现场电缆必须架空布设，落实“一机一闸一漏电保护器”及五线三相制等各项措施；电气、线路必须断电修理，并挂上警示牌。在保护措施不齐全的情况下，严禁人员处理场地的障碍物等。

④外露传动系统必须有防护罩，转盘万向轴必须有不准跨越的警示牌；车辆在场内掉头及进出现场必须有专人指挥。

⑤现场配备足够的消防器材，电气控制系统必须有防雨淋设施，并上锁保护。

⑥高压旋喷桩施工时现场合理设置排水沟，将废弃泥浆由排水沟排至指定位置，防止污染周边环境。同时，施工时应合理安排时间尽量避免夜间施工，减少噪声对附近居民的影响。

⑦所有电气设备的金属外壳必须具有良好的接地或接零保护。电工必须持证上岗。电工要经常对现场的电气线路和设备进行检查；施工现场供电线路的安装严格按标准做到规范化、条理化，不乱拖乱拉；遇有大风、大雨，应立即检查巡视，发现问题及时采取措施。

⑧加强施工用电管理，注意安全用电，避免发生漏电、触电事故。电源进线装好配电和触

电保护器,施工时应由电工专人负责。配电箱内漏电开关、插座、闸刀、保险等设备齐全完好。配线及设备排列整齐,压接牢固,操作面无带电体外露,总开关及各分路开关上端设熔断器。门锁齐全,有防雨措施。箱内应保持整洁,不准存放任何东西,箱周围应保持通道的畅通。

⑨机械要保持良好的性能,安全部件完整有效;钻机要停放整齐、有序,小型机械要停放在便于施工的指定地点,旋喷桩钻机摆放布局要合理,基础牢固,摆放平稳。桩机的支腿必须用方木垫稳,对软基必须先进行地基处理,达到要求再移动钻机作业,避免发生严重倾斜事故。

⑩施工前应根据设计文件对处理范围内(特别强调既有线施工地段)的管线进行调查核实和迁改,对没有迁改而施工中又可能对其造成影响的管线,必须注意加强施工防护。紧邻既有线的旋喷桩施工中,应加强观测和增设必要的临时防护措施以确保既有线的正常使用和安全。如果施工范围有电缆、光缆埋地经过,必须上报提前联系有关部门,在有关部门在场的前提下,开挖探沟弄清线路走向,制订合理的保护或迁改方案,在得到有关部门的同意后再施工作业。

⑪夜间施工作业要有足够的照明设施,保证夜间作业机械、人员的安全。禁止使用碘钨灯照明,使用符合要求的草地灯照明;钻机禁止悬挂红色警示灯,以免给来往司机造成误判,发生行车事故。

⑫操作人员必须精力集中,听从指挥,不得擅自离开工作岗位,当发现问题时,必须停止作业及时上报,等隐患处理后再施工。

⑬机械发生故障,先切断电源,再处理发生的故障;换班时应把钻机停在坚实平整的地面上或垫实的枕木上,切断电源,收好活动电缆、临时用电线,锁好电箱、料库。临近既有线施工必须有可靠的安全防范措施,如列车临近前1000m必须停止作业,作业人员要服从现场防护人员的安排。

⑭作业人员上下班或作业间隔时间内,不能在既有线上行走,或坐卧钢轨、枕木上休息,严禁击打过往列车,有轨道电路地段严禁使用撬棍等导电物品连接两轨道,以免造成行车事故;如靠近既有线或在既有线边坡上施工时,要有切实可行的安全措施,对既有线路安排防护人员值班监控,如发现路基、轨道有变化要立即停止施工,采取紧急措施,并向邻近相关单位值班员报告。施工时必须采取慢行,夜间禁止施工。

⑮制订应急制度,现场发现险情后立即落实抢险的人员、设备,抢险设备应及时调运至现场。

(3)文明施工

①作业人员必须戴好安全帽。

②临时工棚搭设及棚内物品摆放整齐,生活垃圾及时清理。

③工具分类存放、当日收工做到工完料净。

④严禁在工地用火焚烧建筑垃圾,以免引起火灾。

⑤临时用电要统一规范,落实"一机、一闸、一箱、一漏电保护器"制度,动力和照明分开,非专业人员禁止接线。

2)旋挖桩(图14-14)

(1)一般规定

旋挖桩钻机施工的灌注桩是一种较先进的施工方法,具有功率大、钻孔速度快、质优高效等优点。施工步骤主要控制如下：

①施工之前对场地进行平整，用枕木或者是型钢搭设工作平台。

②钢护筒设置，钢护筒的长度在2~6m，护筒内径应稍大于桩径，其护筒的顶面应设若干个溢浆口。

③泥浆制备的过程，首先是进行钻孔，然后采用膨润土、CMC及碱类配制合格的泥浆进行护壁、置换桩底沉渣。

④钻机就位之前，应对主要的器具和配套设备进行全面检查和维修；就位过程中严格地调整桅杆高度，确保钻头中心和钻孔中心对准。

⑤钻孔首先应该用低挡慢速钻进，确保钻孔内泥浆始终高于外部水位或者是地下的水位。要求泥浆的压力超过静水压力，进而在孔壁上形成一种能够保护孔壁防止坍塌的泥皮。

⑥随时观察钻杆垂直，当旋挖斗钻顺时针旋转钻进的时候，还要保证底板的切削板和筒体是对齐的状态，装满一斗之后，使得钻头逆时针旋转，拔出钻头进行卸土。

a)实物图

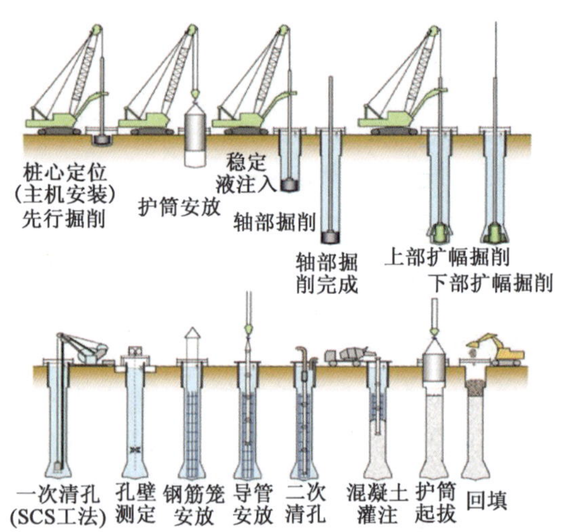

b)大直径旋挖扩径桩(OMR工法)施工流程图

图14-14　旋挖桩

(2)安全要点

①作业人员必须经过岗前培训，持证上岗，禁止酒后作业，非作业人员或项目无关人员一律禁止进入施工现场。

②作业人员进入现场必须正确佩戴好安全帽和其他安全防护用品。

③旋挖钻施工前，工程项目经理或技术负责人必须对施工机械作业班组进行安全技术书面交底，并定期进行校核。

④现场如有异常情况发生时，应立即停止施工并第一时间向现场管理人员或工程负责人报告，异常情况排除后方可继续作业。

⑤各作业人员必须遵守总包方的安全规章制度，做到不伤害自己，不伤害他人，不被他人伤害。

⑥各施工班组现场应设防火负责人，负责本班所在区域的防火工作，并要经常检查，督促本班组人员做好防火工作。

⑦施工区域内不准赤脚、赤膊，不准穿拖鞋、高跟鞋，高处作业不准穿破底鞋和带钉易滑鞋。

⑧现场对松散已坍塌底层，或有地下水分布，孔壁不稳定，必须采用合格的泥浆护壁钻进，向孔内投入护壁泥浆或稳定液进行护壁，以免造成坍孔事故。

⑨现场如需用到手持电动工具时，必须单独安装漏电保护器；防护罩必须安全有效；外壳必须有接地或接零；橡皮线严禁破损使用。

⑩焊工必须持证上岗，并且应配置绝缘手套、绝缘靴、防护服等。

⑪各类焊接用气瓶有明显的色标和防震圈，不准在露天曝晒；乙炔气瓶和氧气瓶距离必须大于5m；乙炔气瓶在使用时必须装回火防止器；皮管应用夹头固定。

⑫焊接储存过易燃、易爆、有毒物品的容器及管道，必须清扫干净，并将所有孔口打开。

⑬清除焊渣，采用电弧刨清除时，应戴防护眼镜或面罩，防止铁渣飞溅伤人。

⑭雷雨时，应停止露天焊接作业。

⑮施焊场地周围应把易燃易爆物品覆盖、隔离。

⑯钢筋笼加工及焊接作业应严格遵守操作规程，注意防护和避免触电事故。

(3)安全设施

①挖桩前应对现场环境进行调查，掌握地下管线位置、埋深和现况以及地下构筑物的位置，掌握现场周围建筑物、交通、地表排水等情况，以免影响挖桩施工。

②进场的施工设备必须具备检验合格证、质量安全合格证等相应证件。

③所有旋挖桩施工用电设备的用电负荷总值必须小于总配电柜所能承载的总值。

④现场机械设备必须要保证“一机、一闸、一箱、一漏电保护器”。

⑤作业前，必须整理好地面辅助作业机械的缆线，严禁成堆堆放和就地随意铺设，必要时，要进行架空处理。

⑥旋挖钻施工前，钻孔场地在旱地且施工期间地下水位在原地面以下大于1m时，应平整场地，清除杂物，更换软土，夯填密实。

⑦严禁擅自损坏、拆除、移动安全防护装置、警示牌、安全标志。

⑧钻机座不宜直接置于不坚实的填土上，以免产生不均匀沉陷。修通旱地位置便道，为施工机具、材料运送提供便利。

⑨钻孔场地在陡坡时，应挖成平坡。如有困难，可用排架或枕木塔设工作平台，机底枕木要填实，保证施工时机械不倾斜、不倾倒，以免发生倒塌事故。

⑩旋挖钻机每成孔一根桩，辅助人员必须立即用竹跳、竹胶板等将桩孔盖好，孔洞四周用钢管搭设防护栏杆，以保证安全可靠。

⑪施工现场基础施工区域必须拉上醒目的警示线、标语，严禁非工作人员进入施工现场。

⑫埋设钢护筒时，护筒内径比桩径大20cm，还需要满足孔内泥浆面的高度要求，在旱地或筑岛时还应高出施工地面20~30cm，护筒周围不宜站人，防止不慎跌入孔中。

⑬钻机就位前，应对钻孔各项准备工作进行检查。钻机安装后的底座和顶端应平稳，在钻进中不应产生位移或沉陷。就位完毕后，施工队伍应对钻机就位进行自检。

3）静压力桩（图 14-15）

静压力桩的施工安全要点如下所述。

①进入施工现场必须戴好安全帽，穿戴好防护用品。压桩机作业区内应无高压线路。作业区应有明显标志或围栏，非工作人员不得进入。压桩过程中，操作人员必须在距离桩中心5m 以外监视。

②特种作业人员必须持证上岗、人证相符，机组人员登高检查或维修时，必须系安全带；工具和其他物件应放在工具包内，高处作业人员不得向下随意抛物。

③压桩机安装地点应按要求进行先期处理、平整场地，地面应达到 35kPa 的平均地基承载力；安装时，应控制好两个纵向行走机构的安装间距，使底盘平台能正确对准；电源在导通时，应检查电源电压并使其保持在额定电压范围内。

④各液压管路连接时，不得将管路强行弯曲。安装过程中，应防止液压油过多流损。

⑤安装配重前，应对各紧固体进行检查，在紧固件未拧紧前不得进行配重安装；安装完毕后，应对整机进行试运转，对吊桩用的起重机应进行满载试吊。

⑥作业前应检查并确认各传动机构、齿轮箱、防护罩等情况良好，各部件连接牢固；作业前应检查并确认起重机起升、变幅机构正常，吊具、钢丝绳、制动器等良好；应检查并确认电缆表面无损伤，保护接地电阻符合规定，电源电压正常，旋转方向正确；应检查并确认润滑油、液压油的油位符合规定，液压系统无泄漏，液压缸动作灵活。

⑦工作平台应有防滑措施；压桩作业时，应有统一指挥，压桩人员和吊桩人员应密切联系，相互配合；在压桩机的电动机尚未正常运行前，不得进行压桩。

⑧起重机吊桩进入夹持机构进行接桩或插桩作业中，应确认在压桩开始前吊钩已安全脱离桩体。

⑨按桩时，上一节应提升 350 ~ 400mm，此时，不得松开夹持板；压桩时，应按桩机技术性能表作业，不得超载运行。操作时动作不应过猛，避免冲击。顶升压桩机时，四个顶升缸应两个一组交替动作，每次行程不得超过 100mm。当单个顶升缸动作时，行程不得超过 50mm。

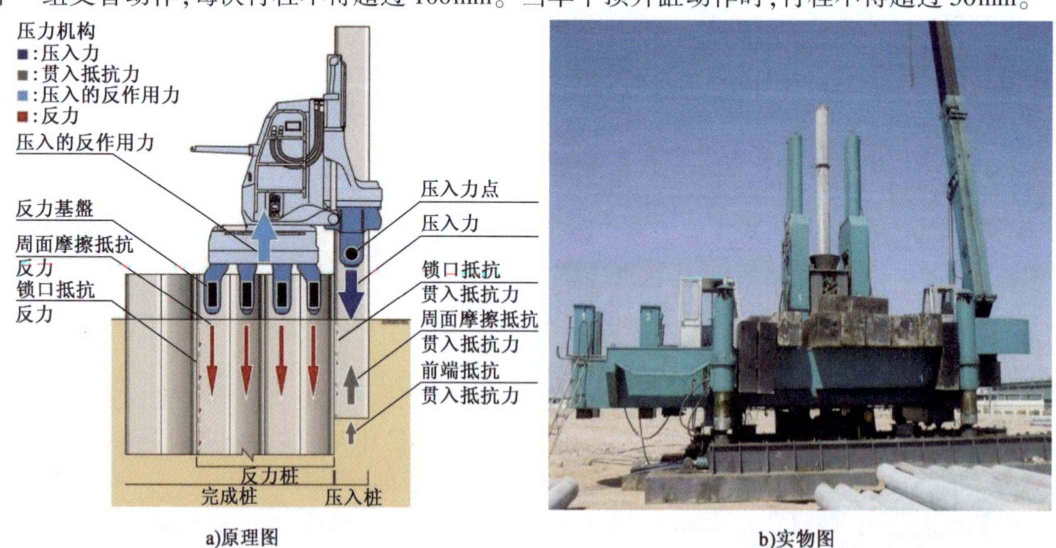

a)原理图　　b)实物图

图 14-15　静压力桩

⑩压桩时，非工作人员应离机 10m 以外。起重机的起重臂下严禁站人；压桩过程中，应保持桩的垂直度，如遇地下障碍物使桩产生倾斜时，不得采用压桩机行走的方法强行纠正，应先将桩拔起，待地下障碍物清除后，重新插桩。

⑪当桩在压入过程中，夹持机构与桩侧出现打滑时，不得随意提高液压缸压力、强行操作，而应找出打滑原因，排除故障后，方可继续进行；当桩的贯入阻力太大，使桩不能压至高程时，不得任意增加配重。应保护液压元件和构件不受损坏；当桩顶不能最后压到设计高程时，应将桩顶部分凿去，不得用桩机行走的方式，将桩强行推断；当压桩引起周围土体隆起，影响桩机行走时，应将桩机前进方向隆起的土铲平，不得强行通过。

⑫压桩机行走时，水平坡度不得超过 5°。纵向行走时，不得单向操作一个手柄，应两个手柄一起动作；压桩机在顶升过程中，轨道不应压在已入土的单一桩顶上；严禁吊桩、吊锤、回转或行走等动作同时进行。打桩机在吊有桩和锤的情况下，操作人员不得离开岗位。

⑬遇有雷雨、有雾和 6 级及以上大风等恶劣气候时，应停止一切作业。当风力超过 9 级或有风暴警报时，应将打桩机顺风向停置，并应增加缆风绳，或将桩立柱放倒地面上。立柱长度在 25m 及以上时，应提前放倒。

⑭作业完毕应运行至中间位置，停放在平整地面上，其余液压缸应全部回程缩进，起重机吊钩应升至最上部，并应使各部制动生效，最后应将外露活塞杆擦干净；作业后，应将控制器放在“零位”，并依次切断各部电源，锁闭门窗，冬季应放尽各部积水。

⑮电焊机必须有可靠的防雨措施；有良好的接地或接零保护；一、二次线接线处应有齐全的防护罩；配线不许乱搭、乱拉，焊把绝缘良好。

4）真空预压桩（图 14-16）

（1）一般规定

①用电必须由专业电工进行操作，注意用电安全，不得私接、乱接。

②施工的电力线路按三相五线接入，在线路的接头处做绝缘处理，用绝缘杆架离地面 1.2m 高，严禁电力线在水里浸泡。

③进入施工现场必须戴安全帽，上班期间严禁酗酒。

④严格遵守操作规程，特种作业人员必须持证上岗，严禁违章指挥和违章操作。

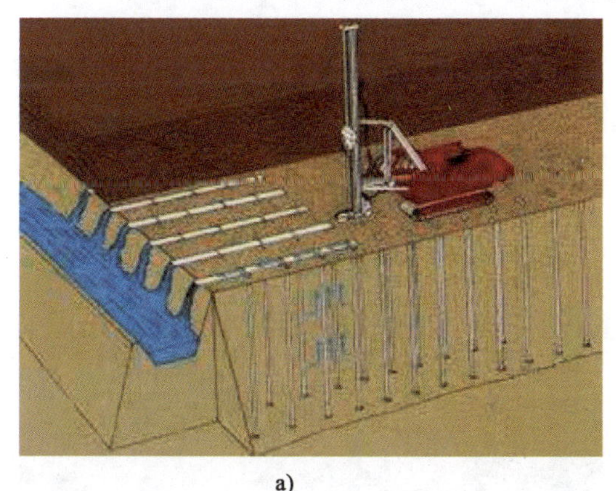

a)

b)

图 14-16 真空预压桩

⑤对真空设备、电气设备、发电机,要经常检查注意保养,保证运转正常,遇有异常或损坏,及时维修或更换以防漏电,维修时必须切断电源。

(2)安全要点

①施工过程中,注意各类用电设备设施的防雨保护。

②夜间施工要有足够的照明,达到标准的照度。

③服从施工员的指挥,认真履行值班职责,保证质量,确保安全。

④各个施工点要配备竹竿棕绳,警示作业人员,以防作业人员陷入淤泥中。

⑤工人在施工时应注意脚下,避免跌入水中发生溺水事故。

⑥实行“三不伤害”原则,即“不伤害自己、不伤害他人、不被他人伤害”。

⑦值班室内通风良好,经常开窗通风,电源线、电灯、插头要符合安全标准,如有损坏应立即提出申请更换,不允许使用电褥子、“热的快”。

⑧值班室内严禁私接电源插座或使用大容量电器,安全部门定期检查监督。

⑨严禁非施工人员进入施工现场。

5)砂桩(图14-17、图14-18)

(1)一般要求

①进入施工现场人员必须佩戴安全帽,施工操作人员应穿戴好必要的劳动防护用品。

②电气设备的电源,应按有关规定架设安装;电气设备均须有良好的接地接零,接地电阻不大于4Ω,并装有可靠的触电保护装置。

③严禁在高低压架空电线下方冲、移动桩机,钻杆时必须保持与高压电线的安全距离。

④配电箱以及其他供电设备不得置于水中或者泥浆中,电线接头要牢固,并且要绝缘,输电线路必须设有漏电开关。

⑤在施工全过程中,应严格执行有关机械的安全操作规程,由专人操作并加强机械维修保养,经相关部门考核合格后,持证上岗。

⑥材料运输车进、出场必须打开转向灯,入场后倒车必须设专人指挥;起重机及桩机施工前必须进行机械安全检查。

⑦遇大雨、有雾和6级及以上大风,应停止作业,且将机架放倒在地面上。暴风雨后,必须进行一次全面检查,发现问题,及时处理。

图14-17　砂桩机机头

图14-18　砂桩机

⑧如若需要夜间施工,各个施工通道必须有标志且有照明设备,以防施工人员跌倒。

(2)安全要点

①桩机在转产行走时,对陡坡等道路进行观察,必要时采取加固措施防止钻机碰撞结构物翻车等事故发生。

②桩机就位后,应有专人指挥对机底枕木填实,保证施工时机械不倾斜、不倾倒,同时对钻机及配套设施进行全面安全检查;钻机安设牢固后,对钻架加设斜撑及揽风绳。钻机上应安装避雷设施。

③冲孔前要检查各传动箱润滑油是否足量,各连接处是否牢固,卷扬机是否正常,确认各部件性能良好后,才开始作业。

④冲孔前要检查钢丝绳有无断丝、腐蚀、生锈等,断丝超过10%应报废。检查钢丝绳锁扣是否牢固,螺母是否松动。

⑤冲孔时应对准桩位,钻头接触地面,再开动动力头进行振动,不得晃动钻杆;操作人员爬上臂杆上面保养时,要注意脚不要粘土,以免打滑摔下来。

⑥冲孔施工过程中,非施工人员不得进入施工现场,冲孔施工人员距离钻机不得太近,防止机械伤人。

⑦操作期间,操作人员不得擅自离开工作岗位或做其他的事;成孔过程中,如遇机架摇晃、移动、偏斜或钻头内发出有节奏的响声时,应立即停钻,查明原因并处理后,方可继续施工。

⑧桩机冲孔时紧密监视钻进情况,观察孔内有无异常情况、钻架是否倾斜、各连接部位是否松动、是否有塌孔征兆,有情况立即纠正。

⑨桩机移位时,要先切断电源后才能移动桩机。移动期间要有专人指挥和专人看管电缆线以防桩机压坏电缆;如遇卡钻时,应立即切断电源,停止下钻,未查明原因排除故障前,不准强行启动。

(3)安全技术

①测放桩位,移动桩机就位;将沉管中心对准桩位,对位误差不大于50mm;对位后校正沉管和桩机桅杆的垂直度,以保证成桩的垂直度不大于1.5%。

②沉管时应先静压沉管至一定深度,确定沉管未发生偏移后方可启动振动锤正常下沉;打至设计深度后停机投料,直至装满为止。

③进行数次反插直至桩管内的砂料全部投出后,提升桩管,直至完成设计投料量,将料全部投出。

④启动振动锤拔管,边振动边上拔,并进行数次反插,至管内砂料全部投出,反插深度应小于柱管长度的一半。

⑤提升桩管高于地面,停止振动,进行孔口投料(第三次投料)直至地表。

⑥启动振动锤反插,并及时进行孔口补料至该桩设计砂桩用砂量全部投完为止,孔口加压至前机架抬起,完成一根桩的施工。

⑦移动桩架至另一个孔位,重复以上作业。

⑧如果砂料下料不畅,或不下料时可采用空压机送风或注水使砂料排出套管。

⑨砂桩施工宜采取先施工外围桩后施工中间桩的顺序,确保砂桩的挤密效果达到设计

要求。

⑩测放桩位由项目测量员测放好轴线，经项目技术负责复核无误后，方可进行下步施工。确保桩位测放准确，测放好的桩位应做好明显的标记。

⑪为方便观察和记录沉管深度、拔管高度及反插深度，应在沉管上以米为单位做好长度标记。

⑫桩机就位后，沉管中心应对准桩位，对位误差不大于50mm。对位后应校正沉管和桩机挺杆垂直度，以保证成桩的垂直度。

⑬砂料的灌注量应不小于设计要求，沉管反插次数必须符合施工规范的要求。

⑭施工过程中应及时清除桩管带出的泥土，孔口泥土不得掉入孔内。

⑮施工过程中应及时、准确地记录各项原始参数：制柱的起止时间、每次砂灌入量、反插次数及插入深度等。同时，每打一根桩，应在图上做好标记，以免漏打或重打。

⑯施工过程中如发现土层有较大变化，投料量或沉桩速度异常应立即停工，并报告项目技术主管进行处理。

(4)安全用电

①作业人员进入施工现场必须戴好安全帽，电工作业时必须穿绝缘鞋，电焊工作业时必须佩戴防护眼镜。

②施工主线应用“三相五线制”，并做到“一机、一闸、一箱、一漏电保护器”，所有机械电气设备均要有效保护接地或接零。

③现场线路必须按规定摆设整齐，不准在地面上乱拖，以防碾压，埋设地下时树立标志，接头处按标准包扎后必须架空或设接头箱，并有防水措施，桩架及底盘上所有电线严禁有接头。

④配电箱须安漏电保护开关，离地面高度不小于1.2m，箱前0.8m不准堆场，应有防雨措施，并装门加锁。

⑤移动机架严禁碰触高低压电线，不得在高低压电线下冲孔等施工作业；电源线路、电箱接线正确，绝缘可靠，接地牢固，触电保护器灵敏有效，电源容量和导线截面符合桩机说明书和安全用电规范的要求。

⑥机架上电箱电气完好，电动机接地不少于两处，接保护零线牢固可靠，触电保护器动作灵敏。不准带负荷启动电动机，严禁用脚代手进行操作。

⑦在高压线下严禁施工，桩架边缘与高压线的最少安全水平允许施工距离：10kV以下为6m，10～35kV为8m，施工时并采取相应的防护措施。

⑧电工接线时不能带电操作，拆修时应在合闸处挂上“严禁合闸”的警告牌，并派专人看管。

14.5 高 边 坡

14.5.1 一般规定

(1)高边坡防护作业及挡墙施工应设警戒区，并应设置明显的警示标志；边坡防护作业，必须搭设牢固的脚手架;脚手架必须落稳,严禁采用支挑悬空脚手架。

(2)作业的机械设备布置在安全地段,每次使用前进行安全检查,满足安全要求后方可使用。

图 14-19 喷混植生施工悬挂边坡吊绳

(3)喷混植生作业应满足高空悬挂施工安全要求:

①使用吊绳(操作绳)规格不低于 18mm/24000N,吊绳顶端锚固牢靠;吊绳靠沿口处应加垫软物,防止因磨损而断绳,绳子下端一定要接触地面,放绳人也应系临时安全绳(图 14-19)。

②悬挂作业操作人员应无高血压、心脏病等不适宜高处作业症状,并能正确熟练地使用保险带和安全绳。

③每天作业前,必须检查相关的安全绳、安全带、悬挂装置及其平衡机构,确认完好才能进行作业,严禁超载或带故障使用任何器具。

(4)挡土墙、护面墙及锚固工程高度超过 2m 作业应设置脚手架(图 14-20),并应符合本指南相关要求。操作平台外侧必须按规范搭设防护栏杆,拆除脚手架时,严格按照拟定拆除次序拆除。

(5)高处运送材料宜使用专用提升设备(图 14-21),并遵守安全操作规定;避免上下交叉重叠作业,无法避免时,必须上下错开一定的安全距离,上层作业区边缘增加挡渣板等防护设施;不得自上而下顺坡卸落、抛掷砌筑材料或工具。

图 14-20 边坡锚固工程挂脚手架

图 14-21 边坡支挡物料提升机

(6)高边坡工程作业应设置专职安全员(监护),随时检查岩面松动石块、支架松动等安全隐患,发现问题及时解决。

(7)锚杆(索)造孔采用风动钻进时,应采取必要的除尘措施;灌注浆液作业,安装压力表和安全阀,使用过程中如发现破损或失灵时,立即更换;不得在喷头和注浆管前方站人。

(8)锚索(杆)张拉作业应设警戒区,操作平台应稳固,张拉设备应安装牢固,张拉过程中操作人员不得离岗,千斤顶后方不得站人。

(9)抗滑桩施工作业前,应当编制专项施工方案。

①施工单位应当落实专职安全管理人员对滑动面、滑坡体进行检测,明确警戒范围,设置

警示标志。

②人工挖孔抗滑桩开挖采取跳挖,不得同时开展施工。

(10)高边坡选择高标准的设计,精心组织专业队伍安全施工,既保证市民的出行安全,也是美化城市环境的重要举措之一,按融入专家评审的建议和意见进行施工(图 14-22)。

图 14-22　美观后的高边坡

14.5.2 高边坡支护

(1)边坡支护工程中使用天然和人造纤维吊索、吊带时,应符合下列要求:

①使用中受力时,严禁超过材料使用说明书规定的允许拉力。

②纤维吊索、吊带应由有资质的企业生产,具有合格证。

③用纤维吊索捆绑刚性物体时,应用柔性物衬垫。

④各类纤维吊索、吊带应与使用环境相适应,禁止与使用说明书中所规定的不可接触的物质相接触,防止受环境腐蚀。天然纤维不得接触酸、碱等腐蚀介质;人造纤维不得接触有机溶剂,聚酰胺纤维不得接触酸性溶液或气体,聚酯纤维不得接触碱性溶液。

⑤纤维吊索、吊带不得在地面拖拽摩擦,其表面不得沾污泥砂等锐利颗粒杂物。

⑥使用中,纤维吊索软索眼两绳间夹角不得超过 30°,吊带软索眼连接处夹角不得超过 20°。

⑦吊索和吊带受腐蚀性介质污染后,应及时用清水冲洗;潮湿后不得加热烘干,只能在自然循环空气中晾干。

⑧纤维制品吊索应存放在远离热源、通风干燥、无腐蚀性化学物品场所。

⑨使用潮湿聚酰胺纤维绳吊索、吊带时,其极限工作载荷应减少 15%。

⑩人造纤维吊索、吊带的材质应是聚酰胺、聚酯、聚丙烯;大麻、椰子皮纤维不得制作吊索;直径小于 16mm 细绳不得用作吊索;直径大于 48mm 粗绳不宜用作吊索。

⑪当纤维吊索出现下列情况之一时,应报废:

绳被切割、断股、严重擦伤、绳股松散或局部破裂;绳表面纤维严重磨损,局部绳径变细或任一绳股磨损达原绳股 1/3,绳索捻距增大;绳索内部绳股间出现破断,有残存碎纤维或纤维颗粒;纤维出现软化或老化,表面粗糙纤维极易剥落,弹性变小、强度减弱;严重折弯或扭曲;绳索发霉变质、酸碱烧伤、热熔化或烧焦;绳索表面过多点状疏松、腐蚀;插接处破损、绳股拉出、索眼损坏;已报废的绳索严禁修补重新使用。

⑫当吊带出现下列情况之一时,应报废:织带(含保护套)严重磨损、穿孔、切口、撕断;承载接缝绽开、缝线磨断;吊带纤维软化、老化、弹性变小、强度减弱;纤维表面粗糙易剥落;吊带出现死结;吊带表面有过多的点状疏松、腐蚀、酸碱烧损以及热熔化或烧焦;带有红色警戒线吊带的警戒线裸露。

⑬纤维绳穿过滑轮使用时,轮槽宽度不得小于绳径。

⑭纤维绳索、吊带不得在产品使用说明书所规定温度以外环境使用,且不得在有热源、焊接作业场所使用。

(2)采用斜道运输应符合下列要求:

①支、拆斜道必须由持证上岗的架子工操作;使用前,必须检查验收,确认合格方可进行施工。

②防护栏杆的材料、固定方式、搭设方法等要符合安全规定。

③斜道应坚实、直顺,不宜设弯道;斜道宽度应较运输车辆宽1m以上,坡度不宜陡于1:6。

④斜道临边必须设防护栏杆,进出口处的栏杆不得伸出栏柱。

⑤施工前,应根据运输车辆的种类、宽度、载重和现场环境状况,对斜道结构进行施工设计,其强度、刚度、稳定性应满足各施工阶段荷载的要求。

⑥施工中应经常检查,确认安全;发现隐患必须立即处理,确认合格。

(3)在城区、居民区、乡镇、村庄、机关、学校、企业、事业单位及其附近施工时,应集中、快速和倒段施工,减少外露沟槽的时间,保障行人安全。

(4)高处作业必须搭设作业平台,并符合下列要求:

①脚手架宽度应满足施工安全的要求;在平台宽度范围必须铺满、铺稳脚手板。

②搭设、拆除脚手架应符合脚手架施工安全技术交底的具体要求。

③防护栏杆的底部必须设置牢固的、高度不低于18cm的挡脚板;挡脚板下的空隙不得大于1cm;挡脚板上有孔眼时,孔径不得大于2.5cm。

④防护栏杆应由上、下两道栏杆和栏杆柱组成,下杆离地高度应为1.2m,上杆离地高度应为50~60cm。栏杆柱间距应经计算确定,且不得大于2m。

⑤栏杆的整体构造和栏杆柱的固定,应使防护栏杆的任意部位能承受任何方向的1kN外力。

⑥在路堑、沟槽边缘固定栏杆柱时,可采用钢管并锤击沉入地下不小于50cm深;钢管离路堑、沟槽边沿的距离,不得小于50cm。

⑦上下平台应设安全梯等设施供作业人员之用;作业中应随时检查,确认安全。

⑧在混凝土结构上固定栏杆柱时,采用钢质材料时可用预埋件与钢管或钢筋焊牢;采用木栏杆时可在预埋件上焊接30cm长的L50m×5m角钢,其上、下各设一孔,以直径10mm螺栓与木杆件拴牢。

⑨在砌体上固定栏杆柱时,可预先砌入规格相适应的设预埋件的预制块,并按要求进行固定。

⑩木质栏杆上杆梢径不得小于7cm,下杆梢径不得小于6cm,栏杆柱梢径不得小于7.5cm,

并以不小于12号的镀锌钢丝绑扎牢固,绑丝头应顺平向下;钢筋横杆上杆直径不得小于16mm,下杆直径不得小于14mm,栏杆柱直径不得小于18mm,采用焊接或镀锌钢丝绑扎牢固,绑丝头应顺平向下;钢管横杆、栏杆柱均应采用直径48mm×3.5mm的管材,用扣件固定或焊接牢固。

(5)作业中使用金属吊索具应符合下列要求:

①严禁在吊钩上焊补、打孔;吊钩表面应光洁,无剥裂、锐角、毛刺、裂纹等。

②编插钢丝绳索具宜用6×37mm的钢丝绳,编绳段的长度不得小于钢丝绳直径的20倍,且不得小于300mm,编插钢丝绳的强度应按原钢丝绳破断拉力的70%计。

③严禁卡环侧向受力,起吊时封闭锁必须拧紧;不得使用有裂纹、变形的卡环;严禁用补焊方法修复卡环。

④吊索具应由有资质的生产企业生产,具有合格证,并经试吊,确认合格。

⑤钢丝绳切断时,应在切断的两端采取防止松散的措施。

⑥钢丝绳结构形式、规格和强度应符合说明书的规定,用于吊挂和捆绑时,安全系数不得小于6;用于卷扬机时,其安全系数不得小于5。

⑦出现下列情况之一时,应报废:危险断面磨损达原尺寸的10%;开口度比原尺寸增加15%;扭转变形超过10°;危险断面或吊钩颈部产生塑性变形;板钩衬套磨损达原尺寸的50%,其心轴磨损达原尺寸的5%时,应分别报废。

⑧钢丝绳使用完毕,应及时清理干净、加油润滑、理顺盘好,放至库房妥善保管。

(6)进入基坑、沟槽和在边坡上施工应检查边坡土壁稳定状况,设攀登设施,确认安全,在施工过程中应随时检查,确认安全;施工现场应划定作业区,非作业人员不得入内。

(7)使用三脚架、倒链吊装应符合下列要求:

①倒链安装应牢固,使用前应检查吊架、吊钩、链条、轮轴、链盘等部件,确认完好。

②倒链使用完毕,应拆卸清洗干净,注加润滑油,组装完好,放至库房妥善保管,保持链条不锈蚀。

③拉动链条必须一人操作,严禁两人以上猛拉;作业时应均匀缓进,并与链轮方向一致,不得斜向拽动;严禁人员站在倒链的正下方。

④人工移动三脚架时,应先卸除倒链;移动时,必须由作业组长指挥,每支脚必须设人控制,移动应平稳、步调一致。

⑤作业中应经常检查棘爪、棘爪弹簧和齿轮状况,确认制动有效;齿轮应经常加油润滑。

⑥吊物需在空间暂时停留时,必须将小链拴系在大链上。

⑦使用的链葫芦外壳应有额定吨位标记,严禁超载。

⑧使用时,应先松链条、挂牢起吊物、缓慢拉动牵引链条;起重链条受力后,应检查齿轮啮合和自锁装置的工作状况,确认合格后,方可继续起吊作业。

⑨吊装过程中,吊物下方严禁有人。

⑩三脚架应置于坚实的地基上,支垫稳固;底脚宜呈等边三角形,支腿应用横杆件连成整体,底脚处应加设木垫板。

⑪三脚架的支腿应根据被吊装物的质量进行受力计算确定;三支腿顶部连接点必须牢固。

⑫暂停作业时应将倒链降至地面或平台等安全处。

(8)用起重机吊运构件、混凝土、模板等符合下列要求：

①操作工和吊装指挥人员必须经安全技术培训,考试合格,持证上岗。

②起重机作业场地应坚实、平整,场地松软时必须加固,并确认合格;在临近沟槽、基坑边作业时,应根据土质、槽(坑)深、槽(坑)壁支护结构情况、起重机械及其吊装构件等质量和环境状况,确定安全距离,且不得小于1.5m。

③严禁起重机在电力架空线下方作业,需在线路一侧作业时,机械(含吊物、载物)与电力架空线路的最小距离必须符合要求。

④吊装作业应设信号工指挥;作业前,指挥人员必须检查吊索具、周围环境状况,确认安全。

⑤起吊较大的构件、模板等吊物应拴系拉绳。

⑥作业前,应了解周围环境、行驶道路、架空线路、建(构)筑物和被吊物质量与形状等情况,掌握吊装要点。

(9)使用汽车、机动翻斗车应符合运输机械相关安全技术交底具体要求;使用手推车应符合下列要求：

①运输杆件材料时,应捆绑牢固。

②装土等散状材料时,车应设挡板,运输中不得遗洒。

③卸土等散状材料时,应待车辆挡板打开后,方可扬把卸料,严禁撒把。

④在坡道上运输应缓慢行驶,控制速度,下坡前方不得有人。

⑤路堑、沟槽边卸料时,距堑、槽边缘不得小于1m,车轮应挡掩牢固,槽下不得有人。

14.5.3　高边坡支护钢筋工程

斜坡钢筋安装如图14-23、图14-24所示。

图14-23　层高大于2m以上钢筋安装斜坡钢筋

图14-24　系安全带斜坡钢筋安装

(1)人工搬运钢筋时,作业人员应相互呼应,动作协调;搬运过程中,应随时观察周围环境和架空物状况,确认环境安全;作业中应按指定地点卸料、堆放,码放整齐,不得乱扔、乱堆放;上下传递钢筋时,作业人员必须精神集中、站位安全,上下方人员不得站在同一竖直位置上;需在作业平台上码放钢筋时,必须依据平台的承重能力分散码放,不得超载。

(2)钢筋焊接应符合下列要求：

①焊接前应按规定进行焊接性能试验，确认合格，有试验检测报告。

②作业人员应按规定佩戴防护镜、工作服、绝缘手套、绝缘鞋等劳动保护用品。

③焊接作业现场周围10m范围内不得堆放易燃、易爆物品；不能满足时，必须采取安全防护措施。

④作业中应随时检查周围环境，确认安全；施焊前必须履行明火申报手续，经消防管理人员检查，确认消防措施落实并签发用火证。

⑤作业后，必须关机、切断电源、固锁电闸箱、清理场地、灭绝火种，待消除焊料余热后，方可离开现场。

⑥施焊作业时，配合焊接的作业人员必须背向焊接处，并采取防止火花烫伤的措施。

⑦焊工必须经专业培训，持证上岗。

⑧接地线、焊把线不得搭在电弧、炽热焊件附近和锋利的物体上。

(3)使用车辆运输钢筋，钢筋必须捆绑、打摽牢固；现场应设专人指挥，指挥人员必须站位于车辆侧面安全处。

(4)钢筋加工宜集中进行，并应符合下列要求：

①钢筋加工所使用的各种机械、设备，应由专人负责使用管理。

②钢筋原材料、半成品等应按规格、品种分类码放整齐。

③应按设计规定的材质、型号、规格配料制作。

④现场需设钢筋制作、加工场临设时，场地应平整、无障碍物；钢筋原材料、半成品等应按规格、型号码放整齐；余料等应集中堆放，妥善处置。

(5)钢筋加工场搭设应符合下列要求：

①加工场必须配置有效的消防器材，不得存放油、脂和棉丝等易燃品。

②加工场不得设在电力架空线路下方。

③加工场搭设完成，应经检查、验收，确认合格并形文备查，方可使用。

④现场应按施工组织设计要求布置加工机具、料场与废料场，并形成运输、消防通道。

⑤各机械旁应设置机械操作规程牌。

⑥加工机具应设工作棚，棚应具有防雨、防风功能。

⑦含有木材等易燃物的模板加工场，必须设置严禁吸烟和防火标识。

⑧操作台应坚固、安装稳固并置于坚实的地基上。

⑨加工机具应完好，防护装置应齐全有效，电气接线应符合施工用电安全技术交底的具体要求。

⑩加工场应单独设置，不得与材料库、生活区、办公区混合设置，场区周围应设围挡。

(6)使用起重机吊运较长材料和骨架时，必须使用专用吊具捆绑牢固，并应采取控制摇摆的措施；严禁超载吊运。

(7)钢筋绑扎应符合下列要求：

①作业后应检查，并确认钢筋绑扎牢固、骨架稳定后，方可离开现场。

②绑扎横向钢筋时，应先固定两端，定位后方可全面绑扎。

③绑扎墙体竖向钢筋时，应采取临时支撑措施，确认稳固后方可作业。

④绑扎钢筋的绑丝头应弯向钢筋骨架内侧。

14.5.4 高边坡工程模板施工

高边坡格构梁边模安装如图 14-25 所示,高边坡分级安装模板如图 14-26 所示。

图 14-25 高边坡格构梁边模安装

图 14-26 高边坡分级安装模板

(1)施工前,应对边坡侧立面挡土墙模板进行施工设计;模板及其支架的强度、刚度和稳定性应满足各施工阶段荷载的要求,能承受浇筑混凝土的冲击力、混凝土的侧压力和施工中产生的各项荷载。

(2)模板与支架宜采用标准件,需加工时,宜由有资质的企业集中生产,具有合格证。

(3)支撑连接应牢固,支撑杆件不得撑在不稳定物体上,模板支架不得使用腐朽、锈蚀、扭裂等劣质材料;模板、支架必须置于坚实的基础上。

(4)现场加工模板及其附件等应按规格码放整齐;废料、余料应及时清理,集中堆放,妥善处置。

(5)支设、组装较大模板时,操作人员必须站位安全,且相互呼应;支撑系统安装完成前,必须采取临时支撑措施,保持稳定。

(6)吊运组装模板时,吊点应合理布置,吊点构造应经计算确定,起吊时,吊装模板下方严禁有人。

(7)高处安装模板必须设安全梯或斜道,严禁攀登模板和支架上下,上下高处和沟槽必须设攀登设施,并应符合下列要求:

①采购的安全梯应符合现行国家标准;现场自制安全梯应符合:梯子必须坚固,梯梁与踏板的连接必须牢固,梯子结构应根据材料性能经受力验算确定;梯子需接长使用时,必须有可靠的连接措施,且接头不得超过一处;连接后的梯梁强度、刚度,不得低于单梯梯梁的强度、刚度,梯脚应置于坚实基础面上,放置牢固,不得垫高使用,梯子上端应有固定措施;攀登高度不宜超过 8m;梯子踏板间距宜为 30cm,不得缺档;梯子净宽宜为 10 ~ 50cm;梯子工作角度宜为 60° ~ 15°。

②人员上下梯子时,必须面向梯子,双手扶梯;梯子上有人时,他人不宜上梯。

③施工现场可根据环境状况修筑人行土坡道供施工人员使用,人行土坡道应符合:坡道土体应稳定、坚实,宜设阶梯,表层宜硬化处理,无障碍物;宽度不宜小于1m,纵坡不宜陡于1.3;两侧应设边坡,沟槽侧无条件设边坡时,应根据现场情况设防护栏杆;施工中应采取防扬尘措施,并经常维护,保持完好。

④采用斜道(马道)时,脚手架必须置于坚固的地基上,斜道宽度不得小于1m,纵坡不得陡于1.3,支搭必须牢固。

(8)槽内使用砖砌体做侧模施工前,应根据槽深、土质、现场环境状况等对侧模进行验算,其强度、稳定性应满足各施工阶段荷载的要求;砌体未达到施工设计规定强度,侧模不得承受外力,作业人员不得进入槽内。

(9)模板拆除应符合下列要求:

①模板拆除应待混凝土强度达设计规定后,方可进行。

②使用起重机吊装模板应由信号工指挥,吊装前,指挥人员应检查吊点、吊索具和环境状况,确认安全,方可正式起吊;吊装时,吊臂回转范围内严禁有人;吊运模板未放稳定时,不得摘钩。

③预拼装组合模板宜整体拆除,拆除时,应按规定方法和程序进行,不得随意撬、砸、摔和大面积拆落。

④暂停拆除模板时,必须将已活动的模板、拉杆、支撑等固定牢固,严禁留有松动或悬挂的模板、杆件。

⑤拆除的模板和支撑应分类码放整齐,带钉木杆件应及时拔钉,尽快清出现场。

14.5.5 高边坡混凝土浇筑

高边坡混凝土浇筑如图14-27、图14-28所示。

图14-27　布料机浇筑混凝土

图14-28　人工泵管串接浇筑混凝土

(1)施工前,使用压缩空气等清除模板内杂物时,作业人员应按规定佩戴劳动保护用品,严禁喷嘴对向人,空压机操作工应经安全技术培训,考核合格;电气接线与拆卸必须由电工操作,并符合施工用电相关安全技术交底具体要求。

(2)高处作业时支搭的脚手架、作业平台应牢固;支搭完成后应进行检查、验收,确认合格,方可使用。

(3)混凝土浇筑应符合下列要求:

①车辆应行驶于安全路线,停置于安全处;混凝土运输车辆进入现场后,应设专人指挥。

②施工中,应根据施工组织设计规定的浇筑程序、分层连续浇筑。

③卸料时,车辆应挡掩牢固,卸料下方严禁有人;自卸汽车、机动翻斗车运输、卸料时,应设专人指挥;指挥人员应站位于车辆侧面安全处,卸料前应检查周围环境状况,确认安全后,方可向车辆操作工发出卸料指令。

④从高处向模板舱内浇筑混凝土时,应使用溜槽或串筒;溜槽、串筒应坚固,串筒应连接牢固。严禁攀登溜槽或串筒作业。

⑤采用混凝土泵车输送混凝土时,严禁泵车在电力架空线路下方作业,需在其一侧作业时,应满足安全距离要求。

⑥混凝土振动设备应完好;防护装置应齐全有效;电气接线、拆卸必须由电工负责,并应符合施工用电安全技术交底的具体要求,使用前应检查,确认安全;作业中应保护缆线,随时检查,发现漏电征兆、电缆破损等必须立即停止作业,由电工处理。

⑦严禁操作人员站在模板或支撑上进行浇筑作业。

⑧施工中,应配备模板操作工和架子操作工值守;模板、支撑、作业平台发生位移、变形、沉陷等倒塌征兆时,必须立即停止浇筑,施工人员撤出该作业区,经整修、加固,确认安全,方可恢复作业。

⑨使用振动器的作业人员必须穿绝缘鞋、戴绝缘手套。

(4)混凝土浇筑完成,应按施工组织设计规定的方法养护;覆盖养护应使用阻燃性材料,用后应及时清理,集中放至指定地点。

(5)现浇混凝土应经模板、钢筋验收,确认合格并形成文件后方可进行浇筑。

14.5.6 高边坡(路堑边坡)安全锚杆、喷锚

(1)喷锚机具应完好,管路接口应严密,防护装置必须齐全有效,电气接线应符合施工用电安全技术交底的具体要求。使用前应检查、试运行,确认正常。

(2)边坡喷锚支护应依据设计规定自上而下分段、分层进行。

高边坡混凝土喷锚如图14-29所示。

(3)喷射混凝土应采用混凝土喷射机,并符合下列要求:

①作业时,操作人员应按规定佩戴防护用品,禁止裸露身体作业。

②作业后应卸下喷嘴清理干净,并将喷射机外黏附的混凝土清除干净。

③喷射手和机械操作工应有联系信号,送风、加料、停料、停风和发生堵塞时,应及时联系,密切配合。

④喷嘴前方严禁站人,喷嘴不得对向人和设备。

⑤作业中暂停时间超过1h和作业后,必须将舱内和输料管内的干混合料全部喷出。

⑥喷射机手必须经安全技术培训,经考核合格方可上岗。

a)

b)

图 14-29 高边坡混凝土喷锚

(4)支护作业应由作业组长指挥。采用空气压缩机时,其操作工应听从钻孔、注浆操作工的指令;机具发生障碍,必须停机、断电、卸压后方可处理。

(5)在边坡支护施工过程中,道路上的车辆应限速行驶,并清除路面上的坚硬物;边坡支护的泄水通道结构和泄水孔位置应符合设计规定。

(6)上层支护后,应待混凝土强度达到设计规定,方可开挖下层土方;有爆破作业时,喷射混凝土终凝距下次爆破间隔时间不得小于 3h。

(7)施工中,作业面下方不得有人;边坡采用圬工砌体支护时,应符合下列要求:

①砂浆制作、运输和砌体养护应符合相关安全技术交底的具体要求。

②砌筑施工过程应符合相应安全技术交底的具体要求。

③砌体材质、厚度、砂浆标号、砌体养护应符合相关的安全技术交底的具体要求。

④原材料、砂浆等不得堆放在作业区外。

(8)安设钢筋(或型钢)骨架与挂网前应清理作业面松土和危石,确保土壁稳定;安装骨架应与挖掘土方紧密结合,挖完一层土方后应及时安装骨架,每层骨架应及时形成闭合框架;挂网应及时,并与骨架连接牢固。

(9)使用灰浆泵应符合下列要求:

①作业前应检查并确认球阀完好,泵内无干硬灰浆等物,各连接件紧固牢靠,安全阀已调到预定安全压力。

②作业后应将输送管道中的灰浆全部泵出,并将泵和输送管道清洗干净。

③故障停机时,应先打开泄浆阀使压力下降,再排除故障;灰浆泵压力未达到零时,不得拆卸空气室、安全阀和管道。

(10)用空气压缩机配合作业应符合下列要求:

①开启送气阀前应检查输气管道及其接口,确认畅通、无漏气,并通知有关人员后方可送气。出气口前不得有人。

②作业中储气罐内最大压力不得超过相关规定,安全阀应灵敏有效;进、排气阀、轴承和各部件应无异响或过热现象。

③空压机作业环境应保持清洁和干燥;储气罐必须放在通风良好处,半径 15m 以内不得

进行焊接和热加工作业。

④运转中发现排气压力突然升高，排气阀、安全阀失效，机械有异响或电动机电刷发生强烈火花时，应立即停机检查，排除故障后方可继续作业。

(11)在Ⅳ、Ⅴ级岩石中进行喷锚支护施工时，喷锚支护必须紧跟开挖面；作业中应设专人随时观察围岩变化情况，确认安全；应先喷后锚，喷射混凝土厚度不得小于设计要求；锚杆施工应在喷射混凝土终凝3h后进行。

(12)采用钻机钻孔施工锚杆的安全要求(图14-30)：

①钻孔时，严禁人员触摸钻杆，人员应避离钻机。

②钻孔时应连续作业直至达到设计要求。

③钻机采用轨道移位时，轨道应安装稳固、水平、顺直，两轨高差、轨距应符合说明书规定，钻机定位后应锁紧止轮器。

④采用高压射水辅助钻孔时，排出的泥水、残渣应及时清理，妥善处置，不得漫流。

⑤钻机应安设稳固，小型钻机需辅助后背时，应与后背支撑牢固。

⑥采用套管成孔，用顶推方法拔套管时，必须有牢固的后背；用倒链牵引方法拔套管时，必须有牢固的锚固点。后背与锚固结构应经受力验算，确认安全。

(13)作业中，坡面出现坍塌征兆时，必须立即停止作业，待采取安全技术措施，确认安全后，方可恢复作业。

(14)锚杆施工应符合下列要求：

①锚杆进行拉拔试验、张拉时(图14-31)，应按规定程序进行，张拉前方严禁有人；锚杆注浆应连续作业，浆液应饱满，浆液配比应符合设计或施工设计的规定。

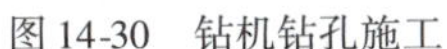

图14-30　钻机钻孔施工

图14-31　高边坡锚杆张拉图

②锚杆应随喷射混凝土的完成，且达到规定强度后，方可自上而下分层施工。

③锚杆锁定48h内，发现有明显应力松弛应补张拉；孔内灌浆达到设计规定强度后，方可放张。

④钻孔和注浆前，应检查喷层表面，确认无异常裂缝；作业中应设专人监护支护稳定状况，发现异常必须立即停止作业，将人员撤至安全地带，待采取安全技术措施，确认支护稳定后，方可继续作业。

⑤搬运、安装锚杆时，不得碰撞人、设备；锚杆类型、间距、长度、排列方式和锚杆张拉程序、

控制应力应符合设计的要求。

(15)注浆作业应符合下列安全要求:

①作业和试验人员应按规定佩戴安全防护用品,严禁裸露身体作业。

②作业中注浆罐内应保持一定数量的浆液,防止放空后浆液喷出伤人。

③作业中遗洒的浆液和刷洗机具、器皿的废液,应及时清理,妥善处置。

④注浆机械操作工和浆液配制人员,必须经安全技术培训,考核合格方可上岗。

⑤浆液原材料中有强酸、强碱等时,必须储存在专用库房内,设专人管理,建立领发料制度,且余料必须及时退回。

⑥注浆应分级、逐步升压至控制压力,注浆初始压力不得大于0.1MPa;填充注浆压力宜控制在0.1~0.3MPa。

⑦注浆的材料、配比和控制压力等,必须根据土质情况、施工工艺、设计要求来通过试验确定。浆液材料应符合环境保护要求。

⑧喷锚支护施工中应采取减少粉尘浓度的措施。

14.5.7 安全设施

(1)施工作业区域应按规定设置警戒区,警戒区周围醒目处应设置“施工重地 闲人免进”“注意安全”“前方施工”等警告、警示标志。

(2)软基处理、高边坡注浆作业人员以及潜孔钻钻孔操作人员应佩戴护目镜、防护口罩。

(3)在2m及以上高处作业应设置作业平台,作业平台应满铺脚手板,并设置上下爬梯、防护栏杆;一级边坡张拉作业时应设置张拉挡板。

(4)高边坡施工应进行施工监测,提前预警预报。

(5)按照工程规模、便道交通情况,建议推广无人机等技术快速监测全线路基施工状况,图像识别。

第15章 桥涵工程

15.1 一般规定

(1)桥梁工程应按要求进行施工安全风险评估,编制相应的总体、专项风险评估报告,并组织专家评审;施工风险评估应根据桥梁工程具体特点及环境进行。

(2)施工单位及时对涉及危险性较大的基坑基础、大型临时工程及桥梁专项工程编制专项施工方案,并按照规模程度组织专家审查、论证[见《公路工程施工安全技术规范》(JTG F90—2015)附录A]。按融入专家建议和意见的施工组织设计精心施工。

(3)专项施工方案应包含针对性强的技术分析及安全技术控制措施,监理工程师应严格审查安全生产条件。

(4)开工前,施工单位应根据建设单位提供的施工现场及毗邻区域内水、电、气、通信等地下管线资料进行复查并做好标识,采取移出、保护或加固措施,确保管线安全。开工前应完成现场的"四通一平"工作,即通路、通电、通水、通信及平整场地。

(5)作业使用的机械、特种设备应符合其安装、维护、使用、检验和拆除等管理规定,确保处于良好状态。施工单位应根据安全操作规程在施工现场设置安全操作规程牌并进行明示。

(6)特种作业人员应经过专业培训、持证上岗。进入施工现场的人员应按规定佩戴、使用劳动安全防护用品。

(7)分部分项工程开工前,应进行三级安全技术交底。工班长每天班前会应组织进行危险告知。

(8)新建涉铁、涉路及涉航桥梁时,应向所属相关管理部门办理行政审批。施工方案、保通方案必须满足安全施工及安全通行运营相关标准、法规及地方规定要求;安全技术评价由第三方评价机构按相应管理办法完成。

(9)特大桥及上跨高速公路施工应安装视频监控,监控点选择施工人员集中进出口、挂篮后锚固区、跨线点车辆过孔等位置。

(10)施工单位应及时掌握气温、雷雨、台风等预报,做好安全防范工作。雷暴及大风6级及以上等恶劣天气时,应立即停止高处露天作业、缆索吊装及大型构件起重吊装等作业。

(11)水泥、砂、石、外加剂等施工原材料的选择应在工程开工前通过试验确定,各种原材料进场时,应按本规范的有关规定进行相应的(监理见证取样送检)质量检测和试验工作。

15.2 明挖基础

15.2.1 安全要点

(1)岩石基坑爆破开挖按照本指南8.1~8.4节有关要求。软土基坑或需支护结构防护时,应编制专项施工方案。临近其他构造物或管线还需有监控措施并做好各阶段检查记录。如果开挖影响既有道路车辆通行时,应编制交通疏解方案,报请相关单位进行审批。

(2)采取挖土机械开挖基坑时,坑内不得有人作业。若必须留人在坑内操作时,挖土机械应暂停工作。

(3)在坑槽边缘2m内不准堆土或物料,距坑槽边缘2~3m间堆土高度不得超过1.5m,4m内禁止停滞车辆、设备。

(4)开挖人员不得站在坑壁下休息。积水基坑必需降排至满足通行要求,严禁用电设备电缆线浸水。

(5)起重机吊送模板、钢筋物料时,应先组织基坑内作业人员避让。

(6)浇筑承台混凝土时,不得直接站在模板、钢筋上操作。

(7)基坑顶面四周应开挖排水沟,防止地表水流入基坑。排水沟应满足施工、防汛要求。

15.2.2 安全设施

(1)基坑开挖深度超过2m时,必须设有临边防护栏杆,挂过塑钢丝网。基坑防护栏距坑边距离不小于0.5m,深基坑防护栏距坑边距离不小于1m。防护栏杆高度不小于1.2m,立杆间距不大于2m。立杆和扶杆宜采用钢管制作,并涂上红白或黄黑相间的反光漆(图15-1)。

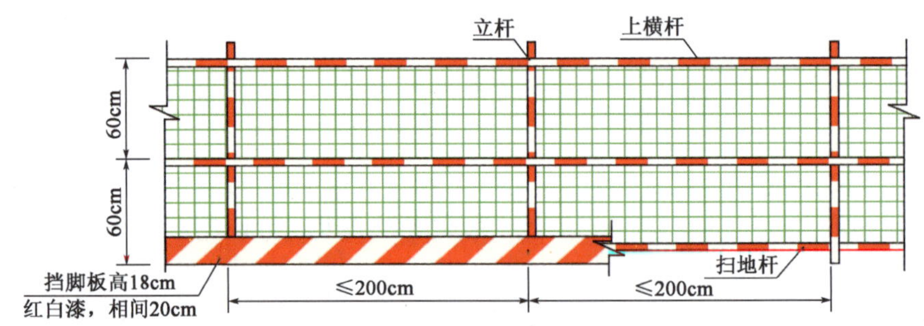

注:临边采用红白或黄黑反光漆相间20cm涂装钢管+防护网,下方通行时加挡脚板。

图15-1 防护栏杆立面图

(2)基坑开挖深度超过1.5m时,须设置专用坡道或铺设跳板以便人员上下,坡道或跳板的宽度应超过0.6m。

(3)基坑护栏上挂“施工重地、闲人免进”“当心落物”“当心坠落”等警示标志,靠近道路侧应设置安全警示标志和夜间警示灯带、闪灯。

(4)基坑位于现场通道或居民区附近时,应设置隔离设施、安全防护设施及警示标志,夜间应增设警示红灯或闪灯。

(5)低洼处雨季施工,须配备抽排水设备;施工现场的一切电源、电路的安装和拆除,必须由持证电工操作。电气必须严格接地、接零并使用漏电保护器;严禁电缆拖地或埋压土中,电缆、电线必须有防磨损、防潮、防断等保护措施。

15.3 钻(冲)孔灌注桩

15.3.1 安全要点

(1)在高压线下桩基施工应满足安全距离规定,钻机塔顶和吊钢筋笼的起重机桅杆顶上方2m内不准有任何架空障碍物。

(2)钻机安设应平稳、牢固,电缆线不得浸泡于泥浆中,接头应绑扎牢固,不得透水、漏电。

(3)冲击钻作业发生卡钻时,不得强提,应查明原因再处理。停钻时,钻头、钻杆应置于孔外安全位置。钢丝绳安全系数不应小于12,日常检查应无死弯和断丝,发现断丝大于10丝时应更换,钻架上滑轮的轮缘破损时必须更换。

(4)回旋钻机钻进时,高压胶管下不得站人。水龙头与胶管应连接牢固,钻机旋转时,不得提升钻杆。

(5)旋挖钻施工前应对工程地质进行可钻性分析,钻进工作中,指示灯不正常闪亮时,应停机检查,修好后可继续工作。

(6)在岩溶区及地层复杂区域施工中,应核对地质勘察资料,有疑问时应补充完善地质资料;发生漏浆及坍孔等情况时,应立即停止作业,采取保证平台、钻机和作业人员安全的措施。

(7)桩基施工完毕后,应及时清运泥浆并回填。

(8)桥梁桩基持力层安全检测,确保桥梁工程的安全使用耐久性。

①本区域的桥梁钻孔灌注桩应严格按深圳市标准《深圳市建筑基桩检测规程》(DB. SJG09—2007)进行,见表15-1工程桩样检测方法及数量进行检测,各类桩应检测单桩承载力和桩身的完整性。

工程桩抽样检测方法及数量　　表15-1

桩径(mm)	类　型	检测方法	同类型桩抽检数量
<800	各类桩	静载法 或高应变法	静载法抽检不应少于总桩数的1%,且不应少于3根(总桩数在50根以内时,不应少于2根);或高应变法抽检不应少于总桩数的5%,且不应少于5根
		低应变法	低应变法抽检不应少于总桩数的30%,且承台下不应少于1根

续上表

桩径(mm)	类　型	检 测 方 法	同类型桩抽检数量
≥800	桩端持力层为强风化层(或以上土层),且单桩承载力特征值≤8000kN 的灌注桩	静载法	静载法抽检不应少于总桩数的1%,且不应少于3根(总桩数在50根以内时,不应少于2根)
		低应变法或超声波法	低应变法或超声波法抽检不应少于总桩数的30%,且每承台下不应少于1根
	桩端持力层为中风化层(或以下岩层),或单桩承载力特征值>8000kN 的灌注桩	钻芯法	钻芯法抽检不应少于总桩数的15%,且不应少于10根
		低应变法或超声波法	低应变法或超声波法抽检不应少于总桩数的30%,且每承台下不应少于1根

注:1. 当用高应变法代替静载法检测单桩竖向抗压承载力时,应在同一工程做不少于3根桩的静载法和高应变法对比实验,并应将对比实验的资料列入检测报告中。
2. 当桩径小于或等于1600mm 时,可采用低应变法或超声波法,当桩径大于1600mm 时,应全部预埋声测管。
3. 对单桩承载力特征值大于8000kN 的灌注桩,当设计方有要求且场地条件许可时,应采取静载法。
4. 对桥梁的装机应100%检测桩身完整性。

②钻(冲)孔灌注桩必须采用合格的泥浆置换沉渣,渣样按岩质的变化进行留存(分3个塑料袋,由业主、监理及承包商存储)(图15-2),桩底沉渣严禁超过规范要求的厚度,以防烂桩、断桩。检测为Ⅲ类桩即为不合格的钻(冲)孔桩(图15-3),必须冲除重新施工。

图15-2　钻孔桩渣样

图15-3　冲除重新施工的钢筋渣样

15.3.2 安全设施

(1)施工作业区域应设置警戒区,桩基孔口设置“[”型钢围挡。

(2)钻孔桩孔口泥浆池周边应设置防护栏杆,挂设过塑钢丝网,并设置安全警示标牌(图15-4)。

(3)冲击钻机的卷扬机应制动良好,钻架顶部应设置行程开关。钢丝绳夹数量应与钢丝绳直径相匹配,并应设置保险绳夹。

(4)钻机皮带转动部位应设置防护罩,使用的电缆线须是橡胶防水电缆。

(5)钢筋笼下放应采用专用吊具。

(6)桩基灌注时,应采取措施避免混凝土搅拌车出料槽与料斗碰撞;孔口应设防坠落设施。

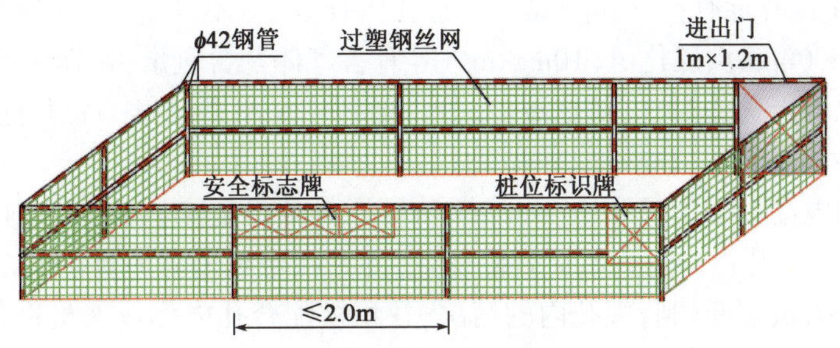

图15-4 泥浆池防护图

(7)钻(冲)孔灌注桩,必须采购合格的原材料(膨润土、CMC及碱类等)配制合格的泥浆,是施工过程中获得护壁、置换沉渣的有效措施(图15-5)。

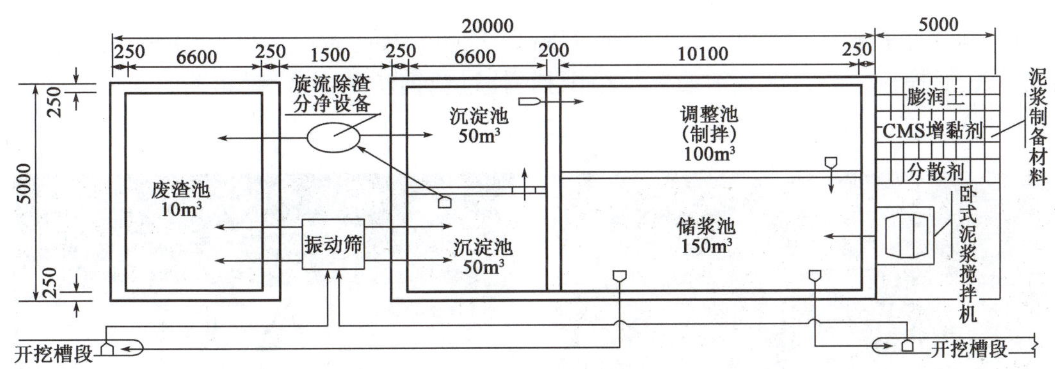

注:1. 泥浆池深1.7m,其中,地面下1.5m,地面上0.2m;

2. 泥浆池边墙为75号砂浆砌75号红砖,墙厚0.25m,隔墙为0.20m厚的C20钢筋混凝土。

图15-5 标准泥浆池(尺寸单位:mm)

15.4 人工挖孔桩

15.4.1 安全要点

(1)不得在地下水位高(特别是存在承压水时)的砂土、厚度较大的淤泥和淤泥质土层中进行挖孔桩施工;挖孔作业前,应根据地质、地下水情况编制专项施工方案,超过15m或地质条件复杂时须经专家论证、审查。

(2)傍山地段进行挖孔桩作业前,应仔细检查和清除陡坡上的浮石,必要时须设置防滚石措施,雨后应检查边坡的稳定情况,并完善截排水措施。

(3)挖孔桩作业时须采用跳挖方式开孔。

(4)挖孔桩作业时应持续通风,进入桩孔前应先通风15min以上,并经检查确认孔内空气符合规范要求。在含有毒有害气体的地区进行孔内作业,应不少于每2h检测一次沼气、二氧化碳(≤0.1%或500ppm)、硫化氢(10mg/m^3)等有害气体及含氧量(≥18%)。

(5)当采用混凝土护壁时,应随挖随护,每一循环进尺不得超过1m,开挖后必须随即进行混凝土护壁施工。

(6)对采用的电动卷扬机吊绳、连接部件和料桶必须设置牢固,确保卷扬机制动、止锁装置完好。吊运渣土时,孔内作业人员应暂停作业,并站在半圆形防护板正下方。

(7)孔口作业人员应密切监视孔内的情况,并积极配合孔内作业人员进行工作,不得擅离岗位。作业人员上下桩孔应采用专用软梯,不得随吊桶上下桩孔;离开前必须用盖板将孔口覆盖。

15.4.2 安全设施

(1)人工挖孔桩孔口护壁应高出地面30cm以上,井口硬化宽度不小于60cm,周边应设置活动式U形护栏。孔口区域须设置护栏围挡,挂过塑钢丝网,并设置相关的安全警示标牌(图15-6)。

a)

b)

图15-6 挖孔桩钻机及临边防护

(2)吊装机械须设置有效可靠的限位器及防脱装置,并采取有效可靠的防倾覆措施,安全系数不小于2。

(3)现场应配备气体浓度检测仪器用于检测孔内气体浓度。

(4)挖孔桩内须配备专用安全软爬梯,爬梯宽度宜为0.5m,步距宜为0.3m,承载力应不小于2000N。

(5)当挖孔至5m以下时,应在孔底面上3m左右处的护壁上设置半圆形防护板(图15-7),吊桶上下时,作业人员应避在护板下,防护板固定牢靠,防护板可采用钢板或密眼钢筋网制作。

(6)孔口覆盖采用钢筋网片(图15-8),同时设置安全警示标志。

(7)桩孔内应设防水带罩灯照明,应采用安全电压及防水绝缘电缆。

(8)在成孔过程中,桩孔中产生沼气、天然气、硫化氢等有害气体,应利用有害气体探测器、火绳或小动物等方式检测桩孔中是否存在有害气体。

图 15-7 挖孔桩内半圆形防护板

图 15-8 钢筋井盖平面图

15.5 栈桥与围堰

15.5.1 安全要点

(1)钢板围堰工程专项施工方案应包含安装及拆除安全措施,围堰顶高程、支撑系统须经计算确定,其强度、刚度、稳定性必须满足施工过程中的安全要求。

(2)插打钢板桩或起吊钢套箱时,必须由专人统一指挥,应做到平稳、均衡(图 15-9、图 15-10)。

图 15-9 套箱围堰吊装

图 15-10 钢板桩插打

(3)钢板桩起吊前,应检查有无裂缝,吊起的钢板桩未就位前桩位附近不得站人。

(4)钢板桩拔桩时,桩头夹持部位如有孔洞应焊加强板或沿孔洞以下割平,严防拔断钢板桩。同时,不得在夹持器和桩的头部之间留有空隙,应待振动桩锤启动运转振幅达到规定值后，方可起吊。当振幅正常后仍不能拔桩时，应改用功率较大的振动桩锤。

(5)钢套箱就位后应及时与桩基钢护筒连成整体。封底混凝土强度、厚度、平整度在符合设计规定后方可进行排水，但排水不应过快，并应加强监测套箱变形情况(图15-11)。

a)

b)

图15-11 钢套箱及围堰支撑布置结构

(6)筑岛围堰施工安全要点可参照本指南第15.5节相关要求执行。

(7)围堰内作业时，对围堰构造物做好监测，并及时掌握水情变化信息，如遇洪水、台风、风暴潮等极端情况，应立即撤出人员。水中围堰抽水应及时加设围檩和支撑系统。

15.5.2 安全设施

(1)钢套箱就位后，箱顶应设置人行通道，人行通道应满铺并设置防护栏杆。套箱围堰应设置人员上下安全通道。同时，必须采取防撞措施，设置“前方施工、减速慢行”“注意安全”等安全警示标志，防止往来船只碰撞，同时及时清理堆积漂流物。

(2)钢板桩围堰施工悬挂振动桩锤的起重机，其吊钩上必须有防松脱的保护装置。振动桩锤悬挂钢架的耳环上应加装保险钢丝绳。

(3)在通航河流施工时，应按照海事部门划定的安全作业区域设置有关安全警示标志和航标船。

(4)围堰支撑拆除时，应有足够的脚手板、扶梯和救生设备等安全防护设施。

15.6 墩柱(台)、塔柱

15.6.1 安全要点

(1)翻模、爬模、移动模架施工的实心或空心钢筋混凝土墩(塔)工程，应根据工程的现场条件编制专项施工方案，并经专家论证、审查。安全要求见本指南7.1～7.4节相应内容。

(2)模板、钢筋笼吊装前,吊装机械就位应平稳、牢固。吊装所用的钢丝绳、卸扣要满足吊装的安全要求,吊点须合理、牢固。

(3)钢筋绑扎及安装作业时,严禁作业人员翻爬或站立在骨架上作业。作业人员不得攀爬脚手架以及防护栏杆。严禁随意向下投掷工具、杂物。

(4)墩柱钢筋骨架及模板应设置临时支撑,防止倾覆。墩柱钢筋笼设立完成后,每8~12m设置一道风缆,每增加10m高度增设一道风缆,钩挂在环向加强筋上,后续工序中转移到模板相近高度。模板上的螺栓数量及安装要求严格按照施工方案的要求执行。

(5)盖梁施工采用"摩擦钢抱箍托架法"时,新加工的抱箍应进行预压试验,检验抱箍的承载力。抱箍安装应采用力矩扳手确保高强螺栓紧固满足要求(图15-12),紧固的螺栓数量须满足施工方案要求。采用"剪力销托架法"时,剪力销直径及外露尺寸应满足施工方案要求(图15-13)。盖梁托架不得使用千斤顶作为支承设施。

图15-12　钢抱箍

图15-13　剪力销托架

(6)盖梁施工托架支撑的横梁为工字钢(或其他型钢)时,可采用中穿对拉螺栓的钢管支撑,防止工字钢横梁产生侧向倾覆。横梁为拼装贝雷梁时,不得遗漏未拧螺栓,并应安装花窗或剪刀撑,增加稳定性、防止倾覆。

(7)桩基、承台、墩(柱)身、盖梁混凝土浇筑时,应由专人进行监测观察。混凝土每次浇筑高度和速度应严格按照施工方案执行,防止爆模。发现模板、支架以及支撑体系出现位移、变形等异常情况,及时撤离人员,查明原因后进行校正和加固(图15-14)。

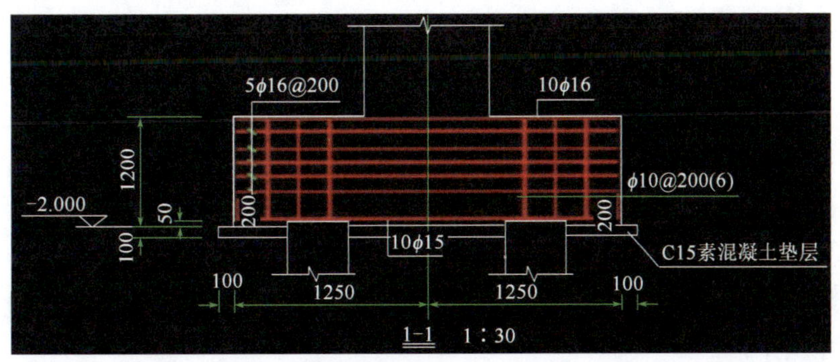

图15-14　桥梁工程下部结构桩基、承台、墩身(尺寸单位:mm)

(8)应利用盖梁支架平台和脚手架等施工通道,紧跟施工防震挡块、支座垫石。

15.6.2 安全设施

(1)施工作业现场外围须设置警戒区,设立安全警示标志标牌,禁止无关人员进入施工现场。索塔施工中,通往索塔人行通道的上方应设防护棚。

(2)施工前,必须设置安全爬梯。墩身高度不超过5m的,须设置带护笼的直爬梯或“之”字形爬梯。墩身高度在5~40m时,必须设置标准梯笼(图15-15)。墩身高度在40m以上的宜安装附着式施工电梯,相关要求见本指南5.7节。

(3)施工作业时须搭设作业平台,平台宜采用支架、预埋托架搭设,宽度不应小于50cm,并且平台应铺满木板或脚手板,有坡度的须设置防滑条。

(4)墩身钢筋绑扎超高应采取临时固定措施。模板工程应设置防倾覆设施,如缆风绳。

(5)盖梁平台四周应设置防护栏杆,防护栏杆应由上中下三道横杆组成,上杆离平台面1.5m,每道横杆间距0.5m,立杆间距不应超过2m,立杆采用钢管制作,刷红白或黄黑相间油漆(图15-16)。

图15-15 标准梯笼

图15-16 脚手架和平台临边防护

(6)高墩翻模、爬模随升安全护栏应采用定制钢护栏,护栏高度不小于1.5m,并配置消防器材。

(7)依据e_0(偏心距)$=M$(弯矩)$/N$(承受轴力)的理论,相当于偏心受压,长柱$8<e_0\leqslant30$,初始偏心柱e_0与侧向附加挠度v,达到极限承载力,所发生材料破坏。因此桥梁墩柱高8~12m钢筋绑扎安装、模板安装应设置缆风绳(图15-17),高按细长柱($e_0/h_0>30$)考虑加设。

(8)在墩身线路前后方向设置缆风绳,分为四个方向,采用不小于$\phi8$的钢丝绳,设置角度不得大于60°,绳根部设固定点,埋设深度不小于1.5m,宽度不小于1m×1m,C20混凝土埋深钢筋环不小于$\phi8$的钢筋。

(9)严格控制安全浇筑混凝土速度,按混凝土初凝时间不得早于45min计算,方形柱浇筑速度不得大于1m/h,圆形柱浇筑速度不得大于2m/h。

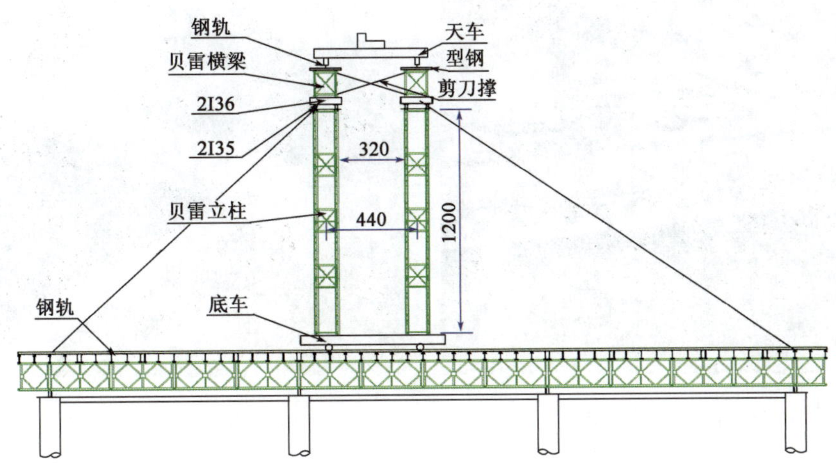

图 15-17 钢筋绑扎安装与模板安装缆风绳(尺寸单位:mm)

15.7 水上作业

15.7.1 安全要点

(1)开工前,应报告当地海事或港航监督部门,办理“水上水下施工作业许可证”。

(2)参与本项目建设的各类施工船舶(包括配合施工作业的交通船、运输船等)必须符合沿海航区的安全要求,同时必须持有相关有效证件,按规定配齐船员。

(3)施工使用船只接送人员或运送物料时,严禁超员、超载。

(4)凡进行舷边等防护不严密等水上作业行为时,作业人员必须穿戴好救生防护用品。船舶作业过程中严禁超载。

(5)水上工况条件超过施工船舶作业性能时必须停止作业。

(6)海域建筑工程,上、下船有安全签到、挂标识牌等强制性措施,返程差一人不得开船的制度。

15.7.2 安全设施

(1)水上作业栈桥及平台相关要求见本指南 1.6 节相关要求。夜间施工时,栈桥两侧沿防护栏杆交错设照明灯间距 15m;必须在栈桥首尾及每间隔 20m 处悬挂红色闪烁警示灯(图 15-18)。

(2)水上作业船舶要按照规定配备消防、通信、救生以及堵漏应急设备。

(3)上下船舶应当搭设跳板,跳板下宜挂安全网(图 15-19);使用舷梯应当控制舷梯的升降速度,升降时舷梯上严禁站人,踏步应设置防滑装置。

图 15-18　水上作业临边防护

图 15-19　上下船跳板

15.8　预制梁安装

15.8.1　安全要点

(1)应根据预制梁结构特点和现场环境状况编制运输和架设方案,尤其注意选择合适的吊装机械、运输车辆和配套设备。长度不小于 40m 的预制梁运输与安装专项方案须经专家论证。

(2)梁板架设所采用的起重设备,应满足施工方案要求并持有效的出厂合格证、检验合格证、使用登记证等证书。特殊工种作业人员必须持证上岗,并组织相关作业人员进行安全技术交底。

(3)梁板运输在运梁前应对运梁设备、道路(轨道)进行检查。首次运梁应有技术人员全程监控。

(4)梁板运输时,应满足以下要求:

①运输通道应保持平顺、通畅;运输通道宽度不应小于 4m,横坡坡度不宜大于 2%,纵坡坡度不应大于 4%,保证运梁时不倾覆。

②运梁时,梁板应支垫、支撑、捆绑牢固,并安排专人监控。

③运梁车在上下坡、停放或喂梁时,轮胎最前端应采取防滑、防溜措施。

④运梁炮车应采用前后双制动刹车并配备相应数目的垫木,行驶速度不宜超过 3km/h,运梁炮车驾驶员须有一定操作驾驶经验,信号工须持有相应有效的证件。

⑤运梁炮车应设置警示标志及警示灯,跨国道、省道时须进行警戒。

⑥运梁炮车不得在裸梁上行走。若需通过裸梁时,裸梁上应采取防护措施,梁端接缝处应垫一定厚度的钢板,炮车轮胎不能走在翼板位置,以确保梁板的实体结构安全。

(5)架桥机就位后,前后支点支腿不得直接放置在未硬化处理的台背回填上,以防止沉陷。

(6)为保证架梁的质量和安全,操作人员应为专业队伍。每次架梁作业前应对起重设备进行安全检查,重点应检查各操作系统、移动系统、安全系统(吊挂钩防脱、力矩限制器、变幅限制器等)运转是否正常。同时应检查钢丝绳、轧头、吊钩、滑轮组等是否符合规定(图15-20)。架梁作业时应设专人指挥,按预定的施工顺序进行。

(7)使用钢轨轨道的,钢轨的两侧必须设置限位装置,并经常检查其完好性。滑轮运转不正常时,应立即停止作业并进行检查。钢丝绳必须每天检查。

(8)梁板在架桥机上纵、横向移动时,应平缓进行。起吊或落梁时应平稳匀速进行,卷扬机操作人员应按指挥信号协同动作(图15-21)。

图15-20 架桥机安装检查

图15-21 架桥机过孔

(9)采用移动起重机双机联吊或L形钢筋笼吊装采取三机抬吊属于关键性吊装,吊装前应组织相关人员查看现场,方案应经过吊装司机确认。起吊时保持通信、信号明确(图15-22、图15-23)。

图15-22 双机联吊

(10)梁板就位后应及时固定,并与先安装的梁板形成横向连接。运梁、架设应在相邻梁板之间的横向主筋焊接完成后实施。

(11)T梁先简支后连续体系转换负弯矩区张拉、压浆时,狭小空间及悬空作业应满足《建筑施工高处作业安全技术规范》(JGJ 80—2016)有关要求。悬挂、悬挑操作平台应专门设计并满足安全要求(图15-24)。平台上操作人员不多于2人,且必须系安全带。

(12)夜间、6 级大风及以上等恶劣气候时,不得进行架梁作业。

图 15-23　三机抬吊

a)

b)

图 15-24　悬挂式操作平台

15.8.2　安全设施

(1)梁顶面梁板运输时,梁端应设钢板或便桥,桥面应设置梁板运输的专用通道(图 15-25)。

a)

b)

图 15-25　梁顶面梁板运输通道

(2)架梁时作业人员行走的通道,必须采取防护措施,确保施工安全。深水施工,应备救护用船。

(3)前后支点处须用枕木及型钢组合支撑,墩顶两侧应用风缆固定。

(4)吊装前,应检查安全技术措施及安全防护设施等是否齐备,检查设备状况、支撑环境是否满足要求,严禁无准备盲目施工。

(5)梁、板构件移动吊点位置应符合设计规定,经冷拉的钢筋不得用作构件吊环,吊环应顺直,吊绳与起吊构件的交角小于60°时应设置吊梁或起吊扁担。

(6)吊移高宽比较大的T形梁和I形梁应采取防止梁体侧向弯曲的有效措施。

(7)梁板安装作业时,须安排专职安全员进行现场监督。作业过程中,地面应设警戒区,周围应设置"施工重地　闲人免进""注意安全""当心落物"等警告标志,由专人值守并禁止非施工人员进入。在道路、航道上方进行梁板安装或架桥机移跨过孔时,须设临时交通管制措施,严禁行人、车辆和船舶在桥梁下方通行。

(8)每块跨梁板安装完成后应及时设置临边防护栏杆,并在湿接缝、整体式桥梁中央分隔带处设置防坠、防落网。梁板顶面如有预留孔应设置防护栏杆或盖板。防护栏杆上应设置"禁止翻越""当心坠落"等警示标志(图15-26)。

图15-26　桥面临时防护栏及安全标识牌

15.8.3　U形梁安装

1)安全要点

(1)安装吊杆时,必须保证吊杆全部上满,并且每根吊杆上下螺母的外露丝扣不小于2丝,经检查确认后,方可由现场指挥发出提梁信号。

(2)梁体提升约20cm,须经连续两侧小幅升降试刹车后,轮胎运梁车方可退出,此时可以安装U形梁支座。

(3)U形梁提升过程中要防止梁体在纵、横向发生较大偏斜,要求最大纵、横向偏斜角不大于1°,否则采用单动功能调整梁体水平。

(4)门式起重机将U形梁吊装至桥面运梁车上时,应采用低档落梁,应派专人在前后运梁车处进行观察并发出指令,防止U形梁与运梁车发生碰撞。

(5)每日对吊杆进行外观检查,定期进行探伤检测,如果发现缺陷须立即更换。

2)安全设施

(1)应急预案必须坚持“安全第一,预防为主,综合治理”的原则,针对施工过程中存在的危险源,通过强化日常安全管理,落实各项安全防范措施,严防事故隐患,做到防患措施到位。

(2)先做好运输道路的检查维修,利用路基作为运输道路,满足架桥机和U形梁运输要求。

(3)检查架桥机合格证等质量证明文件,根据架桥机安装图纸,事先将架桥机拼装位置场地进行平整、碾压。

3)架桥机架梁主要工况

架桥机架梁主要工况如图15-27所示。

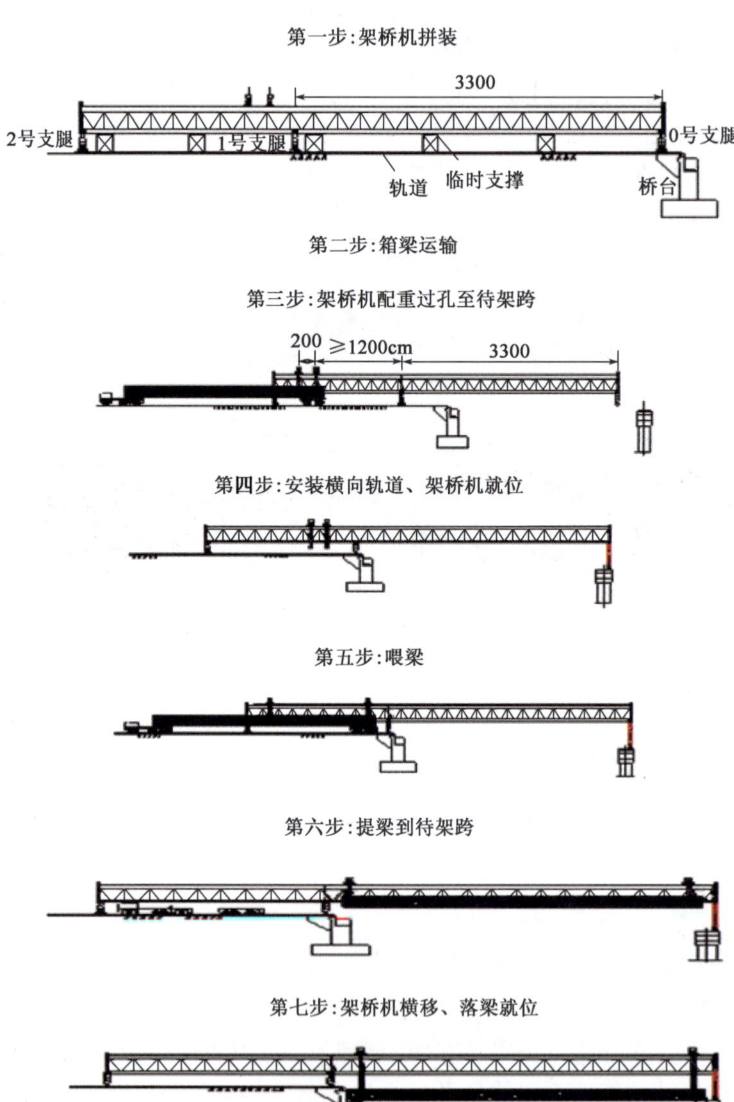

图15-27　架桥机架梁主要工况

15.9 现浇梁板

15.9.1 安全要点

（1）应根据现浇梁结构特点和具体环境状况选择支架类型，按《公路工程施工安全技术规范》（JTG F90—2015）附录 A 要求编制专项施工方案，支架基础和结构应经过计算，并符合规范和设计要求。

（2）软基路段、半挖半填区施工支架方案宜使用钢管桩基础及贝雷片或工字钢支撑体系、混凝土基础（图 15-28、图 15-29）。采用满堂支架方案必须进行沉降计算，并充分考虑雨季及施工期的影响。

图 15-28 钢管柱 + 贝雷梁支架组合支撑

图 15-29 临时基础检查

（3）支架搭设前应按规范要求对地基进行压实、硬化处理，周边设置排水沟。大雨后须对地基及排水系统进行检查，及时排除积水。对已掏空的地基应进行压浆处理，并重新进行地基承载能力检验。

（4）高处、复杂结构模板的安装与拆除，须专人指挥，并在工作区域进行临时围挡，禁止人员过往。

（5）支架搭设（图 15-30）完成后应进行验收，并按要求进行逐孔预压，加载的顺序和重量应符合施工方案要求。为消除支架搭设的拼装间隙和地基沉降等非弹性变形，对高支架进行 1.2 安全系数的预压（图 15-31、图 15-32）。按融入专家评审建议和意见的安全专项方案，同时设置纵、横向、水平、两侧及两端的剪刀撑。

安全挠度按公式：

$$挠度 = \frac{5(q/1.3)L^3}{384EI} \tag{15-1}$$

式中：q——均布设计荷载；

L^3——跨度的立方；

E——弹性模量；

I——截面惯性矩。

图 15-30　高支架搭设

图 15-31　高支架预压(水袋)

图 15-32　高支架预压(混凝土预制块)

15.9.2　安全设施

(1)搭设和拆除支架应设置警戒区,张挂警示标志,禁止非操作人员通行,并有专人负责警戒。

(2)现浇梁翼板边侧应搭设高度不小于1.50m的安全防护栏,侧面应满挂过塑钢丝网,并在合适位置设置"禁止攀登""当心坠落"等警示标志。

(3)现浇梁施工时,应搭设安全爬梯。大型桥梁工程,为安全顺利完成节点工期,应安装塔式起重机。

(4)夜间施工时,必须达到夜间施工照明(照度)的要求,各项工序或作业区的结合部位应有明显的反光标识,施工人员应穿戴反光衣。

(5)跨路支架现浇施工,应采取防落、防撞措施并设置交通疏导标志,满足本指南第10章的相关要求。

15.10 悬臂施工

15.10.1 安全要点

(1)悬臂现浇箱梁施工须编制专项安全施工方案,悬浇施工的挂篮、0号块支架(托架)、边跨支架、合龙段吊架等临时支撑结构应进行专项设计,并应对临时支撑结构的强度、刚度和稳定性进行验算,抗倾覆安全系数应大于2。支撑结构体系搭设完成后须进行预压。

(2)后锚扁担梁精轧钢应松/紧螺母3cm以上,并应进行双螺母安全设置,同时防止精轧螺纹钢受弯折。

(3)挂篮滑道铺设应牢固、平整、顺直,前移行走设专人指挥,挂篮前移过程中应保持同步、平稳。挂篮行走过程中,不得有任何人员站在挂篮上。挂篮行走调试到位后,作业人员才能进入箱梁作业。

(4)挂篮应派专人进行日常安全检查,重点检查六个主要部位(图15-33)。

a)锚固点 b)吊点 c)施工平台

d)脱模 e)警戒区 f)滑道

图15-33 挂篮重点安全检查部位

(5)箱梁0号块预留检查孔,并安装爬梯,便于人员从内部走到挂篮吊点工作面。

(6)雨天或风力超过挂篮设计移动风力时,不得移动挂篮。

(7)悬臂拼装施工,应按融入专家建议和意见的专项施工方案执行。节段梁起吊前,应对起吊机具设备及节段梁进行全面检查、验收,并进行试吊。起吊时节段梁应保持平衡稳定。在接近安装部位时,不得碰撞已安装就位的构件或其他设备设施;运送节段梁的车辆(或船只)在节段起升后应迅速撤离。

(8)挂篮施工其他要求应按照本指南7.1节和7.5节相关内容执行。

15.10.2 安全设施

(1)悬浇施工时挂篮底篮、上横梁及其通道周边应设置临边防护设施,已完成的上部结构临边应设置防护栏(图15-34),在护栏上设置"当心坠落""禁止翻越""禁止抛物"等警示标志。

图15-34 挂篮防护设置

(2)在通航河流、公路、铁路、人行通道上方作业时,挂篮下应采取防坠物措施(兜底挂篮、防护棚等)。

15.11 桥 面 系

15.11.1 安全要点

(1)作业人员穿越中分带时应走专用通道,不得跨越左右幅间空隙。

(2)护栏施工过程中,严禁在高处直接向下抛物。施工结束后应及时做好作业面的清场工作。

(3)桥面临时用电,严格按照"三级配电、两级保护"及"一机、一闸、一箱、一漏电保护器"的要求落实。

(4)桥面材料及机械设备的堆放,必须进行规划,并报监理审批,堆放处应进行安全围闭和设立警示标志,严禁乱堆乱放。

(5)各工序施工结束后应及时做好作业面的清场工作。

(6)桥面的静、动载检测安全要点(图15-35):

①认真检查为桥面静、动载检测的原件预埋、预留实际情况。试验指挥人员在加载试验过

程时，掌握各方面情况，对加载进行控制。既要取得良好的试验效果又要确保人员、仪表设备及桥梁的安全，避免不应有的损失。

a)

b)

图15-35 市监督站对桥梁工程静、动载检测

②严格按设计的加载程序进行加载。荷载的大小，截面内力的大小都应由小到大逐渐增加，并随时做好停止加载和卸载的准备。

③对加载试验的控制点应随时观察，随时计算并将计算结果报告试验指挥人员，如实测值超过计算值较多，则应暂停加载，待查清原因后确定是否继续加载，试验人员如发现其他测点测值有较大的反常变化，也应查找原因，并及时向试验指挥人员报告。

④加载过程中，应指定人员随时观察结构各部位可能产生的新裂缝，注意观察构件部位是否有开裂破损，组合构件的结合面是否有开裂错位，支座附近混凝土是否开裂、横隔板的接头是否拉裂，结构是否产生不正常的响声，加载时墩台是否发生摇晃现象，如发生以上情况，应报告试验指挥人员以便采取相应的措施。

⑤发生下列情况，中途中止加载：

a. 控制测点的应力值已达到或超过弹性理论，按规范安全条件反算的控制应力值时。

b. 控制测点变位（或挠度）超过规范允许值时。

c. 由于加载，使结构裂缝的长度、缝宽急剧增加，新裂缝大量出现，裂缝宽度超过允许值的裂缝大量增多，对结构使用寿命造成较大影响时。

d. 加载时沿跨长方向的实测挠度出现，分布规律，与计算值相差过大或实测挠度超过计算值过多时。

e. 发生其他损坏，影响桥梁承载力或正常使用时。

⑥进行桥梁荷载试验必须中断交通，根据最终确定的方案试验开始时间和试验预计历时，编制交通管制方案，考虑道路所有试验桥梁均未通车，交通管制采取封闭试验桥梁两端的办法。

15.11.2 安全设施

（1）桥头两端设警示标志、栅栏，非施工人员严禁入内。

（2）桥面应按规定做好临边防护，防护栏杆的高度不小于1.2m，栏杆上设置密目安全网、

“当心坠落”等警告标志，桥下有人、车通行处应设置挡脚板。

(3)在面层施工前须临时通车的，伸缩缝位置应采用钢板覆盖或用土工布包裹素混凝土封闭等措施，以便于通行。

(4)防撞栏施工应采用“移动工作架”，满足安装模板、浇筑混凝土工作人员安全防护的需要(图15-36)。特长桥梁可采用混凝土护栏滑模施工(图15-37)。

图15-36　混凝土护栏移动平台施工

图15-37　混凝土护栏滑模施工

(5)防撞栏施工过程中，桥梁下方有人、车通过时，桥下应设警戒区，在适当位置设置“施工重地，闲人免进”“当心落物”等警告标志，施工时设专人监护。

(6)桥面伸缩缝安装应分左、右幅交替封闭交通施工，并设置安全警示及交通指引标志。

(7)桥梁内防撞栏施作完成后，宜设置专用安全通道，以供作业人员通行(图15-38)。

图15-38　专用安全通道

(8)桥面焊接作业时，对于防火要求较高的地区应设置有针对性的防火措施。

15.12　涵洞与通道

(1)现场浇筑涵洞或通道时，支架、模板应安装牢固，应符合本指南7.1节及7.6节相关要求。

(2)涵洞或通道基础须设置排水设施。

(3)涵洞或通道的基坑开挖应符合本指南15.2节相关要求。

(4)涵洞或通道顶板预制安装见本指南15.8节和15.9节。

第16章 隧道工程

16.1 一般规定

(1)进洞前做好边仰坡排水,并对局部进行注浆加固。施作大管棚,其刚度很大,适用于埋深浅、地表沉降控制严地段,如过街道等。采用大于钢管 $\phi108 \sim \phi127$,角度与隧道轴线平行要求施工。

(2)采用专业管棚机,施工场地依据设备长度不小于 6 ~ 8m,要求上挑 0.6m 以上。施工导向墙 1m × 1m,架设 2 根 $\phi18$ 工字钢,灌注 C20 混凝土。待强度满足要求时,定出管棚管口位置,作为管棚施工导向孔。

(3)隧道施工临时设施应布置在免受洪水、泥石流、滑坡、塌方等地质灾害的地段,施工和生活区域要明显分开,平面布置要科学,间距要合理,并配备足够的消防设备。施工现场的风、水、电、照明设施应做出统一规划、合理布置,并在隧道开工前完成。

(4)以洞口为中心布置施工场地。施工场地应事先规划,分期安排,并减少与现有道路交叉和干扰。

①轨道运输的弃渣线、编组线和联络线,应形成有效的循环系统。

②长隧道洞外应有大型机械设备安装、维修和存放的场地。

③机械设备、附属车间、加工场应相对集中。仓库应靠近公路,并设有专用线。

④合理布置砂、石材料,施工设备及回收材料等堆放场地。

⑤生活服务设施,应集中布置在宿舍附近。

⑥运输便道、场区道路和临时排水设施等,应统一规划,做到合理布局,形成网络。

⑦危险品库房应按有关规定办理。

⑧确定风、水、电设施的位置。

⑨确定混凝土搅拌站和预制场的位置。

(5)隧道施工应按设计文件规定的施工方法制订安全专项施工方案,地质条件发生变化时,应及时进行设计变更。隧道施工时应严格按照方案组织施工,不得擅自改变施工方法。

(6)隧道施工必须强化施工工序和现场管理,确保支护到位,支护不得滞后,安全步距不得超标。

(7)超前地质预报和监控量测应作为必要工序统一纳入施工组织管理。施工过程中必须落实超前地质预报各项规定,监控量(探)测数据达到预警值时应进行核查、组织评估,出现危险征兆时应立即停工处置,严禁冒险施工作业。

(8)必须严格控制现场作业人数,开挖作业面不宜人多,掘进作业面应实施机械化作业。

承包商各班组之间,应建立完善的交接班制度,并将施工、安全等情况记载于交接班的记录簿内;工地值班负责人应认真检查交接班情况;施工承包商所有进入隧道工地人员,必须按规定佩戴安全防护用品,遵章守纪,听从指挥

(9)必须对有毒有害气体进行监测监控,加强通风管理,严禁浓度超标施工作业。

(10)必须按照规定设置逃生管道,严禁在安全设施不到位的情况下施工作业。

(11)隧道洞口、开关箱、配电箱、台车、台架、坑洞和仰拱开挖等危险区域应设置醒目的安全警示标志。洞内施工机械、设备、设施均应设反光标识。台车和移动台架应设灯带轮廓标识。

(12)隧道内严禁存放汽油、柴油、煤油、变压器油、雷管、炸药等易燃易爆物品。必须按照规定严格民用爆炸物品管理,严禁在施工现场违规运输、存放和使用民用爆炸物品。

(13)必须按照规定制订应急预案、配备救援装备和物资,按规定进行应急演练。严禁事故发生后违章指挥、冒险施救。

16.2 矿山法隧道施工

16.2.1 安全要点

(1)在洞口施工前,必须根据洞口附近的地形、地质、水文、环境及边、仰坡施工等条件,编制具有针对性的安全技术措施。

(2)矿山法隧道工程应按照"零开挖"进洞理念,遵循"早进洞、晚出洞"施工原则。尽量避免对山体的大刷大挖,隧道洞顶截水沟以内植被禁止砍伐破坏,分离式隧道中间山体开挖时尽可能保护两侧山体,维护原有的生态地貌,洞门力求与自然环境、人文景观相协调。

(3)洞口开挖前,应先清理洞口上方及侧方可能滑塌的表土、灌木、山坡危岩、孤石等,并应按设计要求做好周边截排水系统,防止地表水冲刷边仰坡。

(4)边仰坡应开挖一级防护。洞口仰坡开挖线外应布设1~2个地表沉降监测断面,监测点自拱顶中心向两侧展布至边坡开挖线外5m,测点间距不大于5m。进洞后,开挖面距监测断面小于$2B$时(B为隧道开挖宽度,下同),监测1~2次/天。开挖面距监测断面小于$5B$时,监测1次/2~3天。开挖面距监测断面大于$5B$时,监测1次/3~7天;如遇大雨天气,应及时进行加密监测。洞门主体结构施工完毕后,才能结束监测。如洞顶有民房或隧道是极软岩等容易发生大变形的隧道,应按照有关规范要求进行洞内外监测。

(5)隧道洞口位于Ⅳ级及Ⅴ级围岩段时,洞身开挖90m之前应施作完成洞口工程;洞口位于Ⅲ级围岩段时,洞身开挖120m之前应施作完成洞口工程。

(6)隧道Ⅱ、Ⅲ级围岩开挖采用全断面法。石质隧道的爆破作业,采用光面爆破或预裂爆破。爆破作业根据工程地质条件、开挖断面、开挖方法、循环进尺和爆炸材料进行钻爆设计。

钻爆设计根据爆破效果不断优化爆破参数。为了达到良好的爆破效果，施工过程中严格控制周边眼间距及装药量，严格控制外插角角度。周边眼间距一般40cm，装药采用间隔式装药，药卷需提前加工，将乳化炸药分段间隔捆绑在装有导爆索的竹片上，后放入周边眼内，所有装药炮眼均采用炮泥堵塞。钻孔过程中采用定人、定岗、定钻，分清责任区，采用以奖为主，奖罚分明的奖惩措施。

(7)石质边、仰坡与相接路基边坡爆破开挖时按照本指南8.3节相关要求执行。

16.2.2 安全设施

(1)洞口应设置相应牌图，包括工程概况牌、管理人员名单及监督电话牌、消防保卫(防火责任)牌、安全生产牌、文明施工牌、风险告知牌、施工现场平面图及安全警示标牌等，如图16-1所示。

(2)洞口场地须硬化，硬化长度不宜小于100m。

(3)洞口处须设置值班室或监控室，设专人负责对进出隧道的人员、机械和爆破器材进行实时登记管理。1km以上的隧道和Ⅲ、Ⅳ级风险隧道应配置电子门禁系统、视频监控系统和人员识别定位系统，实时显示洞内的人数及其他人员信息。其他隧道可参照使用，如图16-2所示。

图16-1 隧道洞口场地布置图

图16-2 隧道洞口门禁系统及视频监控系统

16.2.3 矿山法隧道工程开挖

(1)安全要点

①隧道爆破施工应符合《爆破安全规程》(GB 6722—2014)及本指南第8章的相关要求。

②开挖人员到达工作地点时，应首先检查工作面是否处于安全状态，如有松动的石、土块或裂缝应先予以清除或支护。

③爆破后应按先机械后人工的顺序进行找顶，确认安全后方可进行下道工序。

④Ⅲ级及以上等级的围岩开挖后的拱顶和边墙部位应及时进行初喷封闭，喷射混凝土厚度不宜小于3cm，防止掉块、开裂、渗水、变形。

⑤台阶法开挖时，台阶长度不宜超过隧道开挖宽度的1.5倍，台阶不宜多分层，上台阶开挖高度不得超过隧道净高的2/3。当设有型钢拱架或钢格栅时，台阶两侧马口错开距离不小

于2m,上部断面及下部断面一次开挖长度应相同,一次开挖长度不应超过1.5m,且须在4小时内接顺钢架并落底稳固。

⑥当采用中隔壁法(CD法)或交叉中隔壁法(CRD法)开挖时,开挖侧喷射混凝土强度达到设计要求后方可进行另一侧开挖,左右侧导坑掌子面须保持不小于1倍洞径的纵向距离,且同一侧导坑的上下台阶应保持3~5m的距离。当开挖形成全断面时,应及时完成全断面初期支护闭合,中隔壁及临时支撑应在二次衬砌施工时逐段拆除。

⑦采用双侧壁导坑法施工时,导坑宽度宜为隧道宽度的1/3。侧壁导坑、中槽部位开挖应采用短台阶,台阶长度3~5m,必要时应预留核心土。左右导坑前后距离不宜小于15m。导坑与中间土体同时施工推进时,导坑应超前30~50m。

⑧当同一隧道双向开挖接近贯通时,两端的施工负责人应当加强联系,服从统一协调指挥。距离小于100m时,一端爆破,另一端掌子面附近人员应撤离至安全区域。当两端掌子面距离15~30m时(视围岩情况),应改为单向掘进,当一端爆破开挖时,应将另一端掌子面附近人员和设备撤至安全区域,并在安全距离处设置警示标志和警戒线,禁止人员入内,直至全面贯通。

⑨仰拱开挖时,Ⅳ级及以上围岩仰拱每循环开挖长度不得大于3m,不得分幅施作。开挖后应立即施作初期支护。栈桥等架空设施强度、刚度和稳定性应满足施工要求。栈桥基础应稳固,桥面应做防侧滑处理。

⑩隧道开挖应连续循环作业,若因故停工,停工前应对掌子面进行检查并制订专项措施予以封闭。停工7d以上时,复工前施工单位技术负责人应组织人员对掌子面安全状态进行核查确认。

⑪超前地质预报采用隧道地质预报观测系统(TGP)(图16-3)、地质雷达、红外探水、超前加深炮孔等,分别探测前方120~150m、30m、5m的围岩地质、水文等情况,通过长中短三种距离相结合的超前地质预报系统,动态掌控,相互验证,确保开挖作业全过程能够准确掌握前方地质情况,降低施工风险。

图16-3 TGP隧道地质预报观测系统

(2)安全设施

①在隧道开挖掌子面至二次衬砌之间应设置逃生通道,并随着开挖进尺不断前移,逃生通道距离开挖掌子面不大于20m。逃生通道的刚度、强度和抗冲击能力应满足安全要求,内径不宜小于0.8m。采用钢管作为逃生通道时,钢管壁厚不小于10mm,每节管长宜为5m,在每节钢管距端头1.5m处各设一个吊环,焊接在同一纵断面上,钢管间采用连接钢板和U形插销连接,如图16-4所示。推广使用轻质、高强的新型逃生通道,如图16-5所示。

②隧道爆破施工时,应设置警戒线,并在洞口放置如“前面放炮,禁止通行”的警示标牌,如图16-6所示。

图16-4　隧道内应急逃生通道

图16-5　新型逃生通道

③开挖的仰拱前后应设醒目的安全警示标志,栈桥等架空设施两侧应设限速警示标志(图16-7),车辆通过速度不得超过5km/h。

图16-6　爆破警示标牌

图16-7　仰拱施工搭设的栈桥

16.2.4　支护、衬砌

(1)安全要点

①支护前应清除爆破后危石,喷锚支护的工作平台应牢固可靠,喷射手应佩戴必要的防护用品。喷射施工时喷嘴前端严禁站人,锚杆(管)注浆作业时应安装压力表,杜绝压力超限。注浆管接头要牢固,防止爆管伤人。

②锚杆施工时推广使用自动锚杆钻机,如图16-8所示。喷射混凝土施工时宜推广使用带机械手的混凝土湿喷机(图16-9),隧道锚杆采用风动凿岩机成孔,拱顶可采用YSP-45向上式高频钻机。锚杆钻孔利用支护台架施钻,按照设计间距布孔。钻孔方向尽可能垂直结构面或初喷混凝土表面。锚杆孔比杆径大15mm,深度误差不得大于±50mm。

③钢拱架节段之间必须连接牢固,底部须平整垫实且稳定,不得有积水浸泡,严禁将钢拱

架坐落在松软的土体或风化石上。

④钢拱架之间须连接成整体,每一台阶均须有锁脚锚杆,锁脚锚杆下插角度应满足设计要求,且施作高度距离钢拱架脚不大于80cm,并采用U形筋与钢拱架连接牢固。临时钢拱架支护应在隧道初期支护封闭成环并满足设计要求后拆除。

图16-8 自动锚杆钻机

图16-9 带机械手的混凝土湿喷机

⑤隧道钢架支护分为型钢钢架和格栅钢架两种,型钢钢架弯制结合隧道开挖方法采用型钢弯制机按照隧道断面曲率分节进行弯制,弯制完成后,先在钢拱架试拼台上进行试拼。

⑥格栅钢架在现场设计的工装台上加工,根据不同断面的钢架主筋轮廓放样成钢筋弯曲模型。钢架在胎模内焊接,控制变形。按设计加工好各单元格栅钢架后,组织试拼,检查钢架尺寸及轮廓是否合格。

⑦钢架安装在掌子面开挖初喷完成后立即进行,根据测设的位置,各节钢架在掌子面以螺栓连接,连接板密贴。为保证各节钢架在全环封闭之前置于稳固的地基上,安装前清除各节钢架底脚下的虚渣及杂物。

⑧底脚下地基,必须坚实、稳固,达到施工图设计要求。视实际情况必须按规范要求进行处理。

⑨施工期间,现场施工负责人应会同有关人员定期对支护各部进行检查,在不良地质地段每班应设专人随时检查。当发现支护变形或损坏时应立即整修或加固。当发现已喷锚区段的围岩有较大变形或锚杆失效时,应立即在该区段增设加强锚杆或其他加固措施,情况严重时应先撤离施工人员,再行加固。

⑩当发现监测数据有不正常变化或突变,洞内或地表位移值大于预警值,洞内或地表出现裂缝以及喷层出现异常裂缝时,均应视为危险信号,必要时立即报告上级并组织洞内作业人员撤离现场,待采取处理措施后才能继续施工。

⑪二次衬砌台车模板及支架应具有足够的刚度、强度和稳定性,应满足自动行走要求,并有闭锁装置。两车道台车面板钢板厚度不小于10mm,三车道台车面板钢板厚度不小于12mm,三车道以上二次衬砌台车必须经过验算,邀请有关专家研究审查后定制。应对台车的各种伸缩构件、液压系统和电气控制系统进行严格的调试,确保使用状态良好。台车爬梯应由同一厂家配套生产,并安装牢固。台车行走轨道应采用型钢、钢板或不小于200mm×200mm的方木支垫稳定,支垫高度不大于30cm,轨道铺设长度应超出台车不小于3m。主洞二次衬砌

模板台车每施工 200m 应校核一次。

⑫施工作业台车(含开挖台车、防水板铺挂台车和二次衬砌台车等)上固定的电线电缆应套PVC 管,接头部位应采用绝缘胶带包裹并固定,施工过程中应加强对电路的巡视检查,防止漏电。

⑬在软弱、破碎的围岩地段,仰拱应随开挖及时施作,尽快使初期支护形成封闭环,及时施作二次衬砌。二次衬砌距掌子面的距离Ⅳ级围岩不得大于 90m,Ⅴ级围岩不得大于 70m。其他地段,待初期支护位移和变形稳定后施工二次衬砌。

⑭仰拱与掌子面的距离,Ⅲ级围岩段不得超过 90m,Ⅳ级围岩段不得超过 50m,Ⅴ级围岩段不得超过 40m。

(2)安全设施

①支护和衬砌使用工作台车平台应满铺,设安全防护栏、爬梯、防滑等设施,安全防护栏高度为 1.2m,立杆间距不得大于 1.5m,横杆与上下件之间距离不得大于 60cm,立杆和扶杆宜采用 ϕ48 钢管制作。

②当工作台车两侧悬臂可伸缩时,伸缩杆(梁)上须设置有效的限位装置。

③隧道内二次衬砌台车和工作台车上应安装灯带及反光标识,并在两侧防护栏杆外侧配挂全反光材料制作的安全警示牌,确保施工和车辆通行安全,如图 16-10 所示。

④隧道衬砌施工属于高处作业,应遵守高处作业的相关操作规程,如图 16-11 所示。

图 16-10　作业台车安全标志

图 16-11　隧道衬砌施工时的安全防护

⑤衬砌钢筋安装应设临时支撑,临时支撑应牢固可靠,并有醒目的安全警示标志。钢筋焊接作业时在防水板一侧应设阻燃挡板。

16.2.5　竖井、斜井

(1)安全要点

①竖井、斜井施工前,修整好井口附近的排水沟、截水沟,防止地表水侵入井中造成坍塌事故。竖井井口平台应比周边地面高出 0.5m。

②当发现工作面附近或井筒未衬砌部分有落石现象、异响或大量涌水时,应立即撤离工作面施工作业人员,并报告项目部及相关人员处理。

③竖井施工时应配置备用发电机和抽排水,能力大于预计排水量 120% 的抽排水设施。

(2)采用反井法施工的竖井

①在进行连接钻头、钻杆和排渣等需要上下工作面配合的作业时,须上下工作面联系清楚无误后,方可进行,以免造成意外事故。

②下井人员禁止喝酒,严禁带烟和火种下井。

③导孔期间,应加强对钻机各部位的检查,不得随意停水、停电。

④对反井钻机施工段的围岩进行必要的加强支护。在钻头提升过程中,竖井内操作人员应佩戴安全帽、安全绳、手套、胶鞋等防护用品,若钻头发生卡壳,应从钻头上部进行处理。

⑤扩孔过程中应及时清理孔底的积渣料和洞内散落的石渣,保证下平洞道路平整、畅通、无积水。

⑥斜井施工应参照主洞施工的相关要求执行。

(3)安全设施

①竖井口应设置防雨设施,井口周围应设置防护栏杆和安全门,防护栏杆的高度不小于1.2m。

②在井口明显部位应设置防坠落、防触电、防机械伤害等标志标牌,井口和井底应悬挂警示信号装置(图16-12)。

③竖井施工时,在井口和井底应设置一块工作区域,进行围闭,并悬挂安全警示标志。

④竖井井架应安装避雷装置。

⑤斜井一侧应设1m宽的人行通道供进出施工人员行走,与车行通道的安全距离不小于2.5m。人行道设置1.2m高的护栏,每间隔30~50m设置一处休息平台(图16-13)。

图16-12 井口/井底安全标志标牌

图16-13 斜井人行步梯

16.2.6 交通安全

(1)安全要点

①洞内运输车辆应状态完好、制动有效,做到“三不超(不超速、不超载、不超员)、五不开(不开斗气车、不开有隐患的车辆、不酒后开车、不开与准驾不相符的车辆、不疲劳驾驶车辆)”。装运大体积、超长料具时应有专人指挥、专车运输,并设置指示界限的红灯,料具应绑扎牢固;出渣车辆掉头段应设专人指挥。

②进出隧道的行人通道与机械、车辆通道应分开设置。运输通道应由专人进行维修养护,

并清理两侧的废渣和余料,保持路况良好。隧道施工运输路线的空间必须满足最小行车限界要求,并根据不同的运输方式,在洞口、设备、设施等位置设置信号和标志予以警示。施工承包商运输车辆不准超载、超宽和超高运输,不得人货混装。车辆行驶中应随时观察线路有无障碍和洞内其他设施、设备、临时支撑等有无侵入限界情况。运输线路或道路应保持平整、畅通,并设专人按标准规定的要求进行维修和养护。线路或道路两侧的废渣和杂物应随时清除。进出隧道人员必须走人行道,不得与机械抢道,严禁扒车、追车或强行搭车。

③隧道成洞段行驶车辆车速不得超过15km/h,未成洞地段车速不得超过5km/h。

④洞外弃渣场地应保持一定的上坡段,防止车辆顺坡翻车,并在弃渣场临边侧以内1m处设置醒目的停车标志。

⑤保证洞内通风及照明良好。

(2)安全设施

①在洞口、平交道口及施工狭窄地段应设置"减速慢行"等警示标志,必要时应设专人指挥交通,如图16-14所示。

②洞内停放的车辆、施工机具和堆放的材料严禁占用运输通道,且其周边应设置反光锥等反光警示标志,如图16-15所示。洞内所有机械、设备须粘贴反光标识。

图16-14　洞口限速标志

图16-15　隧道机械设备安全围护

③隧道成洞段行人和机械、车辆通道应采用隔离带区分,隔离带上贴明显的反光标识(图16-16)。

a)

b)

图16-16　行人和机械、车辆通道隔离带

16.2.7 通风设施

(1)安全要点

①隧道单向掘进长度超过150m时应进行机械通风,隧道施工通风应纳入工序管理,由专人负责。通风应能提供洞内各项作业所需的最小风量,风速不得大于6m/s;每人供应新鲜空气不得小于3m^3/min,内燃机械作业供风量不宜小于4.5m^3/(min·kW)。

②通风管与掌子面的距离应根据隧道断面尺寸确定,送风式通风管的送风口距掌子面不宜大于15m,排风式吸风管距开挖面不得大于5m。风管底面高度不宜小于2.5m,风管过台车台架时,台架应预留风管专用通道,避免弯折造成风损。

③严禁人员在风管的进出口附近停留。通风机停止运转时,任何人员不得靠近通风软管行走或在软管旁停留,不得将任何物品放在通风管或管口上。

④供风管应敷设平顺,接头严密,不漏风。软管与钢风管的连接必须牢固可靠,风管拆卸必须在空压机停机或关闭闸阀后进行。

⑤(特)长隧道、瓦斯隧道应进行专项通风设计。

(2)安全设施

①通风机设置在洞口一侧,固定于机架上,机架应采用混凝土固定,并设置安全警示标志;通风机距洞口不得小于30m(图16-17)。

②通风软管敷设在洞壁或地面上,应采取有效措施固定,防止风管摆动、脱落。沿线应每50~100m设置警示标志或色灯(图16-18)。

图16-17 隧道通风机设置

图16-18 通风软管敷设

③隧道施工应采取综合防尘措施,并应配备专用检测设备及仪器,如图16-19所示。长度超过500m的隧道应配备喷雾降尘设备。隧道内存在矽尘的作业场所,每月应至少取样分析空气成分一次,测定粉尘浓度一次。隧道作业人员应配备防尘口罩、耳塞等个人劳动保护用品。

16.2.8 照明设施

(1)安全要点

①隧道内的用电线路和照明设备必须设专职电工负责检修管理,检修电路与照明设备时

应切断电源。

②隧道内的照明灯光应保证亮度充足、均匀、不闪烁。在隧道内密集作业段或软弱围岩段应加强照明。

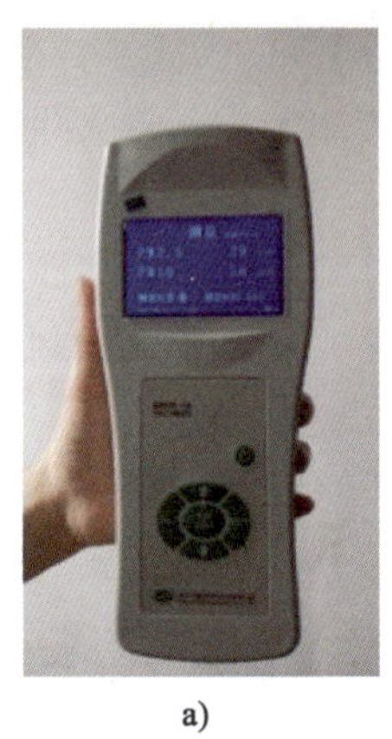

a)

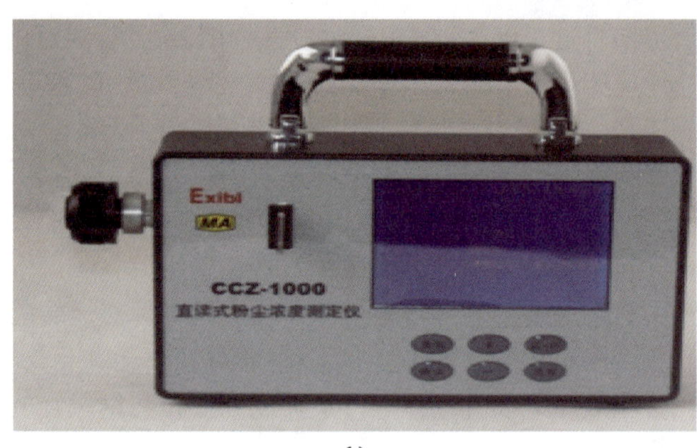

b)

图 16-19　粉尘检测仪

③施工作业段照明应采用不超过36V 的低压电源;成洞段或不作业地段宜采用220V。照明灯具宜采用冷光源,漏水地段应采用防水灯具,瓦斯地段应采用防爆灯具。

④成洞段每隔 20m 设置一盏满足照度要求的照明灯,未成洞段 6 ~ 10m 设一盏满足照度要求的照明灯箱,照度要求见表 16-1。照明灯高度不应低于 3.5m,且不应低于隧道内壁装饰(贴瓷砖)高度,建设单位应统筹协调隧道各施工单位,以保持洞内照明不中断,至隧道内机电工程施工完成后方可拆除。布线需遵循高压在上、低压在下、干线在上、支线在下,动力线在上、照明线在下的原则。

隧道施工照度标准(单位:lx)　　表 16-1

施工作业地段	照度标准 (平均照度不小于)	施工作业地段	照度标准 (平均照度不小于)
施工作业面	30	特殊作业地段或不安全因素较多地段	15
开挖地段和作业地段	10	成洞地段	4
运输巷道	6	竖井内	8

⑤隧道内变电站宜设置在已支护的预留洞室内,变压器与周围及上下洞壁的最小距离不得小于 300mm。

⑥隧道内的用电线路,均应使用防潮绝缘导线,悬挂固定高度不小于 3.5m;不得将电线挂在铁钉或其他铁杆上;如使用电缆应牢固地悬挂在高处,不得放在地上,输电线路不得与通风管设置在同一侧(图 16-20)。

⑦隧道内严禁使用有火焰的灯火照明,不得明火取暖。

⑧隧道内成洞段每隔 30m 及横通道口处设置一盏应急灯,应急灯宜固定在洞壁距地面 3.5m高处(图 16-21)。

图 16-20 隧道电线路敷设

图 16-21 隧道内应急灯设置

(2)安全设施

①洞内用电箱应放置在干燥、安全的地点,在潮湿及漏水隧道中的照明设备应使用防水灯具(图 16-22)。

②工作台车上固定的照明设备附近须设置“小心触电”等安全警示标志,电线接头须包裹严密不外露,并定期进行检查(图 16-23)。

图 16-22 隧道内照明设备

图 16-23 工作台车上照明设备安全警示标志

③洞内变电站周围必须装设防护栅栏、警示灯及反光标识,悬挂“禁止攀登,高压危险”等安全警示牌(图 16-24)。

16.2.9 消防设施

(1)安全要点

①隧道内重点部位(易燃可燃材料临时存放点等)按要求设置消防器材,洞口值班室应设置 4kg 灭火器不少于 2 具。

②二次衬砌台车及防水板工作台车应设置 4kg 灭火器不少于 4 具。

③施工隧道洞口工程时,宜按设计要求结合营运永久性消防水池建设土建施工期的高低位水池及取水点,以供后续洞内施工和消防用水。

(2)安全设施

①隧道洞口应放置消防安全注意事项标识牌。

②防水板和二次衬砌工作台车平台上放置灭火器处应设置明显标识牌(图 16-25)。

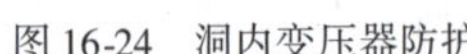

图 16-24 洞内变压器防护

图 16-25 台车灭火器标识牌

16.2.10 排水设施

(1)安全要点

①隧道洞口截、排水系统应与路基或附近自然水系接顺,防止地表水冲刷边、仰坡。

②当隧道内出现涌水、滴水等现象时,应采取可靠措施将地下水引流至隧道内排水沟排出洞外。反坡排水时应根据距离、坡度、水量和设备情况确定,抽水机排水能力应大于预测最大排水量的 120%,并设有备用。顺坡排水时排水沟断面应满足隧道排水需要。

(2)安全设施

①隧道高位水池不宜设置在隧道正上方,且须做好防渗水措施,并悬挂“禁止攀爬”的安全警示标志。

②排水沉淀池周边应设置安全护栏并张挂密目式安全网,护栏高度不小于 1.2m,并设置警示标志(图 16-26)。

图 16-26 洞口沉淀池围闭

16.2.11 隧道应急设施

(1)安全要点

①长、特长及高风险隧道内应设报警系统及逃生设备、临时急救器械和应急生活保障品。

②隧道内交通道路及开挖作业等重要场所应设置安全应急照明,应急照明应有备用电源并保证光照度符合要求,在洞内停电或断电时指引作业人员撤离。

③宜在洞口或交通方便的地段修建应急物资库房,准备充足的型钢、方木、圆木、钢管、钢筋等应急物资。

(2)安全设施

隧道内逃生通道管内应长期配备足够的水、食物和应急药品,应急物资不得挪作他用,并定期进行更换。

16.2.12 岩溶隧道

(1)安全要点

①隧道通过岩溶地段坚持"以疏为主、堵排结合、因地制宜、综合治理"原则来治理岩溶水,按照"短进尺、弱爆破、强支护、早封闭、勤量测"的施工方法通过岩溶地段。

②岩溶段首先采用地貌、地质调查与地质推理相结合的方法进行定性预测,再结合地表钻孔探测、洞内超前地质预报、超前导坑预报和隧道岩溶预探等方法,进一步探测分析溶洞的分布位置、范围、类型、规模、发育程度、填充物及储水等情况,为制订岩溶段的专项处治方案提供依据。

③当隧道与溶洞空间交叉时,必须检查溶洞顶板,及时处理危石。

④爆破开始应严格控制单段起爆药量和总装药量,控制爆破振动。

⑤隧道溶洞与地表水存在水力联系时,宜在旱季进行溶洞处理和隧道施工,并应备用足够数量的排水设备。

(2)安全设施

①在探明隧道内溶洞后,应根据制定的专项处置方案及施工安全风险评估确定警戒范围(洞内及洞外地表),并设置安全警示标志,待溶洞处理完成后方可解除。

②若隧道与溶洞空间交叉时,应加强溶洞处治区域的照明,防止掉块、泥陷等情况造成人身伤害。

③矿山法隧道工程穿越溶洞的安全施工,不可避免地跨越、穿过地下溶洞,溶洞出现在碳酸盐类岩石地区,主要分布在我国广西、贵州和云南,以及深圳的龙岗地区。溶洞岩质破碎发生坍塌,岩溶水或泥沙大量涌入隧道,难以遏制,甚至地表开裂下沉,处理十分困难(图16-27)。

(3)安全要求

①勘探、踏勘及监测同时进行,绘制监测曲线图,递交项目部及建设单位作认真讨论、研究后作出处理决策,组织实施(监理协调)。

②填充注浆加固、封闭掌子面,预留注浆孔。

a)

b)

图 16-27　碳酸盐类岩石溶洞

③溶洞实际情况平行于隧道，一般采取两侧或中心位置设置围护桩、或设置梁、拱跨越的施工工艺。

④设计院进行有限元模拟合理性和科学性，融入专家评审建议和意见。

16.2.13　富水区隧道

(1)安全要点

①在富水区隧道进行钻孔作业时，发现岩壁松软、掉块或钻孔中的水压、水量突然增大，以及有顶钻等异常情况时，必须停止钻进，立即报告现场负责人，分析研究处理措施，并派人监测水情。当涌水量突然增大时(水量超过 $5m^3/min$)，立即撤出危险区域的人员，然后采取措施进行处理。

②隧道施工过程中(图 16-28)，一旦发现浑水等突泥、突水、坍塌预兆时，立即停止施工，并撤出危险区域的人员，分析原因，采取措施进行处理。

③在水压较高的隧道进行钻孔作业时，应选择适合较高水压的钻孔设备，钻孔设备应采取防突水突泥冲出的反推或拴锚措施。注浆作业时应安装满足水压要求的带止水阀门的孔口管，孔口管应安装牢固，作业时作业人员不应站立在孔口正面，且应远离孔口。

④在地下水较多的地段，敷设爆破网络时应做好接头的绝缘与防水处理，不得将接头浸在水中。

(2)安全设施

①涌水段施工区域应加强照明，安全电压为 12V，并采用防水灯具。

②注浆作业人员要配戴口罩、防护眼镜和手套，以防止水泥粉尘和水玻璃溶液对人体造成伤害。

③隧道开挖工作面应配备水压测试仪和应急报警器，当出现水压较大时应启动报警器，紧急疏散危险区域的人员，并采取措施进行排水减压。

④富水隧道反坡施工时，应配置有预计最大排水能力 200% 的抽排水设施。

⑤隧道工程的局部渗漏是正常现象，但工程初次衬砌表面长期渗漏，形成游离钙-泛碱

(图16-29),则是安全隐患的预兆,必须查明真实的渗漏结论,按相关要求应急处理。

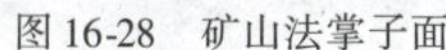

图16-28 矿山法掌子面

图16-29 矿山法隧道游离钙-泛碱

16.2.14 瓦斯隧道

(1)安全要点

①首先采用《公路工程施工安全技术规范》(JTG F90—2015)规定的瓦斯压力法、综合指标法、钻屑指标法、钻孔瓦斯涌出初速度法、"R值指标法"中的两种方法验证确认瓦斯浓度是否处于安全限值范围,并严格按照规定频率进行检测。

②瓦斯隧道施工必须使用防爆型电气设备与作业机械,同时应当制订瓦斯突出应急预案,确保人员生命安全。

③开挖后及时进行喷锚支护,封闭围岩,堵塞缝隙,减少、防止瓦斯逸出。

④洞内照明电压不得超过110V,手提作业灯为12~24V。

⑤瓦斯隧道施工期间应连续通风,工作面附近20m以内风流中瓦斯浓度须小于1%,通风风管应采用抗静电、阻燃的风管。

⑥瓦斯地段的爆破作业必须采用煤矿许用的炸药和雷管。

⑦铲装石渣前应用水浇湿石渣。

(2)安全设施

①瓦斯隧道施工期间,应建立监控、检测系统,测定瓦斯浓度、风速等参数。低瓦斯区域可用便携式瓦检仪,高瓦斯或瓦斯突出区域还应配置高浓度瓦检仪和自动检测报警断电装置(图16-30)。

②应配备两套电源供电,并采用双电源线路,其电源线不得分接隧道以外的任何负荷。自动断电开关必须设置在送风道或洞口。

③瓦斯隧道应设置消防设施,人员聚集处应设置瓦斯自动报警仪。

16.2.15 岩爆隧道

(1)安全要点

①通过监听岩体内部声响及观察岩面剥落情况等方法,发现岩爆迹象时,作业人员应撤离

出危险区域。

②宜在围岩内部应力释放后采用短进尺开挖，每循环进尺宜为 1～2m。光面爆破的洞室轮廓应规则圆顺，避免应力集中。

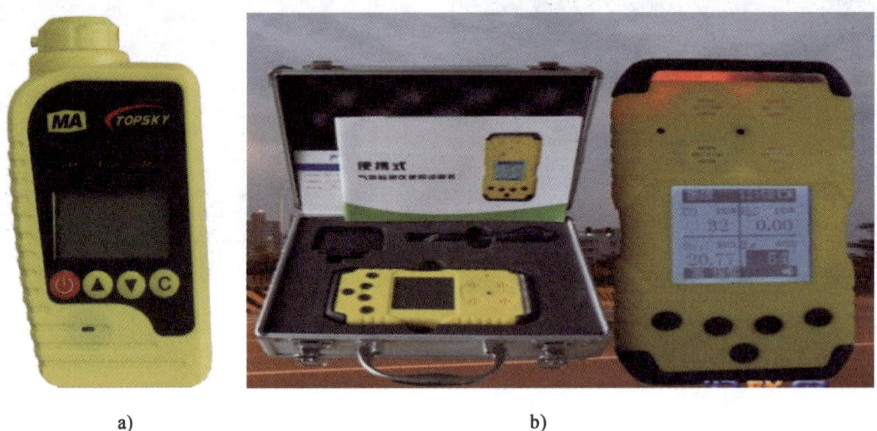

a) b)

图 16-30 瓦斯监测仪

③岩爆隧道施工时，应通过高压洒水、围岩打孔、打设超前小导管等措施减弱岩爆强度。

④爆破后进入下道工序前，每循环内对暴露的岩面找顶 2～3 次。

⑤加大监测和巡查的频率，确保岩爆隧道施工安全。

(2)安全设施

①作业人员应佩戴安全帽、护目镜及防砸鞋等防护用品。

②岩爆隧道开挖面应配备高压水枪。

③喷射混凝土支护中宜加入钢纤维或加铺退火钢丝网，加强围岩表面强度，减缓和控制岩爆的发生(图 16-31)。

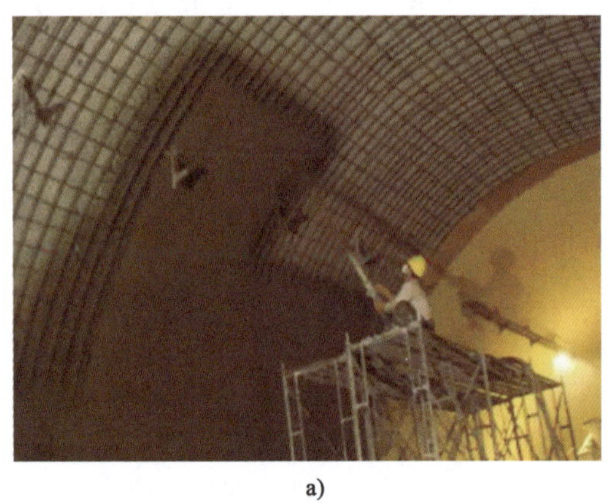

a)

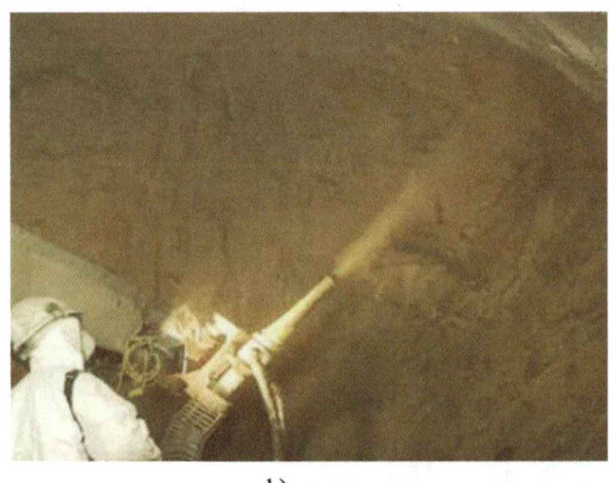

b)

图 16-31 岩爆隧道开挖面的喷混凝土支护

④拱部及边墙应布设预防岩爆锚杆，施工机械驾驶室等重要部位应加装防护钢板。

16.2.16 放射性花岗岩地段施工

(1)安全要点

①按规定频率进行放射性检测,检测值在安全范围内方可作业。

②严禁在洞内放射性物质浓度较高的地段进食、饮水。

③施工人员在施工时须穿防辐射服,并定期进行更换。防辐射用品、用具应按规定单独存放管理。

④放射性物质地段的地下水及洞渣排出洞外后应按《放射性废物安全管理条例》处理。

(2)安全设施

①须配备放射性检测仪(图16-32)。

②进入放射性物质地段的人员还须佩戴防辐射成套工作服、手套、面罩等防护用品(图16-33)。

③隧道内排出的地下水必须经三级沉淀池后,进入专业的辐射污染水处理系统进行处理,达标后方可排至附近自然水系,污染水处理系统应定期进行清理。

图16-32 放射性检测仪

图16-33 防辐射工作服

16.2.17 明挖隧道

(1)安全要点

①明挖隧道工程的开挖必须遵守"开槽支撑、先撑后挖、对称分层"的安全开挖的基本原则(图16-34),保证开挖隧道的安全稳定性。

②钢围檩按连续梁结构进行加工制作,严禁按简支梁结构进行加工制作。加工制作可分段加工,安装过程中必须达到连续梁结构的基本要求。

③钢支撑的固定端与钢围檩固定焊接,活动端(扩大头)先制作安全托架,钢支撑安装后设置防坠落安全绳。

④按安全专项方案预埋监测原件,按方案要求进行监测,依据开挖情况加密监测,绘出监测曲线图,以供项目部及总工程师作出施工决策、部署。

(2)安全设施

①地勘单位必须提供明挖隧道工程的详细的勘察报告[《地质勘探安全规程》(AQ2004—2005)],对地层的描述必须符合设计及规范的相关要求。

②对明挖隧道两侧的建(构)筑物的下部结构,应全面地收集设计、施工情况,必要时进行详细的踏勘活动。严禁冠梁外侧不及时设置防护栏杆(图 16-35)。

图 16-34　明挖隧道钢支撑(先撑后挖)

图 16-35　明挖隧道冠梁外侧栏杆

③实际开挖的岩层情况应与勘察报告进行比较,若有较大的区别,提交相关会议进行分析、研究,作出科学决策。

④明挖隧道工程,对围护结构在施工过程中已预埋的监测原件,应提前监测初始值,先撑后挖、对称分层开挖的过程中,应及时做好监测,做好详细的监测记录,并绘制曲线图。为项目部提供相关资料,为施工决策提供有效依据。

16.3　土质隧道掘进机(盾构)

16.3.1　土质隧道掘进机(盾构)概述

盾构法隧道工程又称为全断面隧道钻掘工法,1818 年法国工程师布鲁内尔从蛀虫在木头中钻洞,体内排出黏液,加固洞穴的现象得到启发。1978 年出现泥水加压盾构,后出现土压平衡盾构。目前隧道掘进机,分类为盾构、TBM。

盾构机组成如图 16-36 所示。

土质隧道掘进机(盾构)与岩层隧道掘进机(TBM)的异同处。

相同处:

(1)采用刀盘破碎(切削)岩层。

(2)轨道上行走。

不同处:

(1)反力的提供机理不同,盾构为反力架及管片提供反力,TBM 为撑靴撑在隧道的侧面提供反力。

(2)盾构为预制管片,壁后同步或二次注浆;TMB 为管棚、超前导管、锚杆,喷射混凝土为初期支护,常规施作二次衬砌。

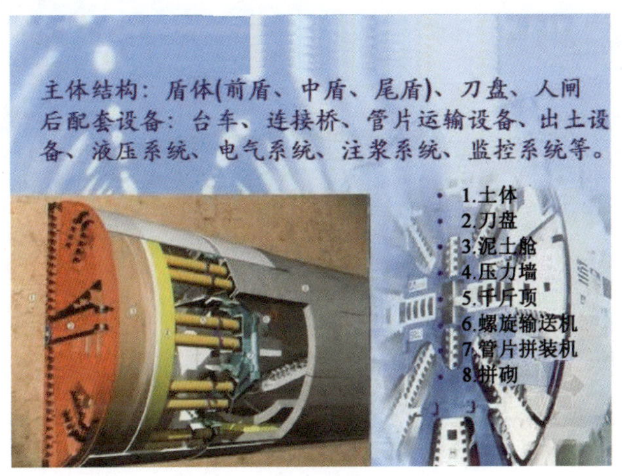

图 16-36　盾构机组成

16.3.2　安全要点

(1)采用敞开式盾构掘进,土层中有水时,必须采取降水等控制措施。

(2)设备的电气接线与拆卸必须由电工操作,使用前应由电工检查,确认合格。

(3)穿越铁路、轨道交通、房屋等建(构)筑物时,应采取防护措施,并经管理单位同意后方可施工。

(4)盾构掘进施工宜使用盾构机,施工前应根据工程与水文地质情况、设备供应情况,选择适宜的盾构机类型,图 16-37 为 3 圆泥水式盾构。

图 16-37　3 圆泥水式盾构

(5)土质掘进机(盾构)施工中,为防止管片的渗漏应及时做好管片三环拼装试验检测(图 16-38)。遗洒的液压油和各种浆液等应及时处理,保持作业环境清洁,且不得堵塞排污管道和污染地下水。

(6)盾构机进、出竖井前应对隧道洞口的土体进行加固(图16-39),并完成封门施工。土体加固范围应根据地质条件和隧道埋深确定,且长度不得小于盾构长度,宽度不得小于盾构两侧外各2m。

图16-38 管片三环拼装

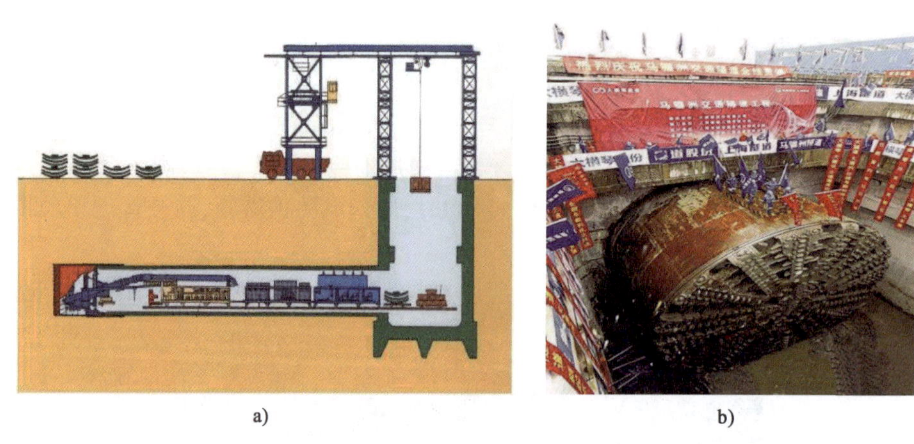

图16-39 土质盾构机进、出洞

(7)盾构及其部件在吊运中应加强保护,不得损坏和变形。盾构设备在现场总装调试合格并形成文件后,应试掘进50~100m,待确认正常后,方可正式投入使用。盾构在使用中应定期检查、维修和保养。

(8)盾构在保养和维修中严禁自行更换、改装原有配件,配件有损坏时应采用原生产企业提供的备用件或经设计部门、上级主管部门批准使用的加工件,盾构的保养和维修必须在完全停机并采取安全技术措施情况下进行。

(9)施工过程中,必须按监控量测方案的规定,布设监测点,设专人对下列情况进行观察量测并记录,随时分析确认是否正常,为掘进提供决策依据:

①成洞管片隆陷、裂缝和变形。

②影响区内地面和地下管线等构筑物隆陷。

③影响区内地上建筑物的隆陷、位移、裂缝、倾斜等。

(10)带压、常压开舱、检查、换刀,应按融入专家审批的建议和意见的安全专项方案执行,精心组织施工,进舱人员必须持有效证件进行操作。

(11)及时做好同步、二次注浆的施工(图16-40、图16-41)。

a)

b)

图16-40　土质盾构机掘进拼装

a)

b)

图16-41　同步注浆、二次注浆

16.3.3　设备与辅助装置

(1)始发竖井上起重设备宜采用门式起重机。

(2)后背结构的安装、拆除应采用始发竖井的起重设备进行。

(3)盾构设备进入接收竖井并就位后,应立即关机、断电、卸压。

(4)后背结构应根据盾构最大顶力进行施工设计,经计算确定。后背结构应安装牢固、与竖井壁贴实,并与顶力轴线垂直,符合施工设计要求。拆除后背应符合下列要求:

①拆除时,非作业人员严禁进入竖井。

②拆除的设备和材料应及时运走或按指定地点码放整齐。

③当成洞管片与周围土壤间的总摩擦力大于最大顶力后,方可拆除后背负环。

④安装盾构设备前竖井支护结构和基座混凝土应达到设计强度。导轨安装应经验收,确认合格。安装盾构设备,应采用起重机进行。高处作业应支搭作业平台。安装盾构设备必须严格按设备使用说明书的规定进行。

(5)组装管片传递反力千斤顶时(图16-42),应符合下列要求:

①组装管片端面应与隧道轴线垂直。

②组装管片环向应圆顺,拴接应牢固。

③组装管片应固定牢固,与后背之间应贴实。

④位于提升口处的组装管片,应采取加强措施和防撞保护。

⑤施工中应随时对管片进行检查,发现管片紧固螺栓有松动,应及时紧固;发现管片有错台、劈裂、掉角和其他损坏现象,应及时更换。

a)

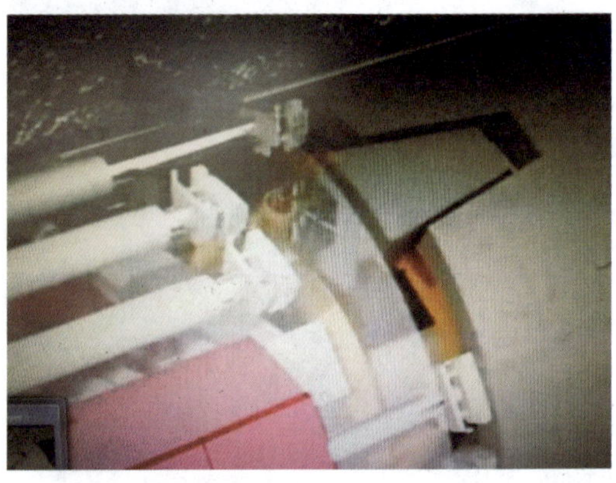

b)

图16-42 组装管片传递反力千斤顶

(6)安装、拆除传力柱应符合下列要求:

①装拆传力柱时,竖井内不得进行其他作业。

②传力柱轴线应在通过盾构轴线的铅垂面上。

③传力柱之间应连接牢固,并应安设锁定装置。

④传力柱与盾尾管片顶接处,应安设带有柔性衬垫的弧形顶块。

(7)基座和导轨施工应符合下列要求:

①导轨应根据盾构质量选择相应的型号。

②基座宜采用现浇钢筋混凝土结构,并与施工竖井底板连接牢固。

③基座混凝土应达到设计强度的80%,且不得低于5MPa,方可安装导轨。

④导轨应牢固地安装在基座上,并应安装直顺,与竖井侧壁之间应支撑牢固。

⑤导轨端头与封门间应留有安装、调整密封装置的操作间隙,其间隙不宜小于50cm。

⑥基座应根据盾构的质量、尺寸、导轨和施工荷载进行设计,其强度、刚度应满足盾构安装、施工、拆除和检修的要求。

(8)拆除盾构设备,应符合下列要求:

①拆除盾构设备应采用起重机进行。

②设备拆除前必须先拆除其电气接线。

③拆除的盾构设备,应及时运至指定地点码放整齐。

④盾构设备具备拆除条件后,应及时拆除并撤出接收竖井。

16.3.4 盾构掘进

(1)盾构掘进前应具备下列条件:

①封门已按规定拆除。

②已经对作业人员进行了安全技术交底,并形成文件。

③掘进起始段已经完成土体加固,强度达到施工设计规定的要求。

④影响区内地面、管线、建(构)筑物的监测点布设完毕,并明确了专人负责。

⑤浆液配制和输送系统安装完毕,经检查、试运行、验收,确认合格并形成文件。

⑥竖井运输系统安装完毕、盾构设备安装完毕、后背和传力柱安装完毕并与盾构连接紧密,经验收确认合格并形成文件。

(2)掘进过程中必须根据监控量测情况,及时调整施工方法,确认正常。

(3)从事盾构掘进施工的作业人员,必须经过安全技术培训,经考核合格方可上岗。

(4)拆除竖井封门应编制方案,规定拆除程序和相应的安全技术措施。封门宜采用静力法拆除。

(5)掘进过程中,应由专业技术人员担任施工现场指挥,根据掘进情况,及时、准确地向岗位发出操作指令。

(6)拆除始发竖井封门后,应及时将盾构切入土体,并将洞口与盾构之间的间隙密封。当盾构全部进入土体后,应及时调整密封装置,使洞口与管片环间的间隙密封。

(7)盾构掘进应连续作业,实行交接班制度,交接时应对盾构设备进行检查,确认合格并记录后,方可继续作业。

(8)盾构进入接收竖井前,接收竖井应按设计要求完成,结构强度应达到设计规定。

(9)盾构进入接收竖井土体加固段前,土体加固应完成,且其强度应达到施工设计的规定。

(10)盾构推进至接收竖井封门附近时应停止推进,拆除封门。拆除封门后,盾构应立即推进,尽快将负环通过洞口,并及时将洞口与盾构之间的间隙密封。当盾构全部进入接收竖井后,立即将洞口与管片环间的间隙密封。

(11)采用盾构机掘进应符合下列要求:

①每一循环进尺长度,应满足安装一环管片的要求。

②盾构机操作工,必须按照机械使用说明书的规定程序操作。

③使用泥水平衡盾构机时,应设泥水分离装置和排水设施,不得泥水漫流。

④掘进过程中,应随时观察密封舱压力,并保持压力稳定,且不得大于控制压力。

⑤掘进中应随时观测盾构机切削功率变化情况,并进行控制,保持切削功率稳定,且不得大于额定功率。

⑥盾构机运行中,出现故障必须立即报告项目经理部主管领导研究处理。处理故障前应

有编制的应急安全专项方案，针对处理中可能出现的不安全状况采取相应的安全技术措施，方案应按施工组织设计管理规定的程序进行审批后，方可实施。

(12)掘进过程中出现下列情况之一时，必须立即停止掘进作业，经过分析，采取措施，确认安全后，方可恢复掘进作业：

①开挖面发生严重塌方。

②遇到障碍物无法掘进。

③传力柱发生弯曲或扭曲。

④后背变形、位移超过规定。

⑤顶力骤然增大或超过控制顶力。

⑥成洞管片出现裂缝或接口出现劈裂、错台。

⑦成洞管片沉降值、沉降速率和变形大于设计规定；纵向、横向错台严重超出施工、验收规范要求。

⑧盾构机的切削功率(或切削扭矩)和密封舱压力大于额定值。

⑨影响区内地面、地下管线、建(构)筑物的沉降、倾斜度、结构裂缝和变形等量测数据有突变或超过限值。

(13)采用敞开式盾构掘进应符合下列要求：

①敞开式盾构严禁带水掘进。

②掘进过程中，刀盘扭矩和总推力超控制值太大。

③掘进过程中，人员必须在盾构壳内作业。

④用管片衬砌时，每一循环进尺，应满足安装一环管片的要求。

⑤在盾构刃脚切入土体后方可掘进，掘进中刃脚应始终保持切入土体内。

16.4 岩层隧道掘进机(TBM)

岩层隧道掘进机(TBM)与土质隧道掘进机(盾构)的异同见前文表述，TBM 主机结构如图 16-43 ~ 图 16-46 所示。

图 16-43 防护棚

图 16-44 管片安装

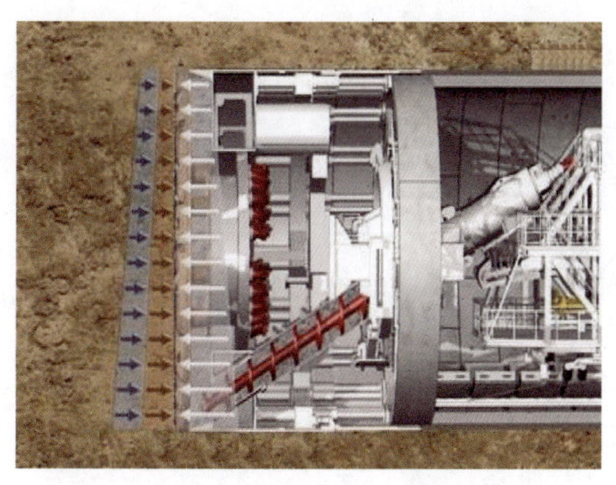

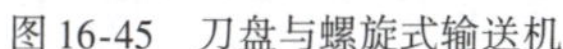

图 16-45 刀盘与螺旋式输送机

图 16-46 管片安装侧面图

16.4.1 岩石隧道掘进机(TBM)概述

岩石隧道掘进机(Tunnel Boring Machine)简称 TBM,是利用岩石隧道掘进机在岩石地层中暗挖隧道的一种施工方法。通常是利用回转刀盘又借助推进装置的作用力从而使刀盘上的滚刀切割(或破碎)岩面,以达到破岩开挖隧道(洞)的目的。

掘进机构造:是由切削破碎装置、行走推进装置、出渣运输装置、驱动装置、机器方位调整机构、机架和机尾,以及液压、电气、润滑、除尘系统等组成。

TBM 工法的基本构成:大体上分为开挖部、反力安全支撑部、安全推进部和安全排土部几个部分。

(1)开挖部

①开挖机制,开挖岩层所使用的刀具,不是用于开挖软弱土层的锯齿形刀具,而是所谓的滚刀(回转式刀具)。滚刀以一定的间距安设在刀盘上,掘进时,滚刀向岩层挤压,把岩层压碎,进行开挖。

②滚刀,滚刀是由回转的刀体和装备有刀具的刀头环构成。刀头环具有能够更换的结构。最新的刀头环采用了算盘状的刀圈,材质也改为镍铬钼合金钢系。

掘进性能与刀具的性能密切相关。在高速施工的条件下,开发长寿命,大型化的刀具是极为必要的。

③刀盘构造,TBM 与在土质中掘进的盾构不同,是以围岩的自稳为前提的。有各种各样的构造。但其最主要的是刀盘和支撑靴。

(2)反力安全支承靴

TBM 推进时需要反力(推进力、刀盘转矩)。为提供充分的反力并且不损伤隧道壁面,应该加大其接触面积,以减小接地压力。通常,接地压力取为 3.0 ~5.0 MPa。如把上述支承靴称为主支承靴,则还有所谓的以控制振动,控制方向等为目的的各种辅助支承靴(图 16-47)。

①TBM 的支承靴,设有提供推进反力的主支承靴(尾部)和掌子面支承靴(前部)。主支承靴一般是水平的在左右设置一对,但对大口径的 TBM,有时在周边上要设置 4 ~5 个支撑靴。

②敞开式 TBM 支承靴,有单支承靴方式和双支承靴方式两种。

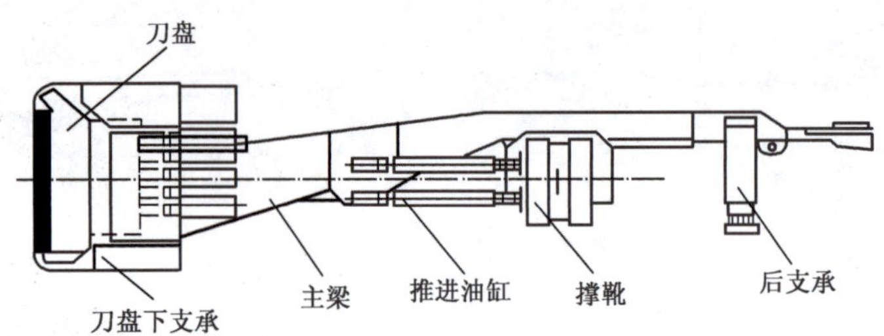

图 16-47　TBM 反力机理、推进简图

单支承靴：是在主梁上左右设一对支承靴，该支撑靴对应推进时主梁的方位能变化。

双支承靴：是前后各有一对支承靴。前面的支承靴有 4 个(X 形)、2 个(I 形)、3 个(T 形)的布置形式。方向修正：不管支撑靴是何种方式，都应在设置支承靴前进行，但对于单支承靴方式，开挖过程中也能改变方向。而双支承靴方式，在开挖进程中不能改变方向，受地质变化的影响小，直进性较好。

(3)推进

主要使用推进千斤顶，推进按下述动作反复进行。

①扩张支撑靴，固定机体在隧道壁上。

②回转刀盘，开动千斤顶前进。

③推进一个行程后，缩回支撑靴，把支撑靴移置前方，返回①的状态。

(4)排土方式

①皮带运输机，使用较多、运量大，可实现高速化，有涌水时，排土困难。

②喷射泵，液体进行输送。由喷射泵开路，掌子面可以开放。有涌水时，该方法也极为有效。但排土效率低，只用于小口径的 TBM 中。

③螺旋式输送机，用于密闭式盾构 TBM，也可以在土压式 TBM 中使用。使用该方法掌子面自稳性高，在无涌水时，掌子面可开放。

④泥土加压方式液体输送，使用在密闭式盾构 TBM 中。对掌子面的稳定效果很好。

16.4.2　安全要点

(1)TBM 设备安全问题

①施工人员在发生事故时很难迅速撤离。

②TBM 单轨段洞内相对狭窄，而且机械、气动工具、高压电气布置集中，易发安全事故。

③超前支护施作困难，护盾后侧作业工间狭小，安全风险较大。

④指圆形护盾与顶护盾间的连接方式是刚度低的螺栓，一旦遇到较大塌方块体，会发生整体下沉，而且还会使围岩变形加剧导致塌方加剧。

(2)TBM 施工安全措施

为了提高系统的整体安全性，必须在熟悉地下施工环境与 TBM 施工安全技术的基础上，综合考虑影响 TBM 安全的各种因素。在 TBM 施工中，建设单位应建立健全规章制度，不断完善安全生产管理，减少、杜绝伤亡事故。

①安全目标、方针。一般来说,实现安全目标就是实现"五杜绝,三控制,三消灭,一创建。""五杜绝"就是杜绝多人伤亡事故、重大死亡事故、重大交通事故、重大机械事故与重大火灾事故。"三控制"就是重伤率小于6‰,员工因工死亡率小于0.17‰,职业病发生率小于1.5‰。"三消灭"就是消灭违章作业、惯性事故与违章指挥。所谓的"一创建"就是创建国家级安全文明标准工地。总体方针就是"安全第一、预防为主、以人为本、尊重科学、综合治理"。

②安全责任制与安全组织机构。明确安全生产管理责任,制定安全生产责任制度,签订安全生产责任书。参建各方负责人负责安全生产监管与规章制度的制订等工作,组成安全生产委员会,设立专门的安全管理部门,由设计、监理、施工单位同时参与负责,各单位都委派一个安全责任人,进行安全管理工作的落实。

③建立健全规章制度。目前已有相关成功的安全生产管理办法,其中规定了安全教育及培训、组织机构、施工现场和生活区安全要求、安全生产管理制度、防火及爆破安全要求、机电设备安全要求、安全检查、事故报告和处理、安全度汛、评比与奖励等。应有安全事故应急救援预案,针对涌水、塌方、防毒、地下工程爆破等施工安全事故,编制紧急救援安全专项方案。

④管理人员、特种作业人员的资格。为提高TBM施工安全管理经验与水平,必须严格按照相关规定与合同上的要求,学习安全生产的知识,并经过行政主管部门考核,考核通过以后才能取得安全生产合格证书。特种作业人员要进行特种专业培训,并根据相关要求以及法律法规进行资格考核,考核合格以后才能上岗。

⑤采用新技术降低安全风险。由于围岩失稳情况下的工程地质条件非常复杂,很可能会导致的涌水、岩爆、塌方,为保障施工安全,有效降低风险,施工单位一般会通过综合超前地质预报技术来进行施工。综合超前地质预报技术,即一种综合预报技术,综合了目前国内外较先进的HSP、CSAMT、BEAM、TSP203等超前预报技术。在TBM施工中,为实现预报技术的互相验证、互相补充,应根据实际需要与围岩状况,从一种或几种超前预报技术中进行选择。如为了不影响任何工序的实施,应采用能连续探测围岩条件变化的BEAM系统,可有效保证TBM作业安全。

(3)施工安全管理

为了加强施工管理,在了解掌握TBM施工中可能遇到的风险的基础上,着重做好以下几方面工作:

①做好施工准备工作,在各作业点间设通信设备,要编制施工安全作业规程。在确定运输设施的运输能力的时候,应保证与设备供应量以及TBM施工所需的材料相适应。为了防止电缆设备对其他设备造成危害,应按照规定的线路来引导。洞内所有作业人员必须身穿配有反光带的工作服,使用护目镜、护耳器、安全帽、防护靴、防尘口罩。

②做好起重安装作业工作,起重安装作业前应做到工地整洁、道路畅通,在各种起重机械起吊前试吊。严格执行安全操作规程,起吊作业时做到"十不吊"。起重机停止作业时要收紧吊钩和钢丝绳,并做到安全限制、制动。起重机械进行定期检查维修与保护。

③进行TBM掘进工作时,应该严格执行TBM安全操作规程。而且发现机械设备故障的情况,像空压机、电气设备、皮带机与注浆泵等,禁止在设备运转过程中检修设备。参照安全作业指导书执行入刀盘。为了满足各方安全作业的需要,隧道内应有良好的通风。外喷雾使用

水压应大于1.5MPa,内喷装置的使用水压应大于3MPa。掌子面附近配备抢险材料和工具,如沙袋、方木、水泵等。

④做好二次衬砌工作。结合硬岩快速掘进的经验,对于后期施工有轨运输繁忙的情况,应制订并严格实施有轨运输安全技术措施。

⑤同时,参照土压掘进机(盾构)的安全要点及安全措施,须认真落实到位并精心组织施工。

第17章 路面工程

17.1 一般规定

(1)路基施工完成后,路面施工单位应制定路面施工交通管制方案,并报监理单位批准后实施。交通管制主体责任由路面施工单位承担。

①严格执行作业时间,尽量避免噪声扰民,控制强噪声机械在夜间作业。

②对施工剩余的沥青混凝土路面材料及凿除接茬的废渣,不得随意扔弃,应集中外运到规定地点进行处理。

③喷洒黏油时,对路缘石进行防护以免污染周围环境及其他工序。

④清扫路面基层时,应先洒水润湿,防止扬尘。

(2)加强主线便道口的交通管制,路面施工单位应安排专人对便道口进行24h不间断管理,进出路口的车辆凭车辆通行证通过,严禁无关车辆进入施工现场。在主线交叉道口、车道转换等位置应设置减速慢行、限速、指示方向等标志。

(3)平地机、摊铺机、压路机等路面施工机械设备上应粘贴红白或黄黑相间反光膜,停放在路面时,周围应设置明显的安全标志。夜间应以红灯示警,其能见度不得小于150m。压路机、平地机等路面机械还应安装倒车雷达和倒车影像。

(4)机械设备的日常维修和保养应按照本指南第5、6章及相关操作规程的要求执行。临时用电应满足本指南第2章及相关规范的要求。水泥罐、沥青罐、搅拌楼等设施应有避雷设施。

(5)混合料运输应确保运输车辆的车况良好,尤其是刹车系统和自卸系统的有效性。运输过程中按指定路线行驶,不得超载、超速,驾驶员不得疲劳作业。对运输车箱顶面的覆盖,宜搭设专供工人上下的作业平台。

(6)运料车向沥青或水稳摊铺机卸料时,应设专人指挥。运料车应在摊铺机前方10~30cm停留,运输车不得撞击摊铺机。卸料过程中运输车应挂空挡,由摊铺机推动前进。

(7)摊铺、碾压、整平作业人员应面向压路机或摊铺机作业,人、车、设备之间应保持安全距离,专职安全员应在现场进行安全管理。

(8)碾压设备作业行驶速度一般不应超过6km/h。两台以上压路机作业时,前后间距不得小于3m,左右间距不得小于1m。在碾压设备上推广采用卫星导航设备,以监控行驶速度和碾压遍数。

(9)施工现场应配置可移动式遮阳棚,严禁人员在机械设备下逗留。

(10)现场进行检测、取样、试验等工作时,检测人员工作点四周应摆放交通锥等警示设施,并设警戒人员,防止施工机械伤害检测人员。

(11)面层摊铺完成路段应设置限速标牌(限速20km/h),同时每隔2km及隧道进出口位置(宜为隧道外50m)应设置一处强制车辆减速的两排隔离墩(灌满水的水马),隔离墩纵向间距30m,分别从路两侧往路中间摆放,重叠不小于3m,并设置导向标志,如图17-1所示。

a)

b)

图17-1 路面行车段交通限速措施

(12)在上、下结构层搭接施工处须提前设置限速警示标志,并采取措施保证车辆安全通行。

(13)隧道路面施工时,洞口应设专人指挥,并设置警示标志。洞内作业安全措施按照本指南9.6节夜间施工要求执行。

17.2 垫层、底基层、基层

17.2.1 安全要点

(1)各类机械设备操作人员必须持证上岗,无证人员或非本机人员不得上机操作。严禁违章操作机械设备。

(2)搅拌站开机前应警示,骨料仓范围及搅拌机下不得站人,拌和过程中人员不得调整皮带运输机或跨越皮带。

(3)施工现场转移摊铺机、压路机、推土机、平地机等机械以及运料车卸料时,必须设专人指挥。

17.2.2 安全设施

(1)散装粉状材料宜使用粉料运输车运输,否则车厢上应采用篷布遮盖。

(2)施工作业区域两端应设置明显的隔离设施,并设置警示标志。在路线交叉口、变道口等处应设置减速、限速和行车导向等标志(图17-2)。

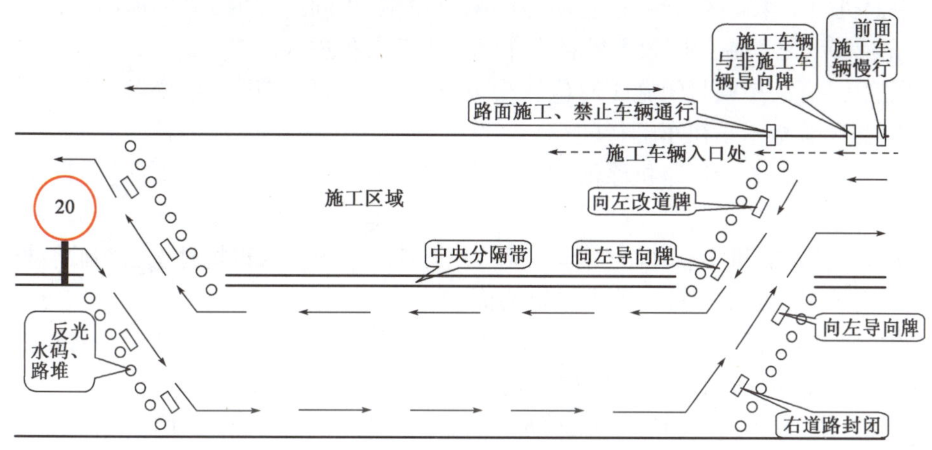

图17-2 路面施工交通管制示意图

(3)在有交叉施工作业的情况下,施工场地前后设置"前面施工,减速慢行"、限速牌(20km/h)和禁止超车等标识牌,标识牌如有移位、倾斜或被盗等情况应及时恢复原样(图17-3)。

a) b) c)

图17-3 交叉口施工作业现场标识牌

17.3 沥青混凝土路面

17.3.1 安全要点

(1)沥青拌和设备应安装防尘设施。沥青蒸汽加温装置的蒸汽管道应连接牢固,在人员易触及的部位,必须用保温材料包扎。铺筑沥青混合料前,应检查确认下层的质量。当下层质量不符合要求,或未按规定洒布透层、黏层、铺筑下封层时,不得铺筑沥青混凝土面层。

(2)在喷洒封层、透层、黏层沥青作业过程中，作业范围内不得有人，且施工现场严禁使用明火。

(3)摊铺机施工作业区两端，设置明显的隔离设施，夜间施工时，隔离措施上设置施工标志灯或反光标识。路面施工区段严禁社会车辆和无关人员进入。

(4)在施工路段，单幅封闭施工时应在中央分隔带开口处前后主线变道口设置导向牌和左道(右道)封闭牌指示来往车辆行驶。

(5)碾压作业时，胶轮压路机涂油作业人员行走必须与机械运行方向保持一致，严禁边后退边涂油。

(6)沥青搅拌站有机热载体炉(锅炉)等特种设备应按规定取得特种设备检验合格证及使用登记证。锅炉工应取得特种作业人员资格证。

(7)道路沥青玛蹄脂上面层(SMA-13)性能，具有消音、滤水的有效功能。防止上面层季节性泛油而影响车辆行驶的安全(图 17-4)，雨水井底部必须进行基础处理，井盖与路面高程应平顺，按规范用 3m 的直尺最大间隙($h-5$)mm 进行控制，防止产生安全隐患(图 17-5、图 17-6)。

图 17-4　上面层泛油

图 17-5　雨水井盖下沉

a)

b)

图 17-6　雨水井(凹凸严重超规范)

(8)沥青混凝土路面(SMA),控制面层熟料的装车、摊铺、碾压的规范温度,是确保工程的质量、安全完成的重要环节(图17-7)。

a) 　　b)

c) 　　d)

图17-7　质量监督站对桥梁沥青混凝土SMA-13面层及中、下面层结构进行检测

(9)道路工程的绿化设计、维护。双向车道绿化隔离带产生的眩光,严重影响晚间车行的安全(图17-8)。

图17-8　夜间车行眩光

17.3.2 安全设施

(1)沥青罐、燃油罐存放区应远离生活区并进行围蔽,出入口处应设置安全警示标志,并按照本指南第4章要求配备灭火器材(图17-9),罐区内不得存放危险品及其他易燃易爆品,罐区周围10m范围内不得动火作业。

(2)摊铺机使用液化气罐加热时,须对气罐采取遮盖措施,在熄火情况下,必须将罐阀关闭。

(3)隧道内沥青路面施工,应充分考虑温度高、烟雾多、噪声大、能见度低、空气流通困难等因素,采用机械通风、个人防护(反光衣、耐高温防护鞋、防毒面具、耳塞)、交通管制等措施,确保人身安全。

(4)施工作业区和主线交叉口、变道口处按本指南17.2.2节的要求实施。路面施工道路封闭如图17-10的所示。

图17-9　沥青罐区的围蔽及警示

图17-10　路面施工道路封闭

17.4　水泥混凝土路面

17.4.1 安全要点

(1)人工摊铺混凝土路面时,装卸钢模板时须逐片轻抬轻放,不得随意抛掷;在多人同时作业的情况下,施工作业人员按施工工序依次排开,并与施工机具保持安全距离。固定模板的插钉或钢筋头应有序摆放,避免行人和车辆扎碰。施工前,应对模板进行施工设计.模板及其支架的强度、刚度和稳定性应满足各施工阶段荷载的要求,能承受浇筑混凝土的冲击力、混凝土的侧压力和施工中产生的各项荷载。

(2)机械摊铺混凝土路面,在调整摊铺机高度时,工作踏板、扶梯等处禁止站人。下坡时,禁止快速行驶和空挡滑行,牵引制动装置必须置于制动状态。夜间施工时,摊铺机上应有足够照明和警示标志。

(3)切缝、刻纹作业过程中,作业区两端应进行围蔽,设置反光警示标志,机械操作过程中,机械操作工不得离岗。机械发生故障必须立即停机、断电,并满足本指南6.12节的规定。

(4)水泥混凝土混合料用挖掘机布料作业过程中,人员不得在机械回旋范围内作业。

17.4.2 安全设施

(1)隧道内混凝土路面施工时,作业区前后须设置明显隔离措施,并安装反光警示标志或警示灯。施工作业区域应保持足够的亮度,混凝土料车倒车、卸料过程须有专人指挥。

(2)混凝土路面施工未全断面封闭时,在车辆驶出、入前方,应设置指示方向和减速慢行的标志,同时在行车道和施工区之间设置明显的隔离带。混凝土运输道路应平整坚实。跨越河流、沟槽应架设临时便桥,并应符合下列要求:

①施工机械、机动车与行人便桥宽度应根据现场交通量、机械和车辆的宽度,在施工设计中确定。人行便桥宽不得小于80cm;手推车便桥宽不得小于1.5m;机动翻斗车便桥宽不得小于2.5m;汽车便桥宽不得小于3.5m。

②便桥两侧必须设不低于1.2m的防护栏杆,其底部设挡脚板;栏杆、挡脚板应安设牢固。

③便桥桥面应具有良好的防滑性能,钢质桥面应设防滑层,便桥两端必须设限载标志。

④便桥搭设完成后应经验收,确认合格并形成文件后,方可使用。

⑤在使用过程中,应随时检查和维护,保持完好。

17.5 辅道及人行通道

(1)作业人员必须穿戴齐全有效的劳动保护用品,并严格遵守安全生产操作规程及各种规章制度。

(2)作业人员必须精神集中,不准打逗。作业前和作业中不准饮酒,防止发生各种事故。

(3)交通要道,车辆及行人比较多的地方,操作人员应当时刻留意周围情况。

(4)高温天气施工时,作业人员做好防暑降温工作。如身体有所不适,应及时报告,离岗休息,避免发生事故。

(5)施工负责人应对操作人员进行技术交底。

(6)施工机械进入现场必须经过验收,合格后方可使用。操作人员必须持证上岗。

(7)机械施工作业时,一定要配备监管人员,随机作业,所以一定要保持人机间的安全距离,以防止机械作业中发生伤人事故。

(8)各种施工机械的安全防护装置应保持齐全、灵敏、有效。

(9)禁止挖掘机在电线等高空物下作业,严禁将满载铲斗长时间滞留在空中。

(10)作业中,应随时监视机械各个部位的运转情况及仪表指示值,如发现异常,应立即停机检查维修。

(11)面临高层建设物下施工作业时,应保持警戒,防止空中掉落建筑垃圾(图17-11)。

a) b) c) d)

图 17-11　临花园、住宅区注意掉物

(12)人行道板砖施工安全要点:

①施工材料准备:含泥较少的中、粗砂、水泥,按要求进行送检,符合设计规范要求的人行道板砖块,按要求进行报验。

②水泥砂浆结合层施工:严格按照配合比设计配料,施工于路侧,质量良好的厚度大于设计规定的范围,表面要求平整密实(在铺砖后应用机具进行压实处理)。

③施工顺序:先施工两侧道牙,在水泥砂浆结合层施工的同时,进行树池、道板砖铺设,之后对板块进行扫缝、压实,最后砌筑井圈、安装井盖等。

④道板砖铺设:铺设前纵、横向每 3m 进行挂线,之后沿纵向一侧、横向每隔 5m 预铺样板砖,在大面积铺设时应以先铺设的样板和所挂的线为基准,要求砖面平整,其下结合层密实(用木槌夯实),板缝控制在 5mm 左右,大小均匀。

⑤成品保护:已施工完成路段要求立即在四周进行立杆围护(竖竹竿、挂彩条纸、立警示牌、专人看护等),防止行人踩踏损坏。

⑥成品养护:对已铺设完成部分应及时洒水进行养护(项目部洒水车洒水,不少于3 次/d)。

⑦对已施工完成部分应经常进行检查,对出现的板面沉陷、松动、错台等质量问题应及时进行处理,确保工程质量。

17.6 交通疏解、改建及扩建工程

17.6.1 一般规定

(1)为缓解目前的交通秩序,保证在建项目的施工需要,根据现场施工场地条件,必须将现有道路进行交通疏解,分别在道路两侧绿地内设置临时交通道路,对过往车辆及行人进行分流,以保证工程施工期间的城市道路畅通。交通疏解道路必须按规范、规程进行道路的施工,交通疏解道路结构如图17-12所示,具体施工位置、期限如图17-13、图17-14所示。

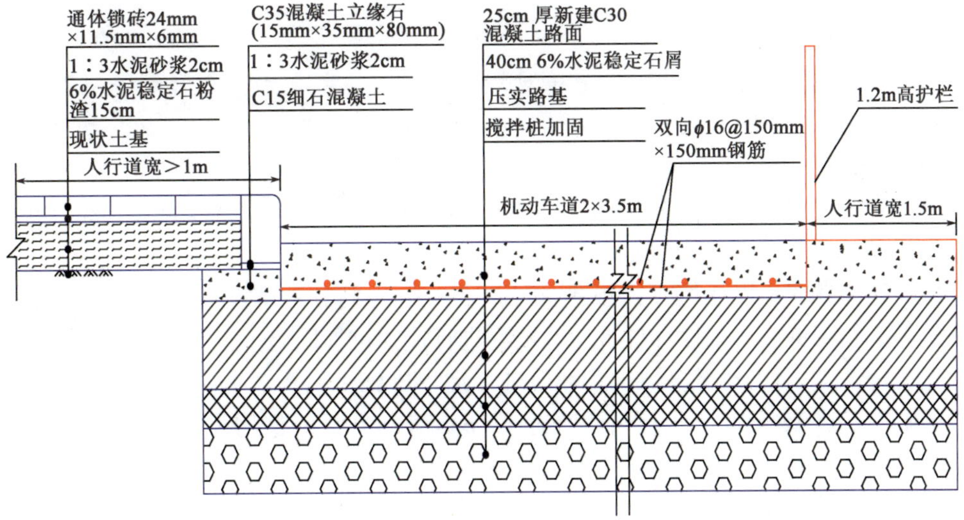

图17-12 交通疏解道路结构

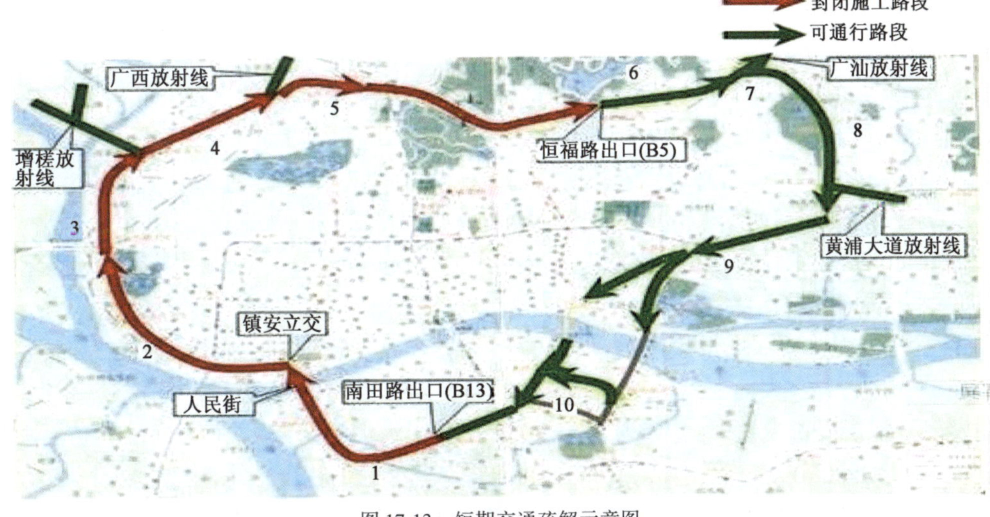

图17-13 短期交通疏解示意图

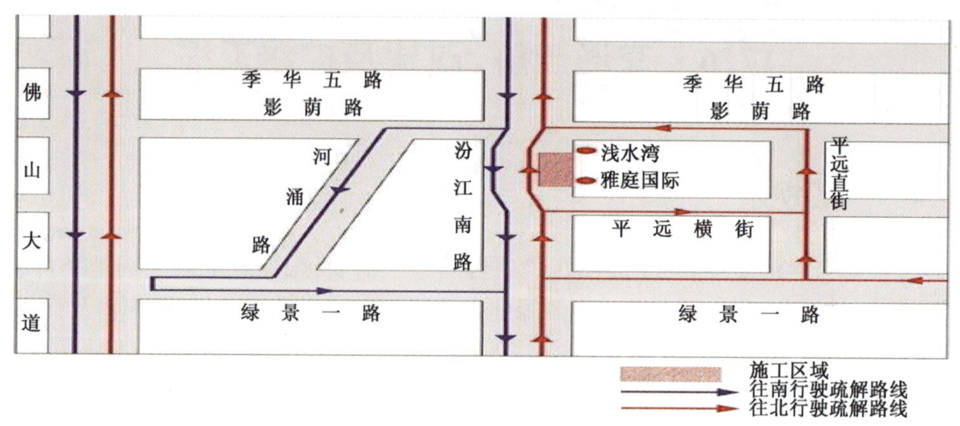

图 17-14　跨年度交通疏解

(2)施工流程:测量放样→换填、软弱地段搅拌桩加固→场地平整及碾压→碎石垫层铺设→水稳层施工→钢筋加工及安装→安装模板及传力杆→浇筑混凝土→养生→切缝。

(3)施工方法:

①测量放样,按照交通疏解道路平面布置图,放出道路施工边线,定出路面标高,并沿道路(人行道)边线用石灰画线,要求准确清晰。

②根据局部软弱地段换填或搅拌桩加固设计图要求,将软地基换填区域、软弱地段搅拌桩施工桩位等定位测量放线。搅拌桩就位后依次进行搅拌桩加固施工,水泥搅拌桩梅花形布置,施工前先进行试桩 2 根,经试桩取得参数后进行搅拌桩施工。水泥搅拌桩地基加固体采用两喷两搅的施工工艺,水泥和原状土须均匀搅拌,下沉和提升过程中均为注浆搅拌,同时严格按照“均匀慢速、低水灰比、低扰动”的原则要求施工,在桩底部分宜重复搅拌注浆。

③场地平整及碾压,为尽量减少路基不均匀沉降,保证路面结构稳定,路基压实到位,路基的压实采用重型振动压路机进行。在最佳含水率 ±2% 时,进行碾压,先轻后重。碾压顺序是:直线段先压路基边缘,后压路中,曲线段先压内侧,后压外侧,达到无漏压,无死角。碾压速度是:先慢后快。

④碎石垫层铺设,将进场合格的碎石垫层材料,按填筑施工工艺参数,分层填筑 30cm,推土机推平,并使用振动压路机压实。

⑤水稳层施工交通疏解道路,搅拌桩水稳层采用 40cm 厚、6% 水泥稳定碎石基层,非搅拌桩加固段水稳层采用 50cm 厚、6% 水泥稳定碎石基层。

⑥摊铺和碾压,水泥稳定层在摊铺前对基层的质量进行复核,基层工程质量验收合格后,方可进行水泥稳定层的摊铺。

⑦ 养护,水泥稳定层碾压成型后,应注意早期养护,以利强度得到正常发展提高,特别是在施工后 1 周内,灰土表面要保持湿润,采用塑料薄膜或湿砂养护,养护期间严禁一切车辆通过,如发现稳定层局部变形时,应及时修补。5% 含量的水泥稳定碎石,7 天饱水养护无侧限抗压强度不小于 3.00MPa。

⑧钢筋加工及安装,现场制作钢筋弯曲架,对角隅分布筋进行带弯钩处理。混凝土路面设

双向单层 $\phi16$ 钢筋网，分布筋位于混凝土路面下部。

⑨安装模板及传力杆。

模板应按设计要求安装，模板安装应有足够的强度、刚度和稳定性，能可靠承受混凝土浇捣的重量和侧压力，并能承受施工过程中出现的各种荷载。模板与混凝土的接触面应涂隔离剂，严禁隔离剂污染钢筋。最后固定模板上的传力杆。

⑩浇筑混凝土，交通疏解路面采用商品混凝土，坍落度100mm，用插入式振捣器捣固。

⑪混凝土运达摊铺地点，严禁抛掷和搂耙，以防止混凝土离析。在模板附近摊铺时，用铁锹插捣几次，使泌水渗出，但不捣出灰浆，以免发生蜂窝。派专人进行洒水养护，保证混凝土表面湿润、后期的强度。

⑫切缝，在面板铺筑完后，应根据气温状况，及时进行缩缝的切割，缩缝切缝宽度宜控制在4～6mm，切缝时锯片晃度不应大于2mm。

17.6.2 安全要点

①各类机具、材料整理后统一堆放在指定的区域，不得占用施工场地以外的道路，且机具、材料堆放整齐，场容场貌保持整洁、有序、文明。

②现场施工人员必须戴安全帽，服从现场施工管理。

③加强施工区治安综合治理，做到目标管理、制度落实、责任到人。施工现场的治安防范措施要有力。

④场区内的杂物每天安排保洁人员进行清扫，及时处理。

⑤工程实施前，严格做好三级安全教育、班前安全培训。按技术交底和安全生产措施的要求进行施工，操作人员必须严格遵守安全生产操作规程，特殊工种必须持证上岗，各级安全员要深入施工现场，督促操作人员和指挥人员遵守操作规程，制止无证操作。

⑥重视个人自我防护，进入工地按规定佩戴安全帽，进行特殊作业前，必须落实防护措施正确使用特殊防护用品，防止发生人身安全事故。

⑦夜间施工区照明要健全，确保夜间施工光线充足。

⑧加强对施工人员的安全教育，上下班期间注意场地旁道路过往车辆，严禁随意横穿马路。

17.6.3 改建及扩建

（1）一般规定

①交通拥堵的现状（图17-15），是决定道路工程安全改建、扩建的主要依据。工程项目立项后的改建、扩建工程，按交通工程组织审批程序（图17-16）。

②施工单位在交警大队、路政大队等部门监督、指导下实施交通管制。

③按已报批的专项工程交通组织方案，进行开工前的交通疏解、红线以内的工程围挡施工。

图17-15 交通拥堵的现状

④编制工程施工安全专项方案，报相关单位及部门进行审批。高危大工程按相关要求进行专家评审后，按融入专家评审的建议和意见的专项方案，精心组织施工。

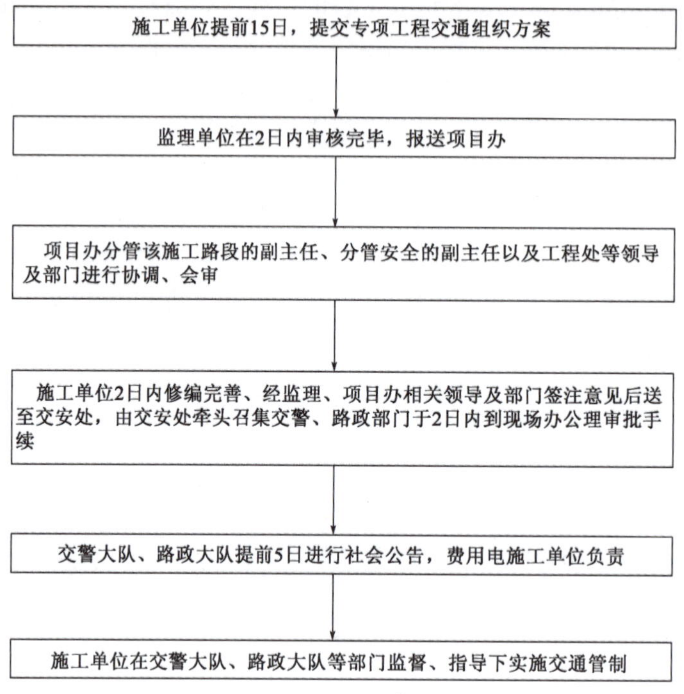

图 17-16　交通组织审批程序

(2)安全要点

①项目部及时对进入现场所有人员进行三级安全教育、各工种进行安全培训。特殊工种经学习培训考核合格者，持证上岗。

②改建、扩建工程的两端及两侧树立、悬挂标志标识牌："施工路段请绕行"(图 17-17)。

图 17-17　标志标识牌

③沥青混凝土道路工程的基础、垫层、基层、下封层及下、中、上面层的施工，必须按相关规范、规程的安全技术要求进行组织施工。

④大型机械进场前，承包商向监理单位提交大型机械进场申请报告，进场后向监理单位提交大型机械进场验收表，经验收合格后方可使用。各类原材料(含成品、半成品)必须由监理见证取样送检，检验合格后方可使用。

⑤各类机具、材料施工的各阶段，必须停放有序，材料整理后统一堆放在指定的区域，不得占用施工场地以外的道路，且机具、材料堆放整齐，场容场貌保持整洁、有序、文明。严格按施工机械安全操作规程进行施工，如图 17-18、图 17-19 所示。

图 17-18 安装路灯

图 17-19 安装防撞围栏

17.7 再生混凝土、沥青混凝土工程

17.7.1 一般规定

(1)再生混凝土

①混凝土的主要成分是水泥、骨料(砂,石子)和水。每生产 $1m^3$ 混凝土大约会排放 410kg CO_2,产生的 CO_2 据统计,生产混凝土产生的 CO_2 占到全国工业生产碳排放的 20%。

②石子的巨大需求带来的超量采挖,逐步破坏了自然环境,河沙的需求缺口更是导致了滥用海沙的问题。

③随着现有建筑工程产生了大量建筑废料难以处理,同时采矿业每开采 1t 矿会产生 40% ~60% 的尾矿,长期堆积如山。

④人工砂/再生骨料技术可以将尾矿或碎石进行特殊处理后取代河沙,将废混凝土、废砖块、废砂浆进行破碎处理取代石子,再与水泥混合制成再生混凝土。不仅可以从根本上解决大部分尾矿和建筑废料的处理问题,还减少了开采运输天然砂石,再生混凝土运输、破碎机、摊铺施工效果如图 17-20 所示。

(2)安全要点

①机操人员必须持证上岗,熟悉本机性能。混合料局部水偏大,为防止翻浆压不住,需将水偏大的混合料挖出换成含水率适当的混合料(如是碾压完成的施工段需多掺水泥)回填后,人工找平后压路机碾压。

②施工完路段,发现漏料或跳打现象,由人工在冷再生漏打的地域按比例铺上水泥,再生机重新倒车作业重打。如是漏打的地方很小,则最小应铺满冷再生转子一样大的地方,由再生机扣刀打一下即抬起,原则就是避免多打,以防止破坏已完成的结构。

③雨季施工水泥已铺到路上,视雨水大小情况,适当减少或停止冷再生机作业的供水。用振动压路机迅速振动碾压一遍后,如混合料沾轮情况严重,则用平地机迅速找平后停止光轮压路机碾压,用振动压路机振动碾压 2 遍后即可。

a)　b)　c)　d)

图 17-20　再生混凝土施工示意图

(3)再生沥青混凝土

随着我国经济的快速发展,高速公路通车总里程已达 14 万 km(截至 2018 年度),其中沥青路面占 90% 以上。我国目前大多数的高速公路已经进入了大、中维修改造时期,全国每年大约有 10% 的沥青路面需要翻修。对再生技术的研究越来越必要。再生沥青混凝土现场搅拌机械,安全分层摊铺机,碾压机等如图 17-21 所示。

沥青路面就地冷再生沥青混凝土一般要求:

①较短的施工周期。由于就地冷再生技术施工工艺简便,翻修交通主干道速度快,并且受雨季天气的影响较小,因此施工工期较短。比较适合用于交通流量大、不封闭交通的半幅施工路段。

②结构完整性。采用就地冷再生技术能够有效地提高旧路路面的强度、平整度以及道路的通行能力,这主要是由于旧路冷再生结构具有均匀性以及完整性的特点。

③保持原路面的几何线形。沥青路面就地冷再生是将原路面进行破碎、搅拌、添加稳定剂和水后一次性成型的路面维修技术,能完整地保持原有路面的几何线形,如标高和宽度等,尤其是对高速公路及山区道路的安全与附属设施不造成破坏,能够充分利用原有的安全与附属设施进行路面的改造,这方面是其他维修方法不可替代的。

a)搅拌机械

b)摊铺机

c)铺路

d)碾压机

图 17-21 再生沥青混凝土施工照片图

④节能环保。由于此技术充分利用了原有路面的材料,减少了废弃物的运输和堆放,因此,不但节约了大量的资源和能源,还避免了旧油石废弃物的污染,保护了生态环境。主要适用于城市以及国、省道干线公路的维修和扩建工程。

(4)安全要点

①在喷洒封层、透层、黏层沥青作业过程中,作业范围内不得有人,且施工现场严禁使用明火。

②摊铺机施工作业区两端,设置明显的隔离设施,夜间施工时,隔离措施上设置施工标志灯或反光标识。路面施工区段严禁社会车辆和无关人员进入。

③在施工路段,单幅封闭施工时应在中央分隔带开口处前后主线变道口设置导向牌和左道(右道)封闭牌指示来往车辆行驶。

④碾压作业时,胶轮压路机涂油作业人员行走必须与机械运行方向保持一致,严禁边后退边涂油。

⑤沥青搅拌站有机热载体炉(锅炉)等特种设备应按规定取得特种设备检验合格证及使用登记证,锅炉工应取得特种作业人员资格证。

⑥道路沥青玛蹄脂上面层(SMA-13)性能,具有消音、滤水的有效功能,防止上面层季节性

泛油从而影响车辆行驶的安全，雨水井底部必须进行基础处理，井盖与路面标高应平顺，按规范用3m的直尺最大间隙(h -5mm)进行控制，防止产生安全隐患。

17.7.2 安全要点

(1)安全教育培训

①全方位齐抓共管，加强安全教育，提高职工安全意识。

②职工每周组织一次安全活动，学习工序工种的安全规程，严格按规程进行施工。

③民工进场前要进行常规安全操作教育，才准上岗作业。

④作业安全，严格按照操作规范施工。

(2)安全检查

①建立健全安全检查制度，工地设专职安全员，各班组设兼职安全员。

②承包负责人是安全检查的第一把关人，重点工序要在每一天工作之前或下班后必须进行上岗教育，讲职业道德、扬行业新风。

③专职安全人员除正常在工地检查外，对重点新工序要提出安全注意事项的安全教育，并配合工地技术人员做好安全技术交底。

④定期召开安全会议，解决出现的问题，及时采取有效措施消除事故隐患。

第 18 章　交通安全设施

18.1　一般规定

(1)施工过程按《公路工程施工安全技术规范》(JTG F90—2015)、《公路养护安全作业规程》(JTG H30—2015)等落实安全措施。

(2)施工区域须设置警示围蔽设施,在施工点前、后方 50m 位置应设置“前方施工、减速慢行”导向指示牌、限速牌(限值为 20km/h)及频闪灯等进行警示,在施工区域设置隔离设施、反光锥(间距 3m)等进行围蔽(图 18-1)。

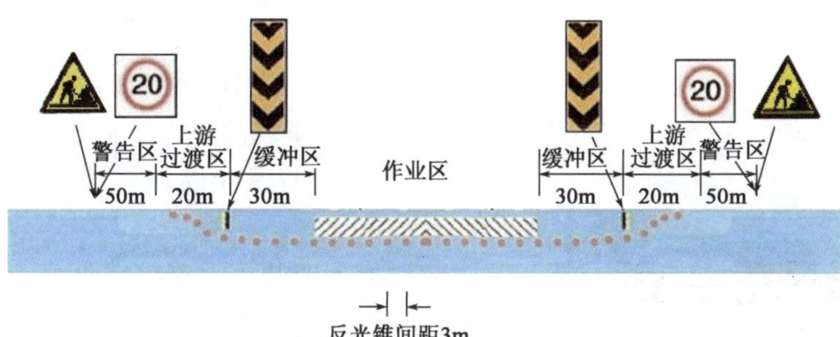

图 18-1　施工区域警示围蔽示意图

(3)材料堆放及车辆设备停放区域应用反光锥进行围蔽,如图 18-2 所示。

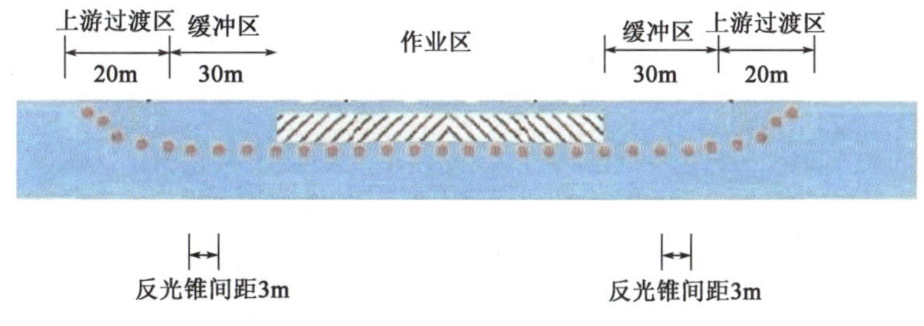

图 18-2　材料堆放及车辆设备停放区域围蔽示意图

(4)施工现场指挥人员和作业人员应穿着反光衣,高处作业人员佩戴安全带。

(5)隧道内施工时,应安排专人在洞内作业区指挥车辆,做好作业区的照明和通风工作。

18.2 安全要点

(1)标志支撑结构的安装应在基础混凝土强度达到设计要求后进行。

(2)使用起重机械进行标志吊装作业时,应符合本指南 6.4 节的有关规定。起重机械与周边高压线等危险因素应保持足够安全距离,并由专人负责指挥起重作业。

(3)标志安装等高处作业过程中,施工人员不得站在标志横梁等结构物上作业,需高处作业时应使用高空作业平台车。高空作业平台车的使用应符合相关安全操作规程的规定,操作人员应经过专门培训并持证上岗,作业现场应有专人指挥。在吊装、卸落交通安全设施及其配件时,使用起重机设备,必须严格遵守起重机设备使用的安全操作规程,严禁发生"三违"现象。

(4)波形护栏立柱及护栏板堆放和运输时应成捆绑扎,堆叠层数不应超过三层,且高度不大于 1.5m。堆放应整齐、稳固,防止滚落或倒塌。

(5)护栏、防抛网、防眩板等施工过程中,作业人员应在桥上护栏内侧施工,不得在无防护的条件下站立护栏顶或外侧施工,防止人员高处坠落。

(6)标线涂料、塑料防眩设施等易燃材料的运输工作、存放仓库应配备相应消防设施,宜采取 35kg 以上推车式灭火器。

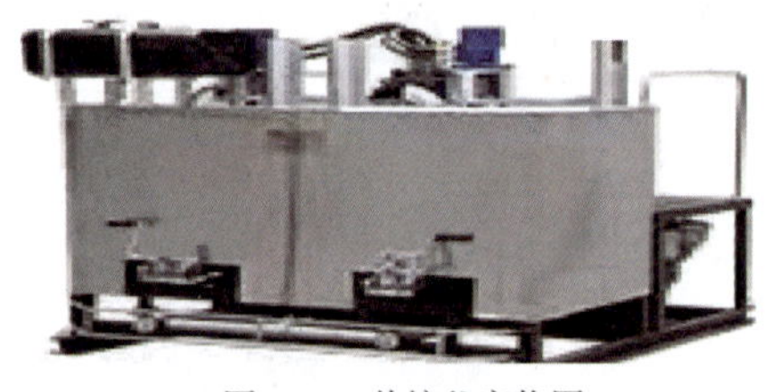

图 18-3 热熔釜实物图

(7)热熔釜(图 18-3)熔料时最大投料量不得超过缸体的4/5,热熔釜和漆料保温桶上方不得运用明火。

(8)标线施工用的燃料气瓶应经特种设备检验合格。

(9)防抛网安装等需跨线作业时,应封闭下作业区下方通道,防止物件跌落伤人。

18.3 安全设施

18.3.1 护栏施工

(1)护栏立柱及护栏板堆放应符合以下要求:

①立柱及护栏板应成捆绑扎,运输时应使用带有侧面栏板的货厢,如图 18-4 所示。

②材料两端应加设钢架或三角木支垫,防止材料倾覆,如图 18-5 所示。

③材料在路面临时堆放时,应靠路面一侧单侧堆放,不得随意摆放。在材料堆放区周边设置反光锥进行警示,防止车辆机械进入材料堆放区。

(2)桥上现浇混凝土护栏施工、金属护栏安装施工时,应使用专用工作架,防止人员坠落。同时须对工作架进行验算、合理确定配重。

图 18-4 护栏材料运输车辆

图 18-5 护栏材料堆放

18.3.2 交通标志施工

(1)标志基坑开挖时,基坑边缘应设置防护栏杆或围挡,夜间应加设红色警示灯。

(2)安装门架、悬臂标志时,作业人员确需高处作业则应使用高空作业平台车或液压升降机,如图 18-6 所示。

18.3.3 交通标线

(1)热熔作业时,作业人员应穿着防护服、佩戴护目镜、防护手套和防毒口罩,并佩戴安全帽。

(2)热熔釜罐口应有盖板,并在罐口加装防落网,防止人员跌落高温罐内。罐身应挂高温警示标志。罐口防落网示例如图 18-7 所示。

图 18-6 高空作业平台车

图 18-7 罐口防落网示例

(3)燃料气瓶应安装回火防止器。燃料气瓶应放置在保护架内,防止气瓶受到碰撞或翻滚。气瓶体应装防震圈,如图 18-8 所示。

(4)标线施工机械应随车配备大容量灭火器(宜 35kg 以上),如图 18-9 所示。

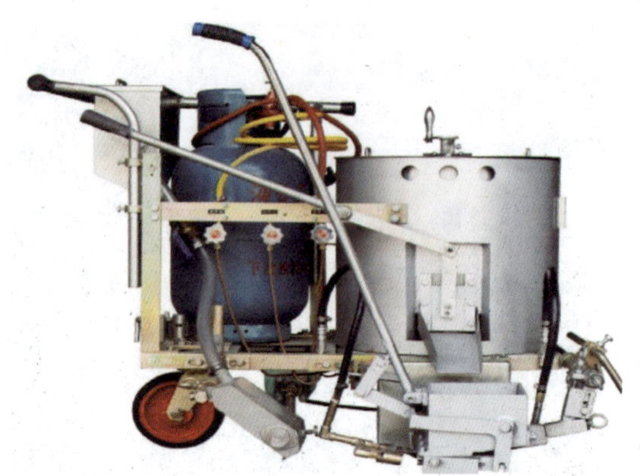

图 18-8　气瓶保护架示例

图 18-9　推车式灭火器

18.3.4　隔离栅和防抛网、防眩设施

(1)隔离栅作业人员应佩戴防穿刺手套。

(2)桥梁防抛网安装,应封闭桥下通道,禁止无关人员及车辆进入跨线施工下方空间。无法封闭交通时,应在作业区车道上设置防护棚。

(3)若需在桥上护栏外侧施工,应使用高处作业平台车或专用工作架进行高处作业。

第19章 机电工程

19.1 一般规定

（1）施工过程按《公路工程施工安全技术规范》（JTG F90—2015）、《公路养护安全作业规程》（JTG H30—2015）等落实安全措施。施工项目应建立健全事故隐患排查治理制度，编制事故应急预案。施工中必须严格执行工序自检制度、工序交接检查制度。

（2）施工现场应设置足够数量的反光标识牌、反光锥等警示设施。在危险路段或地点应有专门的警示设施，施工机具上应贴反光膜。危险路段或地点包括路上临时堆放物体的路段或地点，未安装、预埋或构筑其他设施而在路上挖孔、挖沟的路段或地点。

（3）材料堆放及车辆设备停放区域应用反光锥进行围蔽。

（4）施工现场指挥人员和作业人员应穿着反光衣。

（5）隧道内施工时，应安排专人在洞内作业区指挥车辆，做好作业区的照明和通风工作。

（6）隧道内进行高处作业时，应使用专用移动工作台架，并在台架体上粘贴反光膜及LED灯带进行警示。高处作业使用的工作台架应编制专项搭设方案，台架必须配备有上下步梯，投入使用前应组织验收，验收记录应归档。

19.2 安全要点

（1）外场监控及可变标志支撑结构的安装应在基础混凝土强度达到设计要求后进行。

（2）外场监控及可变标志、高杆灯等施工中使用起重机械进行构件吊装作业时，应符合本指南5.4节的有关规定，同时注意起重机械与周边高压线等危险因素保持足够安全距离，并由专人负责指挥起重作业。

（3）外场监控及可变标志、高杆灯安装等高处作业过程中，施工人员不得站在标志横梁等结构物上作业，需高处作业时应使用高空平台作业车。

（4）桥上通信管道安装等施工时，作业人员应在桥上护栏内侧施工，不得在无防护的条件下站立护栏顶或外侧施工，防止高处坠落。需跨线作业时，应封闭下作业区下方通道，防止物件跌落伤人。

（5）材料堆放高度应不高于1.5m，且堆放整齐、稳固，防止滚落或倒塌。

(6)安装射流风机、洞内照明灯具时,应封闭施工点对应车道,防止安装时物件跌落伤人。射流风机安装前应检查确认预埋件抗拉拔试验结果符合设计要求。

19.3 安全设施

(1)通信管等易燃材料的运输工作、存放仓库应配备相应消防设施,宜采取35kg以上推车式灭火器。

(2)外场监控及可变标志等基础基坑开挖时应沿边缘设于防护栏杆或围挡,夜间应加设红色警示灯。

(3)安装车道通行灯等须高处作业时,应使用液压升降机或高空平台作业车。桥梁上、下行空隙处安装通信管道等作业时,若需在桥上护栏外侧施工,应使用高处作业车或专用工作台架进行高处作业。

(4)光纤熔焊机进行激光熔焊时,应佩戴防护目镜等安全防护用具。

(5)隧道洞内供配电设施施工时,应符合以下要求:

①按供配电安全操作规程施工。

②供配电作业人员应持有效资格证件上岗,并穿绝缘靴、戴绝缘手套等防护用品。

③设备安装完毕后,暂时不能送电运行时,变配电室的门窗要封闭,并设专人看守。

④进行设备调试等有关作业时,应切断设备电源,并做好验电、悬挂接地线、挂标示牌等防护措施。验电时,必须按电压等级使用验电器,不同电压等级的验电器如图19-1所示。

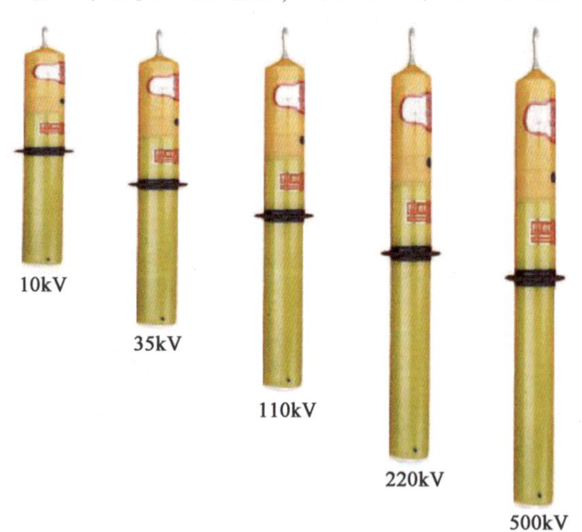

图19-1 不同电压等级的验电器

(6)隧道消防系统施工应符合以下要求落实安全措施,包括:

①高位水池施工物料运输采用专用提升架。

②施工便道坡度应平缓,宜控制在1∶1,防止挖掘机行驶过程翻侧,并在便道临空一侧设置警示桩。

③陡坡上安装水管等作业时,应搭设脚手架,作业人员应佩戴安全带。

第20章 房 建 工 程

20.1 一 般 规 定

(1)房建工程施工前,应熟悉设计文件,施工单位应做好现场调查和以下核对工作:

①项目施工对地表和地下结构物的影响。

②施工场地布置与农田水利、环境保护等的关系。

③施工中和运营后对自然环境、生活环境的影响及需要采取的安全保护措施。

④施工前,应编制专项施工方案,并完成报批程序。

⑤土方开挖前应调查现场地表建筑物、构筑物以及植被情况,并根据施工方案的要求,将施工区域内的地上、地下障碍物清除和处理完毕。不能自行清除的地下障碍物、地下管线和相关文物等情况应及时联系相关部门安排清除和迁移。

⑥大中型机械设备安装完成后,必须经施工单位安全管理部门进行验收后才能使用。外脚手架搭设前需进行详细的载荷验算,搭设完成后,必须经监理单位验收合格后,方可使用。

⑦材质如钢管、钢管脚手架、安全网等必须符合国家现行规定要求。

(2)当遇到大雨、雷雨、高温、6级大风及以上等恶劣天气时,应立即停止高处露天作业、脚手架搭设或拆除作业及起重吊装等作业。

(3)临建、用电、消防、起重吊装、设备、设施、标志标牌及个人防护、土方开挖、地基与基础工程、支架及脚手架搭设及拆除等内容,参考本指南相应要求执行。

20.2 钢 筋 工 程

20.2.1 安全要点

(1)施工作业特点和危险源:体力消耗大,容易碰伤、划伤等,见表20-1。

钢筋工程施工作业特点和危险源 表20-1

作 业 活 动	潜在的危险因素	可能导致的事故
钢筋机械	机械操作等	机械伤害
钢筋运输、吊运	未绑扎牢固吊运等	物体打击
钢筋绑扎	高处作业未系安全带等	高处坠落等

(2)遵守施工现场的一般性安全规定:进入施工现场戴好安全帽,扣好帽带。高处临边作业系好安全带。穿防滑鞋,禁止穿拖鞋、赤脚等进入施工现场。酒后严禁进入施工现场。严禁高空抛物。施工现场严禁抽烟,抽烟到指定地点。施工现场的各种安全防护标志、安全防护设施严禁拆除和挪动,如须移动应经批准并及时恢复。

20.2.2 安装绑扎

(1)绑扎基础钢筋,应按规定安放钢筋支架、马镫,铺设走道板(脚手板)。

(2)在高处(2m 及以上)绑扎立柱和墙体钢筋时,不得站在钢筋骨架上或攀登骨架上下,必须搭设脚手架或操作平台和马道。脚手架应搭设牢固,作业面脚手板要满铺、绑牢,不得有探头板、非跳板,临边应搭设防护栏杆和支挂安全网。

(3)绑扎圈梁、挑梁、挑檐、外墙和边柱等钢筋时,应站在脚手架或操作平台上作业。脚手架或操作平台上不得集中码放钢筋,应随使用随运送,不得将工具、箍筋或短钢筋随意放在脚手架上。严禁从高处向下方抛扔或从低处向高处投掷物料。

(4)在高处楼层上拉钢筋或钢筋调向时,必须事先观察运行上方或周围附近是否有高压线,严防碰触。

(5)绑扎钢筋的绑丝头,应弯回至骨架内侧。暂停绑扎时,应检查所绑扎的钢筋或骨架,确认连接牢固后方可离开现场。

(6)6 级大风及以上和大雨、有雾天气必须停止露天高处作业。在雨后和冬季,露天作业时必须先清除水并采取防滑措施。

(7)要保持作业面道路通畅,作业环境整洁。

(8)作业中出现不安全险情时,必须立即停止作业,撤离危险区域,报告领导解决,严禁冒险作业。

(9)绑扎梁等钢筋时,不得站在模板上操作,必须在脚手板上操作。绑扎柱等钢筋时,不准站在钢筋箍上绑扎,也不准将木料、钢管等穿在钢筋箍内作为站人板,更严禁用木方作脚手板,2m 以上作业必须系好安全带。

(10)高空作业不得将钢筋集中堆放在横板或脚手架上等,也不要将工具、钢筋箍、短钢筋随意放在脚手板上,以免落下伤人。

20.2.3 安全吊运

(1)起吊钢筋或钢筋骨架时,下方严禁站人,待钢筋或钢筋骨架降落至离地面或安装标高 1m 以内人员方可靠近操作,待就位放稳支撑好后,方可摘钩。

(2)吊运钢筋时,应捆扎牢固,吊点应设置在钢筋束的两端。有困难时,才在该束钢筋的重心处设吊点。钢筋要平稳上升,不得超重起吊。

(3)人工垂直传递钢筋时,送料人应站立在牢固、平稳的区域,接料人应有护身栏杆或防止前倾的牢固物体,同时系好安全带。

(4)人工搬运钢筋时,步伐要一致,当上下坡或转弯时,要前后呼应,步伐稳慢,注意钢筋头尾摆动,防止碰撞物体或打击人身,特别注意防止碰挂周围和上下的电线。上肩或卸料时要互相打招呼,注意安全。

(5)短料和零散材料等必须入笼吊运。

(6)严禁出现吊运手推车的现象。

(7)起吊钢筋时应专人负责,长短分开,规格必须统一,不准一点吊,单根钢筋严禁起吊,以防钢丝绳捆绑不牢而落下伤人。

20.2.4 安全堆放

(1)严禁在高压线下码放材料。

(2)材料码放场地必须平整坚实,不积水。

(3)加工好的钢筋必须按规格尺寸和形状码放整齐,高度不超过150cm,并且下面要垫枕木,标识清楚。

(4)弯曲好的钢筋码放时,弯钩不得朝上。

(5)散落钢筋应随时清理堆放整齐,钢筋废料应及时清理到废钢筋池。

(6)材料分堆分垛码放,不可分层叠压。

(7)直条钢筋要按捆成行码放,端头一致平齐,应控制在三层以内,并且设置防倾覆、滑坡设施。

20.2.5 应急措施

(1)当发生伤害、失火事件,最先发现情况的人员应大声呼叫,呼叫内容要明确:“某某地点或某某部位发生某某情况!”将信息准确传出。

(2)听到呼叫的任何人,均有责任将信息报告给与其最近的项目部管理人员、抢救小组成员,使消息迅速报告到现场负责人(项目经理)处。

(3)当事人及现场人员应依据项目部制定的紧急救援预案进行自救或抢救。

(4)钢筋工程制作、安装、绑扎以及钢筋的焊接和连接[机械连接、熔化焊、电渣压力焊、闪光对焊、钎焊、堆焊、自动埋弧焊、胶(粘)接、热切割及碳弧气刨等]均应按劳动保护条例规定做好、到位(图20-1、图20-2)。

图20-1 电渣压力焊

图20-2 闪光对焊

20.3 模板工程

20.3.1 安全要点

(1)施工作业特点和危险源:支模、拆模等体力消耗大,见表20-2。

模板工程施工作业特点和危险源　　表20-2

作业活动	潜在的危险因素	可能导致的事故
支模、拆模作业	未系安全带、掉物	高处坠落、物体打击
吊模	模板脱落等	物体打击
圆盘锯等机械操作	没有防护罩、违反操作规程	机械伤手

(2)遵守施工现场的一般性安全规定:进入施工现场戴好安全帽,扣好帽带。高处临边作业系好安全带。穿防滑鞋,禁止穿拖鞋、赤脚等进入施工现场。酒后严禁进入施工现场。严禁高空抛物。施工现场严禁抽烟,抽烟到指定地点。遵守施工现场临时用电规范,严禁使用拖线板等。

20.3.2 安全支、拆模板

①大型及剪力墙模板支撑,必须按施工组织设计(方案)严格执行。

②大型及剪力墙模板支撑不得使用腐朽、扭裂、弯曲的材料。立杆要垂直,接长必须采用对接扣件连接,扣件要牢固,底端平整结实,并应设置底座或垫板。必须设置纵、横向扫地杆,并用横顺拉杆和剪刀撑拉牢。支撑、拉杆不得连接在门窗和脚手架上。在浇混凝土过程中要经常检查,如发现有变形、松动等,要及时修整(图20-3)。

③采用桁架支模应严格检查,发现严重变形,螺栓松动等应及时修复。

④支模应按工序进行,模板没有固定前,不得进行下道工序。禁止利用拉杆、支撑攀登上下。

图20-3　大型剪力墙模板安装

⑤支设高度在2m以上的柱模板,四周应设立操作平台,低于2m的可用马凳操作。

⑥支设悬挑形式的模板时,应有可靠的立足点。不得站在柱模上操作和在梁底模上行走。

⑦模板支撑拆除前,混凝土强度必须达到设计要求,并经申报批准后,才能进行模板支撑拆除。

⑧拆模板时,应采用长铁棒,操作人员应站在侧面。不允许在拆模的正下方行人。采取在同一垂直面下操作拆下模板,应随时清理运走;不能及

时运走时,要集中堆放,并将钉子扭弯打平,以防戳脚。

⑨高空拆模板时,操作人员应戴好安全带,并禁止站在模板的横拉杆上操作,拆下的模板应尽量用绳索吊下,不准向下乱扔。如有施工孔洞,应随时盖好或加设围栏,以防踏空跌落。

⑩拆除模板应按顺序分段进行,严禁猛撬和拉倒。拆除平台底模时,不得一次将顶撑全部拆除,应分批拆除,然后按顺序拆下格栅、底模,以免发生模板在自重荷载下一次性大面积塌落。

⑪拆除薄膜梁、起重机梁、桁架等预制构件模板,应随拆随加顶撑支牢,防止构件倾倒。

⑫拆模时必须设置警戒区域,并派专人监护;拆模必须干净彻底,不得留下松动和悬空的模板,拆下的模板要及时清理干净,堆放整齐。

⑬使用木工机械,应严格遵守木工机械安全操作规程。

20.3.3 模板安装

①进入施工现场的操作人员必须戴好安全帽,扣好帽带。操作人员严禁穿硬底鞋及有跟鞋作业。

②高处和临边洞口作业应设护栏,挂安全网,如无可靠防护措施,必须佩戴安全带,扣好带扣。高空、复杂结构模板的安装与拆除,事先应有切实的安全措施(图20-4)。

③工作前应先检查使用的工具是否牢固,扳手等工具必须用绳链系挂在身上,钉子必须放在工具袋内,以免掉落伤人。工作时要思想集中,防止钉子扎脚和空中滑落。

④安装模板时操作人员应有可靠的落脚点,并应站在安全地点进行操作,避免上下在同一垂直面工作。操作人员要主动避让吊物,增强自我保护和相互保护的安全意识。

⑤支模应按规定的作业程序进行,模板未固定前不得进行下一道工序。严禁在连接件和支撑件上攀登上下。

图20-4 楼板模板安装

⑥支模时,操作人员不得站在支撑上,而应设立人板,以便操作人员站立。立人板应用木质中板为宜,并适当绑扎固定。不得用钢模板或5cm×10cm的木板。

⑦支模过程中,如需中途停歇,应将支撑、搭头、柱头板等钉牢。拆模间歇时,应将已活动的模板、牵杠、支撑等运走或妥善堆放,防止因踏空、扶空而坠落。模板上有预留洞者,应在安装后将洞口盖好,混凝土板上的预留洞,应在模板拆除后即将洞口盖好。

⑧竖向模板和支架的支承部分,当安装在基土上时应加设垫板,且基土必须坚实并有排水措施。对湿陷性黄土,须有防水措施。

⑨模板及其支架在安装过程中,必须设置防倾覆的临时固定设施。

⑩现浇多层房屋和构筑物,应采取分段支模的方法:

a.下层楼板应具有承受上层荷载的承载能力或加设支架支撑。

b. 上层支架的立柱应对准下层支架的立柱，并铺设垫板。

c. 当采用悬吊模板、桁架支模方法时，其支撑结构的承载能力和刚度必须符合要求。

⑪当层间高度大于5m时，宜选用桁架支模或多层支架支模。当采用多层支架支模时，支架的横垫板应平整，支柱应垂直，上下层支柱应在同一竖向中心线上。

⑫支设高度在3m以上的柱模板，四周应设斜撑，并应设立操作平台，低于3m的可用马凳操作。支撑、牵杠等不得搭在门窗框和脚手架上；通路中间的斜撑、拉杆等应设在1.8m高度以上。

⑬两人抬运模板时要互相配合，协同工作。传递模板、工具应用索具系牢，采用垂直升降机械运输，不得乱抛。组合钢模板装拆时，上下有人接应。钢模板及配件应随装拆随运送，严禁从高处掷下。高空拆模时，应有专人指挥。地面应标出警戒区，用绳子和红白旗加以围栏，暂停人员过往。

⑭模板上施工时，堆物(钢模板等)不宜过多，且不宜集中放于一处。大模板施工时，存放大模板必须要有防倾措施。封柱子模板时，不准从顶部往下套。

⑮地下室顶模板，支撑还另需考虑机械行走、材料运输、堆物等额外载荷的要求，顶撑及模板的排列必须考虑施工荷载的要求。

⑯高空作业要搭设脚手架或操作台，上、下要使用梯子、不许站立在墙上工作。不准站在大梁底模上行走。遇6级大风及以上的天气时，应暂停室外的高空作业。雷雨后应先清扫施工现场，待地面略干不滑时再恢复工作。

20.3.4 模板安全拆除

(1)侧模，在混凝土强度能保证其表面及棱角不因拆除模板而受损坏后，方可拆除。

(2)底模，应在同一部位同条件养护的混凝土试块强度达到要求时方可拆除(表20-3)。

现浇结构拆模时所需混凝土强度　　表20-3

结构类型	结构跨度(m)	按设计的混凝土强度标准值的百分率计(%)
板	≤2	50
	>2，≤8	75
	>8	100
梁、拱、壳	≤8	75
	>8	100
悬臂构件	≤2	75
	>2	100

注：本表中“设计的混凝土强度标准值”系指与设计混凝土强度等级相应的混凝土立方体抗压强度标准值。

(3)拆除高度在5m以上的模板时，应搭脚手架，并设防护栏杆，防止上下在同一垂直面操作。

(4)模板支撑拆除前，混凝土强度必须达到设计要求，并经申报批准后，才能进行。拆除模板一般用长撬棒，不允许任何人员站在正在拆除的模板上。在拆除楼板模板时，要注意整块模板掉下，尤其是用定型模板做平台模板时，更要注意，防止模板突然全部掉落伤人。

(5)拆模时必须设置警戒区域,并派人监护。拆模必须拆除干净彻底,不得保留有悬空模板。拆下的模板要及时清理,堆放整齐。高处拆下的模板及支撑应用垂直升降设备运至地面,不得乱抛乱扔。

(6)拆模时、临时脚手架必须牢固,不得用拆下的模板作脚手板。

(7)脚手板搁置必须牢固平整,不得有空头板,以防踏空坠落。

(8)拆除的钢模作平台底模时,不得一次将顶撑全部拆除,应分批拆下顶撑,然后按顺序拆下搁栅、底模,以免发生钢模在自重荷载下一次性大面积脱落。

(9)已拆除模板及其支架的结构,在混凝土强度符合设计混凝土强度等级的要求后,方可承受全部使用荷载。当施工荷载所产生的效应比使用荷载的效应更为不利时,必须经过核算,加设临时支撑。

20.3.5 模板安全堆放

(1)模板的编序

①模板及支撑系统应按使用的不同层次部位和先后顺序进行编序堆放,在周转使用中均应做到配套编序使用。

②模板的配制、编号、施工顺序安排,应由专人负责组织设计并管理指导,以便用料合理,安装、拆卸、运输方便,提高综合利用率,防止在实际操作中,产生乱拖乱用和浪费材料的现象。

③应加强模板和支撑体系的通用性和模数化,以便编序简单、使用方便。

④模板的编号应用醒目的标记,标注在模板的背面,并注明规格尺寸、使用部位等。支撑体系的各部件也应分类放置,标注明确,以便按不同需要使用。

⑤对大模板、台模等特殊形式的模板体系,应专门分类编号,并按操作工艺要求按顺序放置。

(2)模板堆放

①所有模板和支撑系统应按不同材质、品种、规格、型号、大小、形状分类堆放,应注意在堆放中留出空地或交通道路,以便取用。在多层和高层施工中还应考虑模板和支撑的竖向转运顺序合理化。

②木质材料可按品种和规格堆放,钢质模板应按规格堆放,钢管应按不同长度堆放整齐。各种小型零配件应装袋或集中装箱转运。

③模板的堆放一般以平卧为主,对桁架或大模板等部件,可采用立放形式,但必须采取抗倾覆措施,每堆材料不宜过多,以免影响部件本身的质量和转运方便。

④堆放场地要求整平垫高,应注意通风排水,保持干燥。室内堆放应注意取用方便、堆放安全,露天堆放应加遮盖;钢质材料应防水防锈,木质材料应防腐、防火、防雨、防暴晒。

20.3.6 大模板安全堆放、安装和拆除

(1)平模存放时应满足地区条件要求的自稳角,两块大型模板应采取板面对板面的存放方法,长期存放模板,并将模板换成整体。大模板存放在施工楼层上,必须有可靠的防倾倒措施。不得沿外墙围边放置或垂直于外墙存放。没有支撑或自稳角不足的大模板,要存放在专

用的堆放架上或者平堆放,不得靠在其他模板或物件上,严防下脚滑移倾倒。

(2)模板起吊前,应检查吊装用绳索、卡具及每块模板上的吊环是否完整有效,并应先拆除一切临时支撑,经检查无误后方可起吊。模板起吊前,应将起重机的位置调整适当,做到稳起稳落,就位准确,禁止用人力搬动模板,严防模板大幅度摆动或碰倒其他模板。

(3)筒模可用拖车整体运输,也可拆成平模用拖车水平叠放运输。平模叠放时,垫木必须上下对齐,绑扎牢固。用拖车运输,车上严禁坐人。

(4)在大型模板拆装区域周围,应设置围栏,并挂明显的标识牌,禁止非作业人员入内。组装平模时,应及时用卡具或花篮螺丝将相邻模板连接好,防止倾倒。

(5)全现浇结构安装外模板时,必须将悬挑担固定,位置调整准确后,方可摘钩,外模安装后,要立即穿好销杆,紧固螺栓。安装外楼板的操作人员必须挂好安全带。

(6)在模板组装或拆除时,指挥、拆除和挂钩人员,必须站在安全可靠的地方才可操作,严禁人员随大模板起吊。

(7)大模板必须有操作平台、上下梯道,走桥和防护栏杆等附属设施,如有损坏,应及时修理。

(8)拆模起吊前,应复查穿墙销杆是否拆净,在确认无遗漏且模板与墙体完全脱离后方可起吊,拆除外墙模板时,应先挂好吊钩,紧绳索,再行拆除销杆。吊钩应垂直于模板,不得斜吊,以防碰撞相邻模板和墙体,摘钩时手不离钩,待吊钩吊起超过头部方可松手,超过障碍物以上的允许高度,才能行车或转臂。模板就位或拆除时,必须设置缆风绳,以保持模板吊装过程中的稳定性。在大风情况下,根据安全规定,不得作高空运输,以免在拆除过程中发生模板间或模板与其他障碍物之间的碰撞。

(9)模板安装就位后,要采取防止触电的保护措施,要设专人将大模板串联起来,并同避雷网接通,防止漏电伤人。

(10)大模板拆除后,应及时清除模板上的残余混凝土,并涂刷脱模剂。在清扫和涂刷脱模剂时,模板要临时固定好,板面相对停放的模板间,应留出 50 ~ 60cm 宽人行道,模板上方要用拉杆固定。

20.3.7 安全吊运

(1)模板吊装时必须检查吊钩是否牢固,有无松动或者焊缝损坏现象,起吊时要进行试吊,应检查吊装用绳索、卡具及每块模板上的吊环是否完整有效,并应先拆除一切临时支撑,经检查无误后方可起吊。

(2)模板安装时,需要由塔式起重机等吊运机械配合施工作业人员必须严格遵守机械安全操作规程。

(3)吊装模板时、指挥、拆除和挂钩人员必须站在安全可靠的地点方可操作,严禁在模板吊运行走的路线下站人,严禁任何人随模板起吊,安装外墙、外模板的操作人员应挂安全带。

(4)模板安装就位各支点均稳固后方可摘钩,未就位和未稳固前不得摘钩。

(5)模板安装就位后,为便于混凝土浇筑,两道墙模板平台间应搭设临时走道,严禁外墙板上行走。

(6)当风力超过6级及以上时,要停止模板吊装作业。

20.3.8 圆盘锯安全

(1)木工棚内应备有齐全可靠的消防器材。工作场所严禁吸烟和明火,并不得存放油、棉纱等易燃品。

(2)工作场所的待加工和已加工木料应堆放整齐,保证道路畅通。

(3)机械应保持清洁,安全防护装置齐全可靠,各部连接紧固,工作台上不得放置杂物。

(4)锯片上方必须安装保险挡板,锯片的安装,应保持与轴同心。

(5)锯片必须锯齿尖锐,不得连续缺齿两个,裂纹长度不得超过20mm,裂缝末端应冲止裂孔。

(6)被锯木料厚度,以锯片能露出木料10~20mm为限,夹持锯片的法兰盘的直径应为锯片直径的1/4。

(7)启动后,待转速正常后方可进行锯料。送料时不得将木头左右晃动或高抬,遇木节要缓缓送料;锯料长度应不小于500mm。拉近端头时,应用推棍送料。

(8)如锯线走偏,应逐渐纠正,不得猛扳,以免损坏据片。

(9)操作人员不得面对与锯片旋转相同的方向操作,手不得跨越锯片。

(10)机械发生故障时,不得擅自进行修理,必须由专业电工进行修理。

(11)在操作过程中,不得随意拆除圆盘锯的防护设置,在操作时不得戴手套,衣服袖口必须收口。

(12) 作业后,切断电源,锁好闸箱,进行擦拭、润滑,下班前清除木屑、刨花。

20.3.9 应急措施

(1)当发生伤害、失火等事件,最先发现情况的人员应大声呼叫,呼叫内容要明确:“某某地点或某某部位发生某某情况!”将信息准确传出。

(2)听到呼叫的任何人,均有责任将信息报告给与其最近的项目部管理人员、抢救小组成员,使消息迅速报告到现场负责人(项目经理)处。

(3)当事人及现场人员应依据项目部制订的紧急救援预案进行自救或抢救。

20.4 混凝土工程

20.4.1 安全要点

(1)遵守施工现场的一般性安全规定:进入施工现场戴好安全帽,扣好帽带。高处临边作业系好安全带。穿防滑鞋,禁止穿拖鞋、赤脚等进入施工现场。酒后严禁进入施工现场。严禁高空抛物。施工现场严禁抽烟,抽烟须到指定地点。遵守施工现场临时用电规范。进入现场走安全通道，浇筑混凝土人员在未浇筑区域，走临时通道(图 20-5、图 20-6)。

图 20-5　浇筑板面混凝土

图 20-6　浇筑桩基混凝土

(2)作业人员进入现场必须戴好安全帽，扣好帽带，并正确使用个人劳动保护用品。操作人员必须身体健康，方可独立操作。

(3)脚手架、工作平台和斜道应绑扎牢固。若有探头板应及时绑扎搭好，脚手架上的钉子等障碍物应清除干净，高处作业或较深的地下作业，必须提供操作人员上下的走道。

(4)夜间施工应有足够的照明，临时电线必须架空在 2.5m 高以上。在深坑和潮湿地点施工必须使用低压安全照明。

(5)所有电气设备的修理拆换工作应由电工进行，严禁混凝土操作工自行拆动。

(6)泵送设备放置应离基坑、桩基、结构边缘保持一定距离(大于或等于 2m)。在布料杆动作范围内无障碍物，无高压线。

(7)水平泵送的管道敷设线路应接近直线，少弯曲，管道与管道支撑必须紧固可靠，管道接头处应密封可靠。“Y”形管道应装接锥形管。

(8)严禁将垂直管道直接装接在泵的输出口上，应在垂直管架设的前端装接长度不小于 10m 的水平管，水平管近泵处应装逆止阀。敷设向下倾斜的管道时，下端应装接一段水平管，其长度至少为倾斜管高低差的 5 倍，否则应采用弯管等办法，增大阻力。如倾斜度较大，必要时，应在坡度上端装置排气活阀，以利排气。

(9)支腿应全部伸出并支固，未支固前不得启动布料杆，布料杆升离支架后方可回转，布料杆伸出时应按顺序进行，严禁用布料杆起吊或拖拉物件。

(10)当布料杆处于全伸状态时，严禁移动车身。作业中需要移动时，应将上段布料杆折叠固定，移动速度不超过 10km/h。布料杆不得使用超过规定直径的配管，装接的软管应系防脱安全绳带。

(11)应随时监视各种仪表和指示灯，发现不正常应及时调整或处理。如出现输送管道堵塞时，应进行逆向运转使混凝土返回料斗，必要时应拆管排除堵塞。

(12)泵送混凝土应连续作业，必须暂停时应每隔 5 ~ 10min(冬季 3 ~ 5min)泵送一次。若停止较长时间后泵送时，应逆向运输 1 ~ 2 个行程，然后顺向泵送。泵送时料斗内应保持一定量的混凝土，不得吸空(图 20-7)。

(13)应保持水箱内储满清水，如果发现水质混浊并有较多砂粒时应及时检查处理。

(14)泵送系统受压力时,不得开启任何输送管道和液压管道。液压系统的安全阀不得任意调整,蓄能器只能充入氮气。

(15)浇筑离地2m以上框架、过梁、雨篷和小平台时,应设操作平台,不得直接站在模板或支撑件上操作。

(16)浇筑拱形结构,应自两边拱脚对称地相向进行。浇筑储仓,下口应先行封闭,并搭设脚手架以防人员坠落。

(17)特殊情况下如无可靠的安全设施,必须系好安全带并扣好保险钩,或架设安全网。

图20-7 混凝土泵车

(18)地下工程深度超过3m时,应设混凝土溜槽。滑放混凝土时,应上下配合。

(19)浇筑无板框架的梁、柱混凝土时,应搭设脚手架,并应附设防护栏杆,不得站在模板上操作。

(20)浇捣圈梁、挑檐、阳台、雨篷混凝土时,外脚手架上应加设护身栏杆。

(21)使用振捣棒前应检查:电源电压,输电必须安装漏电开关。保护电源线路是否良好,电源线不得有接头。机械运转是否正常。振捣棒移动时,不能硬拉电线,更不能在钢筋和其他锐利物上拖拉,防止割破拉断电线而造成触电伤亡事故。

(22)在6级大风及以上,不得在露天进行高空作业或迎风方向连续作业。

(23)应经常检查脚手架的接头处是否牢固,检查安全防护设置是否齐全,是否因风、雨的影响而松动下沉。走道及跳板通道,应经常清扫并进行防滑处理。

(24)酒后及患有高血压、心脏病、癫痫症的人员,严禁参加高空作业。

(25)在浇筑墙板后,必须及时派人对大模板上的混凝土进行清理工作。不允许在拆模前发现模外边还留有混凝土,以防止拆、拼模时,吊装中混凝土块掉落伤人。

(26)在浇筑墙板时,必须注意墙板上的操作平台上的护身杆是否完好,不完整的及时给予修复,等修复完后方可进行打混凝土操作。工人浇筑混凝土必须身系安全带。

20.4.2 针对性安全(插入式振动棒)

(1)插入式振捣棒的电动机电源上,应安装漏电保护装置,接地或接零应安全可靠。

(2)操作人员应经过用电教育,作业时应穿戴绝缘胶鞋和绝缘手套。

(3)电缆线应满足操作所需的长度,电缆线上不得堆压物品或让车辆挤压,严禁用电缆线拖拉或吊挂振动器。

(4)使用前,应检查各部并确认连接牢固,旋转方向正确。

(5)振捣棒不得在初凝的混凝土、地板、脚手架和干硬的地面上进行试振;在检修或作业间断时,应断开电源。

(6)作业时,振捣棒软管的弯曲半径不得小于500mm,并不得多于两个弯,操作时应将振捣棒垂直地沉入混凝土,不得用力硬插、斜推或让钢筋夹住棒头,也不得全部插入混凝土中,插入深度不应超过棒长的3/4,不宜触及钢筋、芯管及预埋件。

(7)振捣棒软管不得出现裂缝,当软管使用过久使长度增长时,应及时修复或更换。

(8)作业停止需移动振捣棒时,应先关闭电动机,再切断电源。不得用软管拖拉电动机。

(9)作业完毕,应将电动机、软管、振捣棒清理干净,并应接规定要求进行保养作业。振捣棒存放时,不得堆压软管,应平直放好,并应对电动机采取防潮措施。

(10)使用振捣棒前应检查:电源电压是否匹配、漏电开关是否动作、电源线路是否良好,电源线不得有接头,机械运转是否正常。振动机移动时,不能硬拉电线,更不能在钢筋和其他锐利物上拖拉,防止割破、拉断电线而造成触电伤亡事故。

20.5 砌筑工程

20.5.1 安全要点

(1)施工作业特点和危险源,见表20-4。

砌筑工程施工作业特点及危险源　　表20-4

作业活动	潜在的危险因素	可能导致的事故
手持式电动工具使用	电动工具本身不安全;使用拖线板、接线不规范	触电
登高作业	登高设备或使用不符合要求	高处坠落
高处、临边作业	违章作业(不戴安全帽,不系安全带)	高处坠落
砌筑作业	不按操作规程砍砖、锯砌块,不按技术交底及相关要求进行砌筑作业	墙体倒塌造成物体打击
砌块切割	不戴口罩	职业危害

(2)对危险源的具体控制措施和应注意的安全事项,须按本项目的安全专项方案及本工种的操作规程实施。

(3)遵守施工现场的安全规定:进入施工现场戴好安全帽,扣好帽带。高处临边作业系好安全带。穿防滑鞋,禁止穿拖鞋、赤脚等进入施工现场。严禁高空抛物、乱扔垃圾。施工现场严禁吸烟,酒后严禁进入施工现场。

(4)必须接受安全技术交底后方可进行砌筑及相关二次结构作业。

(5)手持式用电工具使用时严禁单手操作,严禁使用蛮力。

20.5.2 临时用电

(1)严禁使用拖线板、花线,必须使用合格的开关箱,严格遵守"一箱、一机、一闸、一漏电保护器"。

(2)使用的电钻等手持式用电工具必须符合临时用电安全技术要求。

(3)接线必须联系专业电工进行接电,严禁私自接电或私拉乱接。

20.5.3 安全设施

(1)施工现场的与砌筑无关的安全防护设施严禁随意拆除,若因施工需要确实需要拆除的,应先联系项目部,项目部同意并采取其他防护措施后方可拆除,并且施工完成后应及时恢复原有的安全防护设施。

(2)施工中砌筑位置的安全防护应砌筑到哪里拆到哪里,严禁一次性全部拆除或提前拆除砌墙部位的防护再进行砌筑。

(3)作业过程中,涉及登高作业需要使用马镫、人字梯等,必须牢固可靠。严禁直接踩在砌块等不稳定物体上作业。

(4)脚手架连墙件严禁拆除,二次结构支模必须预留处理。

20.5.4 安全砌筑

(1)砖墙砌筑施工中,作业人员要严格按照砌筑工艺及技术交底进行作业,严防已砌好的砖墙倒塌伤人。

(2)砌筑施工中所使用的砂浆、砖、砌块等必须经过验收合格,强度标号达到设计要求,禁止使用不合格材料或强度达不到要求的砂浆进行砌筑,以免造成事故。

(3)作业人员从砖垛上取砖时,应先取高处后取低处,防止砖垛倒塌砸人。提倡在下面提前切割砌块,砍砖时应面向内打,以免碎砖落下伤人。

(4)不准勉强在超过胸部以上的墙体上进行砌筑,以免将墙体碰撞倒塌或上料时失手掉下造成安全事故。砌筑的砖墙超过胸部以上时,要搭设好操作平台,不准用不稳定的工具或物体在脚手板面或木凳等上垫高作业。砌筑内墙墙体时,必须使用定型移动脚架,架子上堆砖高度不得超过3层。

(5)作业人员严禁在墙顶上站立划线、刮缝、清扫墙柱面、预埋门框固定支座(图20-8)和检查大角垂直等工作,以防发生坠落事故 。

(6)砌块切割时,应设置防护措施,操作人员应戴口罩。

(7)人工垂直向上或往下传递砖块,应采取可靠措施运输,如小滑轮,严禁直接上下抛掷。架子上的站人板宽度应不小于60cm。

(8)严禁立体交叉作业,如特殊情况下,在同一垂直面内上下交叉作业前,必须设置可靠的安全隔离措施。

图20-8 预埋门框固定支座

20.5.5 原材运输

(1)搬运砌块轻拿轻放,以减少砌块搬运过程中的损坏。砌块装到手推车及从手推车上卸下,重点注意手部及脚部的安全保护。

(2)使用施工升降机运输砌块,严禁超载。

(3)楼层内卸砌块时,砌块严禁集中堆放。同时,堆放离阳台等临边保持1.5m以上距离。

(4)人工用手推车运砖,两车前后距离平地上不得小于2m,坡道上不得小于10m。装砖时应先取高处,后取低处,分层按顺序拿取。

20.5.6 二次结构(构造柱、圈梁)

(1)二次结构的轻质隔墙、构造柱、圈梁钢筋安装绑扎(图20-9),模板安装及浇筑混凝土等,作业高度超2m及以上必须搭设脚手架,严禁在钢筋骨架、连接件和支撑件上攀登上下。

图20-9 轻质隔墙及构造柱主筋安装

(2)二次结构模板支撑拆除前,混凝土强度必须达到设计要求,并经申报批准后,才能进行。

(3)二次结构拆模板时,应采用长铁棒,操作人员应站在侧面,不允许在拆模的正下方有行人或采取在同一垂直面下方操作拆下模板,应随时清理运走;不能及时运走时,要集中堆放,并将钉子扭弯打平,以防戳脚。

(4)二次结构构造柱绑扎钢筋的绑丝头,应弯回至骨架内侧,暂停绑扎时,应检查所绑扎的钢筋或骨架,确认连接牢固后方可离开现场。严禁攀爬钢筋骨架。

20.5.7 文明施工

(1)砌筑人员应有节材意识,尽可能最大限度地减少切割砌块、砍砖次数,作业环境中的碎料、落地灰、杂物等集中下运,做到日产日清,自产自清、工完料净、场地清。

(2)清理作业,严禁高空抛垃圾。

20.5.8 应急措施

(1)当发生伤害、失火等事件,最先发现情况的人员应大声呼叫,呼叫内容要明确:“某某地点或某某部位发生某某情况!”将信息准确传出。

(2)听到呼叫的任何人,均有责任将信息报告给与其最近的项目部管理人员、抢救小组成员,使消息迅速报告到现场负责人(项目经理)处。

(3)当事人及现场人员应依据项目部制定的紧急救援预案进行自救或抢救。

(4)特别补充:严禁擅自操作施工升降机!严禁在等待升降机过程中将身体任何部位探出层站门!严禁在登高设备上垫高作业!

(5)为市民居住期间的安全,二次结构施工过程中应按规范要求预埋门框固定支座。

20.6 装修工程

20.6.1 抹灰安全要点

(1)施工作业特点和危险源:作业面不定,作业内容不定,流动性大,见表20-5。

装修工程施工作业特点和危险源 表20-5

作业活动	潜在的危险因素	可能导致的事故
登高	登高设备不稳固	跌落
接电	未找专业电工接电	触电
临边抹灰	未系安全带	高处坠落

(2)危险源的控制:

①遵守施工现场的一般性安全规定:进入施工现场戴好安全帽,扣好帽带,高处临边作业系好安全带。

②穿防滑鞋,禁止穿拖鞋、赤脚等进入施工现场,酒后严禁进入施工现场。严禁高空抛物。

③施工现场严禁抽烟,抽烟须到指定地点。涉及对眼睛有伤害可能的工作必须戴护目镜。进出楼层走安全通道。机械设备严禁擅自操作。

(3)临时用电、电动工具:

①严禁使用拖线板,必须使用合格的开关箱,严格遵守"一箱、一机、一闸、一漏电保护器"。

②接线必须联系专业电工进行接电,严禁私自接电或私拉乱接。

③夜间或阴暗处作业,应用36V以下安全电压照明。

④使用手持电动机具,必须装有漏电保护器,作业前应试机检查,作业时应戴绝缘手套。

(4)安全设施:

①施工现场的安全防护设施严禁随意拆除,若因施工需要拆除,应先联系项目部,项目部同意并采取其他防护措施后方可拆除,并且作业完成后应及时恢复原有的安全防护设施。

②作业过程中,涉及登高作业需要使用马镫或人字梯或靠梯时,马镫必须牢固,人字梯必须有安全绳,靠梯必须有防滑措施。

(5)针对性安全:

①进行砂浆搅拌时必须设专人操作,并严格按照搅拌机操作规程执行。

②作业人员必须熟知本工种的安全操作规程和施工现场的安全生产制度,不违章作业,对违章作业的指令有权拒绝,并有责任制止他人违章作业。

③搅拌与抹灰时(尤其在抹顶棚时)注意防止灰浆溅入眼内。

④在室内推运输小车时要稳,拐弯时不得猛拐,特别是在楼层中拐弯时要注意小车把不要挤手。

⑤室内抹灰采用高凳上铺脚手板时,宽度不得少于两块(60cm)脚手板,间距不得大于1.5m,移动高凳时上面不得站人,作业人员最多不得超过2人。

⑥脚手板面操作高度不够，严禁随便垫高或在一层脚手架上再叠加一层（桥上桥）。

（6）重点提示：

①临边抹灰，比如在窗户边（玻璃没有安装的前提下），必须有可靠立足点，系好安全带。严禁踩踏阳台栏板进行作业。严禁擅自操作施工升降机。

②因抹灰工程施工需要，临边防护由固定式改成移动式的，因施工需要搬离的防护在施工完成后必须及时将防护搬回至原来位置。严禁私自拆除移动式临边防护的任何配件。

20.6.2 应急措施

（1）当发生伤害、失火事件，最先发现情况的人员应大声呼叫，呼叫内容要明确："某某地点或某某部位发生某某情况！"将信息准确传出。

（2）听到呼叫的任何人，均有责任将信息报告给与其最近的项目部管理人员、抢救小组成员，使消息迅速报告到现场负责人（项目经理）处。

（3）当事人及现场人员应依据项目部制定的紧急救援预案进行自救或抢救。

20.6.3 注意事项

（1）脚手架使用前应检查脚手架是否牢固，脚手板是否有破损、空隙，探头板、护身栏、挡脚板、拉结等是否符合规定要求，确认合格后，方可使用。吊篮架子升降由架子工负责，非架子工不得擅自拆改或升降。

（2）不得攀登剪力撑、大横杆上脚手架，上脚手架必须走规定的斜道或安全通道。

（3）贴面使用的预制件、大理石、面砖等，应堆放整齐、平稳，边用边运；安装时要稳拿稳放，待灌浆凝固稳定后，方可拆除临时支撑。废料、边角料严禁随意抛掷。

（4）所有电动工具必须在使用前由电工做防漏电测试，不得带病或超负荷运作。

（5）施工中不准随意拆除、斩断脚手架软硬拉结，不准随意拆除脚手架上的安全设施，如妨碍施工必须经项目部负责人批准后，有其他措施代替方能拆除妨碍部位。

（6）外装饰工程登高悬吊抹灰 、镶贴外墙瓷砖（饰面板）必须编制安全专项方案，吊篮应按相关要求进行受力验算。立体交叉作业时，必须设置可靠的安全防护隔离层，如图 20-10 ~ 图 20-12 所示。

图 20-10　外墙抹灰注意所在位置

图 20-11　抹灰后的检测

(7)外架工程的搭设,对既有户外电线,应按《施工现场临时用电安全技术规范(附条文说明)》(JGJ 46—2005)的标准留置安全距离(图 20-13)。电动工具应设置可靠的接地接零装置。

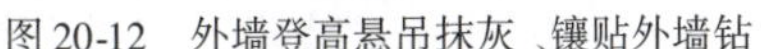

图 20-12 外墙登高悬吊抹灰、镶贴外墙钻

图 20-13 外墙装饰与户外电线的安全距离

20.6.4 腻子与涂料

(1)施工作业特点和危险源:电动工具的频繁使用,长时间接触涂料,见表 20-6。

腻子与涂料施工作业特点和危险源 表 20-6

作业活动	潜在的危险因素	可能导致的事故
登高作业	登高设备不稳固	跌落
接电	未找专业电工接电	触电
手持式电动工具使用	长期重复使用、防护装置缺失、有破损等	骨骼与肌肉功能紊乱、机械伤害等
涂料施工	刺激性气味	职业伤害

(2)危险源控制:

①遵守施工现场的一般性安全规定:进入施工现场戴好安全帽,扣好帽带。高处临边作业系好安全带。穿防滑鞋,禁止赤膊、穿拖鞋、赤脚等进入施工现场。酒后严禁进入施工现场。严禁高空抛物。施工现场严禁抽烟,抽烟须到指定地点。涉及对眼睛有伤害可能的工作必须戴护目镜。进出楼层走安全通道。非本人操作的机械设备严禁擅自操作。消防设施器材严禁玩弄。

②操作人员不得负荷作业、带病作业,工作期间严禁追逐打闹。

③靠近窗户等临边抹灰、涂料必须系好安全带。

(3)安全设施:

①施工现场的安全防护设施严禁随意拆除,若因施工需要拆除,应先联系项目部,项目部同意并采取其他防护措施后方可拆除,并且作业完成后应及时恢复原有的安全防护设施(除非施工的产品替代了原来的防护)。

②作业过程中,涉及登高作业需要使用马镫或人字梯或靠梯或门架或活动架等时,马镫必须牢固(不超过 1.5m),人字梯必须有安全绳(不超过 2m),靠梯必须有防滑措施(不超过

2m)，门架严格按照要求搭设和使用，移动架要稳固，作业面四周有护身杆。登高设备上如需要码放材料，须均匀码放、严禁超载、谨防掉落。传递材料应相互配合，相互呼应，严禁通过抛、甩传递材料。

(4)临时用电：

①严禁使用拖线板、花线，必须使用合格的开关箱，严格遵守"一箱、一机、一闸、一漏电保护器"。

②接线必须联系专业电工进行接电，严禁私自接电和私拉乱接。接电前请电工检查电线、配电箱是否漏电，是否有接零保护，电线必须架空，严禁拖地。

③夜间施工必须有充足的照明，地下水等阴暗潮湿处使用安全照明电压。

(5)手持式电动工具(飞机钻等)：

①手持式电动工具必须具有国家强制认证证书、产品合格证和使用说明书。

②使用前，要认真阅读产品使用说明书和安全操作规程，详细了解工具的性能和掌握正确使用方法，严禁违规使用，严禁蛮力等，非单手操作设备严禁单手操作，以正确手法和姿势使用。

③工具的电源线严禁接长或拆除，电源线上的插头不得任意拆除或替换。工具上的插头、插座应按规定接线。严禁不使用插头而将电线金属丝直接插入电源插座。

(6)工具使用前及日常检查至少包括以下项目：

①是否有产品认证标志及定期检查合格标志。

②外壳、手柄是否有裂缝或破损，工具是否清洁。

③保护接地线(PE)连接是否完好无损。

④电源线是否完好无损。

⑤电源插头是否完好无损。

⑥电源开关动作是否正常、灵活，有无缺损、破裂。

⑦机械防护装置是否完好。

⑧空载运转是否正常，工具传动部位是否转动灵活、轻快，无阻滞现象。

⑨电气保护装置是否良好。

⑩检查确认正常后方可使用，严禁工具带病、缺陷使用。

(7)施工过程中，工具暂时不用时，放在可靠位置，防止误启动。拔出插头时应握紧插头，不应拉拽电线而使电线松脱导致短路。

(8)使用飞机钻等手持式电动工具必须戴绝缘手套，穿绝缘鞋，做好个人及周边相关安全防护。

20.6.5 涂料施工

(1)涂料、油漆前要佩戴有效的防护用品如安全帽、套袖、手套、风镜、防静电服等，作业人员要正确佩戴和使用防护用品。

(2)施工场所应有良好的通风条件，如在通风条件不好的场地施工时必须安装通风设备，方能施工。

(3)在涂刷或喷涂对人体有害的油漆时，需戴上防护口罩，如对眼睛有害，需戴上密闭式眼镜进行保护。

(4)操作人员在施工时感觉头痛、恶心、心闷和心悸等时,应立即停止作业,离开工作地点,到通风处换空气。如仍不舒畅,应及时去医院治疗。

(5)涂料、油漆必须放入仓库或指定地点,不得与其他材料混放,遮阳防潮通风,严禁明火入内,必须配备灭火器。周围严禁动用明火、吸烟,存放点不准使用大功率照明灯具。

(6)工作完毕,各种涂料的桶要严加密封,无论是否用完。

(7)禁止作业场所进食,因操作不小心油漆溅到皮肤上,可用木屑加肥皂水冲洗,禁止用汽油或其他有机溶剂擦洗。

(8)涂料与粉刷使用的机械(如空气压缩机、喷灰浆机械等),应严格遵守机械设备操作规程和使用说明书,不盲目违章使用。空气压缩机作业区域保持清洁和干燥,储气罐放在通风良好处,距储气罐15m范围内不得进行焊接和热加工作业,电动机及外壳接地应良好。喷灰浆机械应经常检查胶皮管有无裂缝、接头是否松动,安全阀是否有效。喷涂灰浆,戴好护目严禁、口罩、手套,禁止用潮湿的手触碰电气开关。使用高压无气喷涂泵,喷涂泵不能放在喷涂作业的房间内,喷枪专用的高压软管不得任意替代,作业前检查电动机、电气,机身应接地(接零)良好,检查吸入软管、回路软管接头和压力表、高压软管和喷枪均应连接牢固(图20-14 、图20-15)。

图20-14　涂料刮腻子(底子灰)

图20-15　拌制腻子灰

(9)下班前,清扫场地,切断相关电源,消除不安全状态后,方可离开。

(10)补充安全要求。

①施工中产生的废料等垃圾,严禁从窗口等高处抛掷。

②使用电梯运料时,要均匀放置,严禁超载、偏载,服从司机的正确指挥。同时,严禁擅自操作施工电梯。

③搅拌与抹灰时(尤其在抹顶棚时)注意防止灰浆溅入眼内。临边抹灰,比如在窗户边(玻璃没有安装的前提下),必须有可靠立足点,系好安全带。严禁踩踏阳台栏板进行作业。

④油漆桶、腻子粉等搬运过程中,轻拿轻放,避免砸脚、产生粉尘等。

⑤以正确的姿势及手法使用手持工具,使用时姿势应以用力平稳最为安全,切勿过分用力。保持工具清洁,特别是手柄,以免工作时脱落。不要将手持工具误作其他用途。

⑥树立成品保护意识、文明施工意识,坚持工完料清,产生的建筑垃圾(塑料桶等)及时清理到指定地点,进行安全处理。

20.6.6 应急措施

(1)当发生伤害、失火等事件,最先发现情况的人员应大声呼叫,呼叫内容要明确:“某某地点或某某部位发生某某情况!”将信息准确传出。

(2)听到呼叫的任何人,均有责任将信息报告给与其最近的项目部管理人员、抢救小组成员,使消息迅速报告到现场负责人处。

(3)当事人及现场人员应依据制定的紧急救援预案进行自救或抢救。

20.7 地砖、墙砖铺设

20.7.1 安全要点

(1)施工作业特点和危险源:切割机、云石锯等电动工具使用,瓷砖、大理石搬运体力消耗较大,见表20-7。

地砖、墙砖铺设施工作业特点和危险源　表20-7

作业活动	潜在的危险因素	可能导致的事故
登高	登高设备不稳固	跌落
接电	未找专业电工接电	触电
手持式电动工具使用	防护装置缺失等	割手等机械伤害
瓷砖切割	噪声、粉尘	职业伤害

(2)对危险源的具体控制措施和应注意的安全事项:

①遵守施工现场的一般性安全规定:进入施工现场戴好安全帽,扣好帽带。高处临边作业系好安全带。穿防滑鞋,禁止赤膊、穿拖鞋、赤脚等进入施工现场。酒后严禁进入施工现场。严禁高空抛物。施工现场严禁抽烟,抽烟须到指定地点。涉及对眼睛有伤害可能的工作必须戴护目镜。进出楼层走安全通道。非本人操作的机械设备严禁擅自操作。消防设施器材严禁玩弄。

②操作人员不得负荷作业、带病作业,工作期间严禁追逐打闹。

③搅拌灰时注意防护,防止灰浆溅入眼内。

20.7.2 安全设施

(1)施工现场的安全防护设施严禁随意拆除,若因施工需要拆除,应先联系项目部,项目部同意并采取其他防护措施后方可拆除,并且作业完成后应及时恢复原有的安全防护设施(除非施工的产品替代了原来的防护)。

(2)作业过程中,涉及登高作业需要使用马镫、人字梯、靠梯、门架、活动架等时:马镫必须牢固(不超过1.5m),人字梯必须有安全绳(不超过2m),靠梯必须有防滑措施(不超过2m),

门架严格按照要求搭设和使用，移动架要稳固，作业面四周有护身杆。登高设备上如需要码放材料，须均匀码放、严禁超载、谨防掉落。传递材料应相互配合，相互呼应，严禁通过抛、甩传递材料（图20-16～图20-18）。

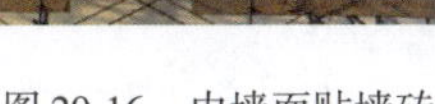
图20-16 内墙面贴墙砖

图20-17 铺设地面砖

图20-18 铺贴外墙瓷砖

20.7.3 临时用电

（1）严禁使用拖线板、花线，必须使用合格的开关箱，严格遵守“一箱、一机、一闸、一漏电保护器”。

（2）接线必须联系专业电工进行接电，严禁私自接电或私拉乱接。接电前请电工检查电线、配电箱是否漏电，是否有接地、接零保护，电线必须架空，严禁拖地。

（3）夜间施工必须有充足的照明。地下室等阴暗潮湿处使用安全照明电压。

20.7.4 手持式电动工具

（1）手持式电动工具必须具有国家强制认证证书、产品合格证和使用说明书。

（2）使用前，要认真阅读产品使用说明书和安全操作规程，详细了解工具的性能和掌握正确使用方法，严禁违规使用，严禁蛮力等。

(3)工具的电源线严禁接长或拆除,电源线上的插头不得任意拆除或替换,工具上的插头、插座应按规定接线。严禁不使用插头而将电线金属丝直接插入电源插座。

(4)工具使用前及日常检查至少包括以下项目:

①是否有产品认证标志及定期检查合格标志。

②外壳、手柄是否有裂缝或破损。

③保护接地线(PE)连接是否完好无损。

④电源线是否完好无损。

⑤电源插头是否完好无损。

⑥电源开关动作是否正常、灵活,有无缺损、破裂。

⑦机械防护装置是否完好。

⑧空载运转是否正常,工具传动部位是否转动灵活、轻快,无阻滞现象。

⑨电气保护装置是否良好。

⑩检查确认正常后方可使用,严禁工具带病、缺陷使用。

(5)使用切割机等工具裁割瓷砖、大理石等,必须在地面上进行,严禁悬空操作。切割前,戴好绝缘手套、防护面罩(眼睛)及护耳装置,切割时要提高注意力,避免切割到手造成人身伤害,人和石材离开一定距离。

(6)施工过程中,工具暂时不用时,放在可靠位置,防止误启动。拔出插头时应握紧插头,不应拉拽电线而使电线松脱导致短路。

(7)下班前每日下班前,清扫场地,切断相关电源,消除不安全状态后,方可离开。

20.7.5 应急措施及补充要点

(1)施工中产生的碎片、废料等垃圾,严禁从窗口等高处抛掷。

(2)使用电梯运料时,要均匀放置,严禁超载、偏载,服从司机的正确指挥。同时,严禁擅自操作施工电梯。

(3)瓷砖等搬运过程中,轻拿轻放,避免块材夹手、砸脚等。

(4)树立成品保护意识、文明施工意识,坚持工完料清,产生的建筑垃圾(碎片、包装纸、包装条等)及时清理到指定地点。

(5)严格按照施工工艺施工,谨防材料粘贴不牢等脱落伤人。

(6)以正确的姿势及手法使用手持工具,使用时姿势应以用力平稳最为安全,切勿过分用力。保持工具清洁,特别是手柄,以免工作时脱落。不要将手持工具误作其他用途。

第21章 市政管网工程

21.1 一般规定

(1)夜间施工,深夜11:00至次日清晨7:00,若有噪声超标,应到当地的环保部门办理相关手续,被辖区居民投诉的应依法接受行政处罚。

(2)施工现场的动火作业应持有动火作业令,作业令必须报请监理单位的总监理工程师审批,施工单位派员监护,配制相应的消防设施。

(3)占道施工,必须报请市交警大队或交警局审批,取得相关合法手续,制作占道施工标识牌,悬挂或摆放明显位置。

(4)危险性较大施工工程的安、拆项目,必须编制安全施工专项方案,并融入专家论证的建议和意见,施工过程中安排安全人员值班旁站,同时设置安全防护隔离措施和相关警示标志牌。

(5)因施工影响沿线(沿街)企业、商铺经营,或借道施工的工程,必须作出沟通姿态进行协商解决,或采取措施避免激化社会矛盾。

(6)靠近居民楼及各类建、构筑物施工的管网工程,必须做好现场文明施工及封闭式管理工作,采取有效措施,减少对周边居民造成的影响。

(7)现场管沟、基坑等土石方开挖作业,必须编制安全施工专项方案,并按规范要求做好放坡和支护措施,防止坍塌、滑坡等事故的发生。

市政管网工程:是指市政设施建设工程,在我国市政设施是指在城市区、镇(乡)规划建设范围内设置、基于政府责任和义务为居民提供有偿和无偿公共产品和服务的各种建筑物、构筑物、设备等。管网工程分类为:供电工程、雨水管道、污水管道、给水管道、消防管道、燃气管道、通信管道、清淤、小区智能化管道等工程(图21-1、图21-2)。

a)

b)

图21-1 户外高压电缆敷设

a)

b)

图 21-2　供电工程系统——变压器安装

21.2　供电管道工程

21.2.1　安全要点

(1)项目部必须按规定建立、健全和落实各项安全生产责任制度,设立安全生产管理机构,配备专职安全员。

(2)施工单位应设立工程项目部和项目经理,施工单位的项目经理是该施工现场的安全第一责任人。

(3)工地设专职安全员,在项目负责人领导下,做好本项目工程的安全施工管理工作。班组设兼职安全员,工作负责人和专职安全员应佩戴袖章。

(4)施工单位应制定安全生产责任制和安全管理目标,牢固树立"安全第一,预防为主、综合治理"思想,全面履行安全生产责任。

(5)工程开工前,应组织全体施工人员分工种进行安全教育,学习《电力建设安全规程》《电力建设安全健康与环境管理工作规定》《电业安全工作规程》和上级有关安全工作规定。随着工程进展,应有针对性地对职工进行安全教育。

(6)一切施工活动必须有安全施工措施,在施工前对每位施工人员进行安全交底,交底人和被交底人必须签名确认。无措施或未交底或交底未签名的,严禁布置施工,未签字人员不得参加该项目的施工。安全施工措施应有危险点和危险源的分析和防范措施,在安全交底时交代清楚。

(7)每日开工前召开班前会,对全班组人员进行施工要求、作业环境和安全注意事项的安全交底,并做好记录。

(8)建立班组每周安全活动日制度,小结本周安全生产工作情况,分析现场安全生产情况,提出下周安全生产要求,并做好记录。

(9)项目负责人应保证在现场指挥和监督安全施工,如因事需要临时离开现场,应委托有经验人员代理职责,并交代注意事项。全体项目部人员必须每天到现场履行职责。

21.2.2 安全事宜

(1)施工用电

一切用临时用电设备都要按《施工现场临时用电安全技术(附条文说明)规范》(JTG 46—2005)实行"三相五线制"。施工用电应编制施工用电专项方案,经监理方审批后按方案施工。

①用电设备的电源引线不得大于5m,距离大于5m时应设流动控制箱,流动控制箱至固定式开关柜或配电箱之间的引线长度不得大于30m。

②严禁将电线直接钩挂在闸刀上或插入插座内使用。

③严禁用其他金属丝代替保险丝。

④工地使用碘钨灯时,其支架应稳固且不得带电移动,架设高度大于2.5m,并且外壳接地或接零。

⑤对所有用电设备应可靠良好地接在保护零线(PE线)上。

⑥施工电源线架设应符合施工用电方案的安全规定。

(2) 焊接作业

①焊接时,应防火、防爆炸、防烧伤和防触电。操作人员应穿戴专用工作服、绝缘鞋、皮手套等劳保用品。

②易燃、易爆物品要离焊接地点至少5m以上。

③电焊机要放在干燥的地方,避免雨淋,而且接地良好。

④进行焊接工作必须经常检查并注意工作地点周围的安全状态。焊接工作结束或暂时停止焊接工作,必须切断电源开关,以防触电。

(3)安全措施

①各工种的施工人员进入施工现场,必须遵守"安全第一,预防为主""管生产必须管安全"和"四不放过"的原则。实行安全责任制度,层层进行对安全上的难点、重点交底,对施工人员进行上岗培训,树立"安全人人有责,安全时时注意"的意识,严格做好安全措施和记录。

②进入施工现场必须戴好安全帽,扣好帽带,并正确使用个人劳动保护用品。

③2m以上的高空悬空作业,无安全设施的必须戴好安全带,扣好保险带。

④高空作业,不准往下或往上乱抛材料和工具等物件。

(4)严格遵守"施工现场规章制度"

①不戴安全帽,不准进现场。

②酒后或带小孩不准进现场。

③不准穿拖鞋、高跟鞋及硬底鞋上班。

④电源开关不能一闸多用,未经训练的职工,不准操作机械。

⑤无防护措施不准高空作业。

⑥施工现场各种材料不准乱堆放,应保证分类堆放整齐,做到文明施工现场。

(5)施工现场做到“三不伤害”

①不伤害他人。

②不伤害自己。

③不被他人伤害。

21.2.3 其他

①电气、焊接、起重、爆破、压接、高空作业、机械操作工等特种作业人员应持证上岗,证件复印件应交项目监理部备案。

②实行工序作业安全检查标准化,加强经常性安全检查,班组实行每日安全巡查制度。

③定期开展工程危险点分析及编制预控措施,工程开工前必须向全体施工人员自上而下进行安全技术交底,使所有参与施工的人员清楚工作的内容、特点、存在的危险点及预防控制措施,并应有完整的交底记录和签名。

④进入本工程现场施工的所有施工人员必须经过三级安全教育培训。严禁施工人员未经安全学习培训和安全考试进入施工现场参与施工,严禁使用未成年工和不适应现场安全施工要求的老、弱、病、残人员进行施工。特殊作业人员必须持证上岗。

21.2.4 文明施工

①严格执行国家相关标准及《电网建设安全健康与环境保护管理办法》等有关规定,做好施工现场的安全文明警示、标识及防护措施。

②施工单位必须配合建设单位、监理单位的安全文明施工检查,对检查发现的问题必须及时整改。

③必须确保本工程的安全文明措施费专款专用。本工程施工现场必须按要求严格做好安全文明措施,重点做好防触电、防坍塌、防高空坠落等措施。

④施工期间必须做好文明施工措施,尊重当地村民的风俗习惯,施工期间应尽量避免对当地村民的正常生活造成影响,施工完毕后需对现场尽快清理,避免影响村民的正常耕作,做到“工完、料尽、场地清”。

⑤施工现场要在醒目的地方设置各种有针对性的安全警示牌(如车辆出入口等)。严禁在禁烟区内吸烟。进入施工现场必须正确佩戴安全帽,严禁穿拖鞋、凉鞋、高跟鞋。

⑥施工建设过程中产生的建筑垃圾和生活垃圾,应及时清运到指定地点,集中处理,防止对环境造成污染。

⑦施工现场必须坚持反习惯性违章,制订明确的安全施工奖惩规定,并公开张挂,严格执罚。

21.2.5 施工机具使用

①所有施工用的工机具在开工前应进行严格检查,不合格的不能使用。起重机进行作业

应有专人在现场指挥。

②施工机械进场需提供相关资料报项目监理机构审批。

③施工机械使用必须有安全防护措施。

④起重机进行作业时，要有专人在现场指挥。

⑤施工用的梯子应符合安全要求，并应有防滑措施，使用时应有专人扶梯。

21.2.6　安全注意事项

①高空作业应按要求使用安全工器具，传递物品应使用绳索，不得上下抛掷。

②高空作业必须设专人监护，安全带应高挂低用，牢固地系在构件上，扣好扣环，并确认不会脱落。转移作业位置时，不应失去安全器具保护。

③凡参加高空作业人员，应每年进行一次体格检查，患有禁忌症的人员不得进行高空作业。

④高空作业人员应衣着灵便，穿软底鞋。

21.3　雨水管道工程

21.3.1　安全要点

(1)施工的工作人员要熟知本工种安全技术操作规程，在操作中，坚守工作岗位，严禁酒后作业。

(2)施工现场的人员必须按规定戴好安全帽，禁止穿拖鞋、易滑和带钉鞋进入施工现场。

(3)装卸管材设备要小心，不许站在卸物的前方，翻滚材料要注意安全，多人作业要协调一致，统一指挥。

(4)现场要严肃、认真，禁止在现场打闹。

(5)机具、设备必须按规定接地、接零即漏电保护，定期检查维修，若遇到施工时停电，必须拉闸上锁，并由专人看管钥匙。

(6)用电必须设专人管理，分片包干，责任包干，责任到人，非电工人员严禁乱拉接电源线和动用各类电气设备。对临时用电的线路及设备，必须由专业电工每天进行巡视检查，发现问题及时处理。

(7)现场临时用电必须按《施工现场临时用电安全技术规范(附条文说明)》(JTJ 46—2005)要求。配电系统必须实行分级配电，各类配电箱、开关箱安装和内部设置必须符合有关规定，开关箱外部应完整、牢固、防雨、防尘。箱体外应涂安全色标，统一编号，箱内无杂物，停止使用时应切断电源，箱门上锁。

(8)配电线路必须按规范架设整齐。严禁在基坑边护身栏杆上或脚手架上挂设电缆,架空线必须采用绝缘导线,不得采用塑料软线,不得成束架空铺设。施工工具、车辆及人员应与内、外电路保持安全距离,达不到规范规定的最小距离时,必须采用可靠的防护措施。

(9)使用焊接设备前要检查附件是否齐全,不齐全的严禁使用,使用氧气和乙炔时,必须保证氧气瓶和乙炔气瓶有不小于5m的安全距离,气管要完好无损,乙炔瓶必须配置止火阀。

(10)气焊前要检查周围是否有易燃易爆物品,清除后方可施焊,施焊后清除周围余火隐患。

(11)使用梯子作业要注意安全,高空作业要按规定系好安全带,物料堆放要平稳,工具放入工具袋内,严禁上下投掷物品或上下跳跃。

(12)现场的安全设施及安全防护不得随意更改、易位或拆除,若需要变动,制定措施报请安全人员同意后实施。

(13)要牢记"安全第一,预防为主、综合治理"坚持开生产例会,建立安全值日制度。

(14)库房及施工现场应配备防火设施,灭火器、水、防火沙等防火设备应放在显眼易取的地方,并定期检查防火设备能否可用。

21.3.2 高处施工安全要点

(1)2m以上高空作业必须戴安全带、安全帽,穿防滑鞋。脚手架必须有专业架子工搭设,安全网、脚手板铺设好,并由专业安全员检查验收,合格后才允许到脚手架上施工作业。铁梯凳、人字梯与地面接触部位必须有防滑措施,垫防滑木板或防滑布。

(2)脚手架、操作平台非架子工不得任意拆。使用高凳或高梯作业,底部应有防滑措施并有人扶梯监护,脚手架的挡脚板、立网要安全、牢固。脚手板要按要求间距放正、绑牢,应无探头板和空隙。

(3)在脚手架、操作平台等高处作业时,严禁在脚手架、操作平台上坐、躺和背靠防护栏杆休息。

(4)高空作业时,材料码放必须平稳整齐。

(5)严禁从高处向下方投掷或者从低处向高处投掷物料、工具。

(6)手动工具或零星物料应随手放入工具袋内。

(7)高空作业中出现危险征兆时,作业人员应暂停作业,撤至安全区域,并立即向上级报告。未经施工技术管理人员批准,严禁恢复作业。紧急处理时,必须在施工技术管理人员指挥下进行作业。

(8)两层活动支架以上时要有斜拉支撑,防止活动支架晃动,且应有防护栏杆。

(9)活动支架的轮子应进行固定,防止活动支架移动。

(10)临边作业应防止人员坠落。

雨水管道系统示意见图21-3。

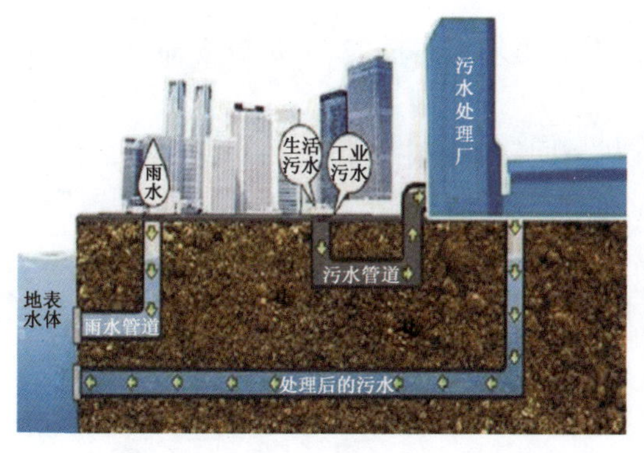

a)雨、污水分流

b)地下雨、污水管道安装

c)水落管

图21-3 雨水管道系统

21.4 污水管道工程

21.4.1 安全要点

(1)进入施工现场必须遵守各项安全规章制度,必须正确佩戴安全帽,不准违章作业。

(2)机械开挖前应先发出信号,在挖掘机的回旋半径内严禁立人和进行其他工作。

(3)机械挖土跟清底操作人员应与机械保持一定距离,并戴好安全帽。经常检查沟槽边坡的稳定性,如发现边坡不稳及时撤离施工人员。

(4)机械挖土配合车辆外运时,车辆停放在沟槽边外一定距离(大于2m)处,同时,车上不准留人,以保证车辆和装土安全。

(5)土方开挖必须由上而下顺序按照技术交底的要求放坡进行,严禁采用挖空底脚的操作法。

(6)挖土中发现管道、电缆及其他埋设物应及时报告,不可擅自处理,电缆两侧1m范围内必须采用人工挖掘。

（7）挖土时要注意土壁的稳定性，发现有裂纹及倾覆坍塌可能时，人员要立即离开并及时处理。

（8）配合挖掘机的清坡、清底的工人，不准在机械回转半径内工作。

（9）堆土距沟边保持不小于2m的安全距离，同时控制堆土高度不大于1m，堆放土不得大量堆于基坑外侧，以免地面堆载超荷引起土体位移或支撑破坏。

（10）施工现场的检查井基坑和沟槽等危险位置必须有防护栏杆等防护设施和醒目的警示标志。

（11）上、下沟槽必须设置坚固立梯，梯子不得有缺层或垫高使用，上端要扎牢，下端有防滑措施。

（12）进行沟槽作业施工时，上方人员不得向沟槽内乱扔砖石碎块或与沟槽内的人员嬉闹。

（13）雨、雾等天气时进行机械施工时采取相应措施，确保施工安全。

21.4.2 管道安装

（1）施工前或施工中应对所用工具、机械等进行详细检查，如有损坏应及时进行更换或修理，以保证使用时安全可靠，尤其是要检查钢丝绳是否完好。

（2）管道安装作业时必须戴好安全帽，上下沟槽设立梯，上端要扎牢，下端应有防滑措施。

（3）管道吊装前认真检查及吊绳质量，吊装速度均衡，吊装机械回旋半径内严禁立人及其他施工作业。

（4）挖掘机吊装下管时，应设专人指挥，操作人员集中精力，服从指挥，互相配合，不得擅自离开工作岗位，沟内人员应站在安全角落，且有防护措施。

（5）吊管不得随意碰撞沟壁，以免引起边坡不稳。

（6）夜间操作施工时，应设置足够的照明设备，设警示灯，危险区悬挂明显标志。

（7）管材对接时，应设专人指挥，沟槽内管材之间要保持一定的安全距离，作业人员不得站在已到位管子和正在对接的管材之间。

污水管道安装示意如图21-4所示。

a)

b)

图　21-4

c)

d)

图 21-4　污水管道系统

21.5　给水管道工程

21.5.1　安全要点

(1)沟槽开挖安全措施

①开挖沟槽要求位置准确,深度符合规定要求,槽底平坦,坡度适宜。沟槽开挖完毕,确定检查井、污水井位置。

②进入施工现场必须遵守安全各项规章制度,必须正确佩戴安全帽,不准违章作业。

③机械开挖前应先发出信号,在挖掘机的回旋半径内严禁立人和进行其他工作。

④机械施工时与附近房屋,架空输电线路保持规定的安全距离。

⑤机械挖土跟清底操作人员应与机械保持一定距离,并戴好安全帽。经常检查沟槽边坡的稳定性,特殊情况及时采取措施。

⑥机械挖土配合车辆外运时,车辆停放在沟槽边外一定距离处(大于2m),同时,车上不准留人,以保证车辆和装土安全。

⑦土方开挖必须由上而下顺序放坡进行,严禁采用挖空底脚的操作法。开挖土方的操作人员之间,必须保持足够的安全距离。横向间距不小于2m,纵向间距不小于3m。

⑧挖土中发现管道、电缆及其他埋设物应及时报告,不可擅自处理,电缆两侧1m范围内必须采用人工挖掘。

⑨挖土时要注意土壁的稳定性,发现有裂纹及倾覆坍塌可能时,人员要立即离开并及时处理。

⑩配合挖土机的清坡、清底的工人,不准在机械回转半径内工作。

⑪开挖的土方,要严格按照规范要求堆放,堆土距沟边保持1.5m安全距离,同时控制堆土高度,堆放土不得大量堆于基坑外侧,以免地面堆载超荷引起土体位移或支撑破坏。

⑫施工现场的井、洞、坑、池等危险位置必须有防护栏杆或防护篦子等防护设施和醒目的

警示标志。

⑬上下沟槽(坑)必须设置坚固爬梯,梯子不得有缺层或垫高使用,上端要扎牢,下端有防滑措施。严禁攀登支撑、支架或乘吊运机械设备上下沟槽。

⑭进行沟槽作业施工时,上方人员不得向沟槽内乱扔砖石、碎块或与沟槽内的人员嬉闹。雨、雾等季节进行机械施工时采取相应措施,确保施工安全。

(2)管道基础、铺设措施

①施工前或施工中应对所用工具、机械、电气设备等进行详细检查,如有损坏应及时进行更换或修理,以保证使用时安全可靠。

②认真做好沟槽的防水、排水工作,特别是沟边作业时,采取必要的防滑措施。

③沟槽作业时戴好安全帽,上、下沟槽设立梯,严禁乘带运机械上下沟槽。

④所有工具及材料不得向沟边投扔和倾倒,下料时沟内作业点应停止,防止坠落伤人。

⑤对振捣器等手持电动工具应安装漏电保护器,操作时戴绝缘手套,操作人员须经培训,合格后方可操作。

⑥混凝土浇筑时操作人员应穿工作服、防护服,戴防护眼镜,采取相应保护措施。

⑦管道安装作业时必须戴好安全帽,上下沟槽设立梯,上端要扎牢,下端应有防滑措施。

⑧管道吊装前认真检查及吊绳质量,吊装速度均衡,吊装机械回旋半径内严禁立人及其他施工作业。

⑨吊装机械下管时,应设专人指挥,操作人员集中精力,服从指挥,互相配合,不得擅自离开工作岗位,沟内人员应站在安全角落。

⑩夜间操作施工时,应设置足够的照明设备,危险区悬挂明显标志。

⑪管材未连接前,应采取临时固定措施,防止管材下滑。

⑫管材对接时,应设专人指挥,沟槽内管材之间要保持一定的安全距离,作业人员不得站在已到位管子和正在对接的管材之间。

21.5.2 砌井安全措施

①砌筑检查井前,对沟槽、支撑、机具等进行仔细检查,对检查出的问题,应采取加固、修理等措施,保护施工安全。

②进入砌筑现场戴好安全帽,正确使用个人防护用品。

③砌筑时如遇地下水位高于基础时及时排水。

④检查井砌筑时,按规定的内径砌筑,井壁必须互相垂直,不得有通缝,必须保证灰浆饱满,灰缝平整。抹面压光,不得有空鼓,裂缝等现象。井框井盖必须完整无缺,安装平稳位置正确。

⑤砌筑检查井时,操作人员应戴好安全帽,正确使用个人防护用品。向下运砖应用溜槽,禁止从上向下抛掷砖,溜槽下接砖人员,严禁用手直接去接。砌井超过 1.2m 时,必须搭设脚手架或简易架子,搭设必须牢固,符合规范要求。

⑥现场运输砖、砂等材料时,应严格控制运量,道路要平整畅通。

⑦砌筑过程中禁止站在墙上砌筑、勾缝,不得向外敲灯,不得开玩笑,以防止事故的发生。

21.5.3　回填安全要点

(1)进入施工现场必须遵守安全各项规章制度，施工作业时，应正确佩戴安全帽，杜绝违章作业。

(2)装载作业范围不得有人平土。

(3)夯实作业前，应检查电源是否有缺陷和漏电，机械运转是否正常，机械是否装置漏电保护器，要严格执行一机、一箱、一闸、一漏电保护的规定，机械不准带病运转，手持电动工具操作人员应穿绝缘鞋、戴绝缘手套。并有专人负责电源线的移动。

(4)防止因机械震动或其他原因引起塌方。

给水管道系统示意如图21-5所示。

a)

b)

图21-5　给水管道系统

21.6　消防管道工程

21.6.1　一般规定

(1)进入工地，必须佩戴安全帽，正确佩戴个人防护用品，不准违章操作，施工人员酒后不准进入施工现场，工作场地严禁嬉戏。

(2)必须认真严格执行安全技术操作规程，任何人未经同意，不得擅自拆除工地内的一切安全防护用品，不得擅自动用各种电气设施和临时用电线路。

(3)定期对施工人员做好安全施工和文明施工教育工作，进入施工现场严禁破坏成品，严禁随处大小便、乱扔生活垃圾，严禁打架斗殴故意滋事，与其他班组友好完成交叉工作。

(4)严禁私自乱拉乱接电线，禁止使用电炉和大功电热设备，施工设备必须遵守"一机、一闸、一漏电保护器"，设备外壳用铜线可靠接地，所用的电线必须穿管保护，任何非生产用电均不得从设备上引出。

(5)施工设备必须指定专人负责,并严格按安全操作规程操作,使用电机设备、机具前应检查确认性能良好,电机机具的漏电保护装置灵敏有效,不得带病运转。操作电机设备,严禁戴手套,袖口扎紧。机械运转中不得进行维修保养。

(6)锯断管材时,应将管材夹在管子压力钳中,不得用平口虎钳,管材应用支架或手托住。使用砂轮锯要压力均匀,人站在砂轮片旋转方向侧面。压力表上不得放重物、立放丝扳、手工套丝,应防止扳面滑落。

(7)管材堆放应放平,不得乱堆乱放。安装立管,必须将洞口周围清理干净,严禁向下抛掷物,作业完毕必须将洞口盖板盖牢。

(8)安装立、托、吊管时,要上、下配合好。尚未安装的楼板预留洞口必须盖严盖牢。

21.6.2 安全要点

(1)安装使用的脚手架,必须经验收合格才准使用。使用的人字梯、临时脚手架等必须牢固、平稳。

(2)管道的支架、吊架、支撑应固定好,才准安装管道,并保证支架的间距符合规范要求。

(3)管道串动和对口时,操作人员动作要协调,手不得放在管口和接口处。管材破口、打磨、剔飞刺、操作人员应戴防护眼镜,对面严禁有人。

(4)作业前(施焊前)必须处理好防火灾措施及工人安全措施。

(5)高空及危险地带作业必须系好安全带,系挂必须牢固,工具必须装袋,严禁抛掷传递。

(6)遵守《安全生产法》《建筑法》《安全技术操作规程》以及其他有关安全方面的法律法规和甲方的一切规章制度,杜绝一切安全事故的发生,若发生安全事故,应立即汇报甲方、监理及公司现场办公室,并组织抢救,保护好现场。

(7)不得违反劳动法,严禁使用童工和未成年人,严禁携带小孩及女友进入施工现场。

(8)严禁在施工现场售卖毒品、吸毒等违反国家法律的行为,施工现场严禁携带及收藏管制刀具和枪支、易燃易爆等危险物品。

消防系统工程管理及设备如图21-6所示。

a)

b)

图 21-6

c)

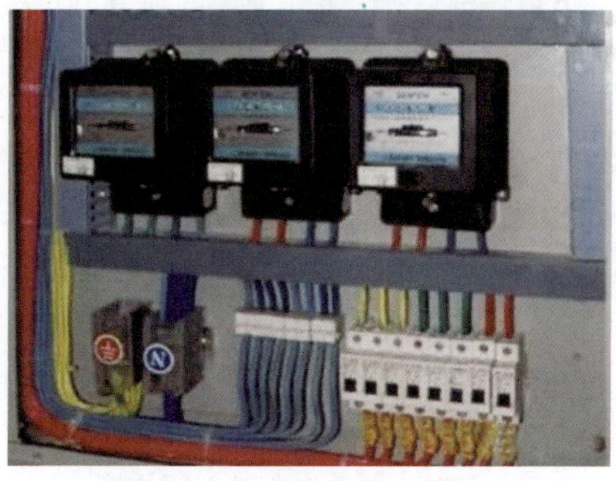
d)

图 21-6 消防系统工程管理及设备

21.7 燃气管道工程

21.7.1 一般规定

(1)安全常规教育

①对所有施工人员必须进行入场前的安全教育,考试合格后,成绩造册登记,方能上岗。

②施工人员进入现场必须戴合格的安全帽,系好帽带,锁好扣带。

③施工人员在作业活动中严禁穿拖鞋、赤背,女职工禁止穿高跟鞋。

④施工人员在施工现场禁止吸烟、追逐打闹,禁止酗酒后进入施工现场。

⑤施工人员必须遵守国家的法律、法规和企业的规章制度以及劳动纪律。

(2)管道安装

①管道的运输工具一定要符合要求,在运输过程中必须把管道捆绑牢固,防止掉下伤人,在卸料过程中一定要注意安全。

②对管道进行焊接,电焊工一定要持有效证件上岗,开用火证,设防火设施。电焊机要做到上盖下垫(防雨、防晒、防砸),要有漏电保护装置,双线到位,二次线不得超过30m。焊把线不得有破损和裸露现象。把周围的易燃易爆物品清理干净,防止火灾。

③在沟内焊接过程中,地面一定要有旁站人员,如有危险立即通知焊工,防止安全事故发生。

④电焊工要正确使用劳动保护用品,穿工作服、绝缘鞋,戴绝缘手套、护目镜。

⑤夜间施工要有足够的照明,并有旁站人员,做好记录。

⑥管井内焊接时,操作人腰间要有保护绳。

⑦在未施工前要检查低压照明是否符合要求(36V、24V),照明线路是否架空(高度2m以上),照明灯泡必须有防护罩,照明线必须用两芯电缆,不得用其他电源导线代替。

⑧电焊机必须安装在干燥的地方，最好垫起来，有漏电保护装置，双线到位，不得超过30m。焊把线不得破损、裸露，不得拖地，必须架起来，防止触电。

21.7.2 焊工安全要点

(1)作业人员必须是经过电、气焊专业培训和考试合格，取得特种作业操作证的电气焊工，并持证上岗(证件在有效期内)。

(2)作业人员必须经过安全教育考核合格后才能上岗作业。

(3)施工现场禁止吸烟，严禁酒后作业，严禁追逐打闹，禁止串岗，严格遵守各项安全操作规程和劳动纪律。

(4)电焊作业人员作业时必须使用头罩或手持面罩，穿干燥工作服，绝缘鞋，用耐火防护手套，耐火的护腿套、套袖及其他劳动防护用品。要求上衣不准扎在裤子里，裤脚不准塞在鞋(靴)里，手套套在袖口外。

(5)进入施工现场必须戴好合格的安全帽，系紧下颚带，高处作业必须系好合格的防火安全带，高挂低用。

(6)进入作业地点后，熟悉作业环境，检查设备及各项安全防护设施。若发现不安全因素、隐患，必须及时处理或向有关部门汇报，确认安全后再进行施工作业。对施工过程中发现危及人身安全的隐患，应立即停止作业，及时要求有关部门处理解决。现场所有安全防护设施和安全标志，严禁私自移动和拆除，如需暂时移动和拆除的须报经有关负责人审批后，在确保作业人员及其他人员安全的前提下才能拆移，并在工作完毕(包括中途休息)后立即复原。

(7)严禁借用金属管道，金属脚手架、轨道，结构钢筋等金属物代替导线。

(8)焊接电缆横过通道时必须采取穿管或架空等保护措施。

(9)下雨天气、6级大风及以上天气不得露天作业，雨过后应消除积水后方可作业。

(10)作业时如遇到以下情况必须切断电源。

①改变电焊机接头。

②更换焊件需要改接二次回路时。

③转移工作地点搬运焊机时。

④焊机发生故障需要进行检修时。

⑤更换保险装置时。

⑥工作完毕或临时离开操作现场时。

(11)焊工高处作业时：

①必须使用标准的防火安全带并系在可靠的构件上。

②高处作业时必须在作业点下方5m处设护栏专人监护，清除易燃易爆物品并设置接火盘。

③线缆应用电绝缘材料捆绑在固定处。严禁绕在身上、搭在背上或踩在脚下作业。焊钳不得夹在腋下，更换焊条不要赤手操作。

(12)焊工必须站在稳定的操作台上作业，焊机必须放置平稳、牢固，设有良好的接零(接地)保护。

(13)在狭小空间作业时,必须穿绝缘鞋,脚下垫绝缘垫,作业时间不能过长,应两人轮流作业,一人作业一人监护,监护人随时注意操作人员的安全操作是否正确等情况,一旦发现危险情况应立即切断电源,进行抢救。身体出汗,衣服潮湿时,严禁将身体靠在金属及工件上,以防触电。

(14)电焊机及金属防护笼(罩)必须有良好的接零(接地)保护。

(15)电焊机必须使用防触电保护器,并设单独开关箱。

(16)一二次导线绝缘必须很好,接线正确,焊把线与焊机连接牢固可靠。接线处防护罩齐全,焊钳手柄绝缘良好,二次导线长度不大于30m,并且双线到位。

(17)严禁在起吊部件的过程中,边吊边焊。

(18)作业完毕必须及时切断电源锁好开关箱。

21.7.3 焊机安全

(1)电焊机安装在专用防雨、防砸棚栏内,控制箱内安装防触电装置,控制箱安装在防护栏一端预留位置。电焊机的控制箱必须是独立的,容量符合焊接要求,控制装置应能可靠地切断设备最大额定电流。

(2)电焊机一次侧电源线选用 YC-3×10 橡套电缆长度小于5m。控制箱保护零线端子板、焊机金属外壳与保护零线可靠连接。注意一次二次线不可接错,输入电压必须符合电焊机的铭牌规定。

(3)电焊机一二次侧向防护罩齐全,电源线压接牢固并包扎完好,无明露带电体,把线与焊机采用铜质接线端子,焊把线长度不大于30m,并且双线到位,导线完好无破损。

(4)焊机使用、摆放在防雨、干燥和通风良好,远离易燃易爆物品和便于操作的位置。

(5)搬运时必须切断电源,将电焊机电源线从控制开关下口拆除后再搬运。

(6)搬运过程中注意,人身及设备安全,防止碰撞,达到使用地点检查确认完好。严禁使用小推车作电焊机安装平台。

(7)作业完毕拉闸、断电、锁箱。

21.7.4 切割安全

(1)施工操作人员必须严格遵守国家的法律、法规和企业的安全劳动纪律。进入现场必须戴合格的安全帽,系好帽带,锁好帽扣。在作业活动中严禁穿拖鞋、赤背(女职工禁穿高跟鞋)。禁止在施工现场吸烟、追逐打闹,严禁酒后作业。

(2)施工操作人员在作业前,必须先对切割机械进行全面的安全检查,做到传动部分的防护可靠有效、机械无故障和无异常情况后方可进行操作。

(3)切割机的电源线路必须架空设置,高度在2m以上,线路不得有破损、裸露、接头等危险源存在,切割机的电动开关应装在操作手柄上并进行绝缘处理。

(4)切割机必须有管理制度和专人负责,定期进行检查、维修和保养。

(5)操作人员必须懂得切割机的性能;在切割各种钢筋、钢管等材料时,首先把被切材料固定牢固,在切割过程中用力要均匀,站在切割机的侧面进行操作,不得正面操作,防止锯片破损伤人。

(6)切割用砂轮片必须完好无损并固定牢固，严禁受潮，严禁有裂纹、缺口等现象。

(7)在操作过程中，如发生异常情况，必须立即停机，拉闸、断电后再进行维修。

(8)切割机必须安装在加工棚内，必须垫起防潮。严禁在露天进行操作。

(9)在操作过程中，切割机前方要设防护罩，防止火花飞溅引起火险隐患或伤人。切割完毕后应拉闸、断电，锁好闸箱，把废料清理干净，做到安全生产、文明施工。

21.7.5 安全设施

(1)所有的设备在吊装时首先应检查起重机的钢丝绳、吊钩等部位是否完好，在确定无问题时方能吊装，吊装时应有懂吊装的信号指挥员，并设旁站监护人员。

(2)设备离安装地点较远的情况下，在运输过程中一定要注意安全，一是检查路面是否平整。二是要准备枕木、滚杠、倒链(检查倒链的零部件是否灵敏有效，有问题不得使用)，倒链的吨位必须大于设备的吨位0.5t以上，严禁使用小吨位的倒链。在运输过程中设备的前方及两边严禁有人，应平稳拉动。到安装地后应把滚杠、倒链取下，设备应牢固，方能进行安装。

(3)设备安装完毕在调试过程中，千万要注意安全。做到有方案、有措施、挂警告标志、设旁站员，要有当班和倒班人员，并做好记录。

(4)楼顶设备安装时，要做好屋面周边的防护措施，电、气焊工要正确使用劳动保护用品，持有效证件上岗，开动火证，遇有大风天气禁止使用电、气焊。

(5)在楼顶施工人员一定要注意安全，严禁随手往楼外抛掷物料、垃圾等，不得站在楼顶屋面周边往下看其他人、物、风景，防止发生高处坠落事故。现场施工负责人、设备管理人员和设备使用人员要每天对施工的区域安全设施和机电设备进行安全检查，发现不安全的隐患要及时地整改和排除，不得违章指挥。

(6)咬口机：

①应先空载运转，确认正常后，方可作业。

②工件长度、宽度不得超过机具允许范围。

③作业中，当有异物进入辊轮中时，应及时停机修理。

④严禁用手触摸转动中的辊轮。用手进料到末端时，手指必须离开工件。

(7)法兰卷圆机：

①加工型钢规格不应超过机具的允许范围。

②应先空载运转，确认正常后，方可作业。

③当轧制的法兰不能进入第二道型辊时，应使用专用工具进入，严禁用手直接推送。

④当加工法兰直径超过1000mm时，应采取适当的安全措施。

⑤任何人不得靠近法兰尾端。

(8)折板机：

①折板机应安装在稳固的基础上。

②作业前，应检查电气设备、液压装置及各紧固件，确认完好后，方可开机。

③作业时，应先校对模具，预留被折板厚的1.5~2倍间隙，经试折后，检查机械和模具备

均无误，再调整到折板规定的间隙，方可正式作业。

④作业中，应经常检查上模具的紧固件和液压缸，当发现有松动或泄漏等情况，应立即停机，处理后，方可继续作业。

⑤批量生产时，应使用后标尺挡板进行对准和调整尺寸，并应空载运转，检查及确认其摆动灵活可靠。

(9)焊钳和焊枪：

①结构轻便、易于操作。手弧焊钳的重量不应超过600g，要采用国家定型产品。

②有较好的绝缘性能和隔热能力；手柄要有良好的绝热层，以防发热烫手。气体保护焊的焊枪头应用隔热材料包覆保护，焊钳由央条处至握柄联结处止，间距为150mm。

③焊钳和焊枪与电缆的连接必须简便牢靠，连接处不得外露，以防触电。

④等离子焊枪应保证水冷却系统密封；不漏气、不漏水。

⑤手弧焊钳应保证在任何斜度下都能夹紧焊条，更换方便。

(10)焊接电缆：

焊接电缆是连接焊机和焊钳(枪)、焊件等的绝缘导线，应具备下列安全要求：

①焊接电缆应具有良好的导电能力和绝缘外层。一般是用紫铜芯(多股细线)线外包胶皮绝缘套制成，绝缘电阻不小于1Ω。焊接电缆轻便柔软，能任意弯曲和扭转，便于操作。

②焊接电缆应具有良好的抗机械损伤能力，耐油、耐热和耐腐蚀等性能。

③焊接电缆的长度应根据具体情况来决定。太长电压降增大，太短对工作不方便，一般电缆长度取21~30m。

④要有适当截面积；焊接电缆的截面积应根据焊接电流的大小，按规定选用。以保证导线不致过热而烧坏绝缘层。

⑤焊接电缆应用整根的，中间不应有接头；如需用短线接长时，则接头不得超过2个。接长电缆时，应用接头连接器牢固连接，连接处应保持绝缘良好。

⑥严禁利用厂房的金属结构、管道、轨道或其他金属搭接起来作为导线使用。不得将焊接电缆放在电弧附近炽热的焊缝金属旁，以避免烧坏绝缘层。同时也要避免碾压磨损等。禁止焊接电缆与油、脂等易燃物料接触。

⑦焊接电缆与焊机的接线，必须采用铜(或铝)线鼻子，以避免二次端子板烧坏，造成火灾。

⑧焊接电缆的绝缘情况，应每半年一次定期检查。

⑨焊机与配电盘连接的电源线，因电压高，除保证良好的绝缘外，其长度不应超过3m。如确需较长导线时，应采取间隔的安全措施，即应离地面25m以上沿墙用瓷瓶铺设；严禁将电源线沿地铺设，更不要落入泥水中。

(11)电焊工具：

为了防止触电事故的发生，除按规定穿戴防护工作服、防护手套和绝缘胶鞋外，还应保持干燥和清洁。在操作过程中，还应注意以下几方面问题：

①焊接工作开始前，应首先检查焊机和工具是否完好和安全可靠。如焊钳和焊接电缆的绝缘是否有损坏地方，焊机的外壳接地和焊机的各接线点接触是否是好，不允许未进行安全检查就开始操作。

②在狭小空间、船舱、容器和管道内工作时，为防止触电，必须穿绝缘鞋，脚下垫有橡胶板

或其他绝缘垫。最好两人轮换工作，以便互相照看；否则需有一名监护人员，随时注意操作人的安全情况，一遇有危险情况，就立即切断电源进行抢救。

③身体出汗后而使衣服潮湿时，切勿靠在带电的钢板或工件上，以防触电。

④工作地点潮湿时，地面应铺有橡胶板或其他绝缘材料。

⑤更换焊条一定要戴皮手套，不要赤手操作。

⑥在带电情况下，为了安全，焊钳不得夹在腋下去搬被焊工件或将焊接电缆挂在脖颈上。

⑦推拉闸刀开关时，脸部不允许正对电闸，以防止短路造成的火花烧伤面部。

(12)高空作业：

①高处作业的安全技术措施及其所需料具，必须列入工程的施工组织设计。

②单位工程施工负责人应对工程的高处作业安全技术负责并建立相应的责任制。施工前，应逐级进行安全技术教育及交底，落实所有安全技术措施和人身防护用品，未经落实不得进行施工。

③高处作业中的安全标志、工具各种设备，必须在施工前加以检查，确认其完好，方能投入使用。

④攀登和悬空高处作业人员以及搭设高处作业安全设施的人员，必须经过专业技术培训及专业考试合格，持证上岗，并必须定期进行体格检查。

⑤施工中对高处作业的安全技术设施，发现有缺陷和隐患时，必须及时解决。危险人身安全的，必须停止作业。

⑥施工作业场所所有可能坠落的物件，应一律先行撤除或加以固定。

⑦高处作业中所用的物料，均应堆放平稳，不妨碍通行和装卸。工具应随手放人工具袋，作业中的走道、通道板和登高用具，应随时清扫干净。拆卸下的物件及余料和废料均应及时清理运走，不得随意乱置或向下丢弃。传递物件禁止抛掷。

⑧雨天进行高处作业时，必须采取可靠的防滑措施。暴雨后，应对高处作业安全设施逐一加以检查，发现有松动、变形、损坏或脱落等现象，应立即修理完善。施工作业需临时拆除或变动安全防护设施时，必须经施工负责人同意，并采取相应的可靠防护措施，作业后应立即恢复。护棚搭设与拆除时，应设警戒区，并应派专人监护，严禁上下同时拆除。

燃气管道系统安装示意如图 21-7 所示。

a)

b)

图 21-7

c)　d)　e)　f)

图21-7　燃气管道系统

21.8　通信管道工程

21.8.1　一般规定

(1)参加施工人员,必须接受安全技术教育,熟知和遵守本工种的各项安全技术操作规程,并定期进行安全技术考核,合格者方准上岗操作。对从事车辆驾驶、电气、大型施工机械及施工机具等特殊工种人员应经过专业培训,获合格证后方准持证上岗。

(2)应按国家规定设立专职或兼职安全员。

(3)施工现场要配置足够的劳动保护用品和消防设备,施工人员应熟悉劳动保护用品和消防设备的性能和使用方法。

(4)应及时掌握气候变化,做好防范工作。

(5)施工中采用新技术、新工艺、新设备、新材料时,必须制定相应的安全技术措施。

(6)施工所用的各种机具设备和劳动保护用品,应定期进行检查和必要的检验,保证其经常处于完好状态。不合格的机具设备和劳动保护用品严禁使用。

21.8.2 安全要点

(1)施工现场

①施工现场应有利于生产,方便职工生活,符合防火等安全要求,具备文明生产、文明施工的条件。

②施工现场内的各种运输道路、生产生活房屋、易燃易爆仓库、料具堆放,以及动力通信线路和其他临时工程,应按照有关安全的规定做出合理布置。

③施工现场应设安全标志,不得擅自拆除。

④施工现场内的沟、坑边沿应设安全护栏。场地狭小、行人和运输繁忙的路段应设专人指挥交通。

⑤各种电气应配有专用闸刀及闸刀盒并安装漏电保护器。

⑥在三项五线制中性点接地供电系统中,电气设备的金属外壳应做接零保护;三相五线制供电系统中电气设备金属外壳应做接地保护。

⑦各种电气设备的检查维修,一般应停电作业,如必须带电作业时,应有可靠的安全措施并派专人监护。

⑧移动式电气机具设备应用橡胶电缆供电,并经常注意理顺,跨越道路时应埋入地下或做穿管保护。

(2)施工测量

①测量钉桩要注意周围人的安全,不得对面使锤,钢钎和其他工具不得随意抛掷。

②测量人员在高压线附近工作,必须保持足够安全距离,遇雷雨时不得在高压线下停留。

③场内交通及水电设施,应明确其准确位置,绘制在通信管道系统图中。

④场内道路应经常维护,保持畅通;载重车辆较多的路段其弯道半径一般不小于15m,特殊情况不小于10m,弯道及陡坡地段应设明显交通标志。

⑤场内架设电线应绝缘良好,悬挂高度及线间距必须符合电业部门的安全规定,现场架设的临时道路必须用绝缘物支持,不得将电线缠绕在钢筋、树木或脚手架上。

(3)施工机械

①操作人员在工作中不得擅离工作岗位,不得操作与其操作证不符合的机械,不得将机械设备交给无本机操作证的人员操作。

②操作人员必须按本机说明书规定,严格执行工作前的检查制度和工作中应注意观察及工作后检查保养制度。

③驾驶室或操作室应保持整洁,严禁存放易燃易爆物品,严禁酒后操作机械,严禁机械带故障运转或超负荷运转。

④机械设备在现场停放时,应选择安全的停放地点,并关好驾驶室,要拉上手制动闸,夜间应有专人看管。

⑤柴、汽油机正常工作温度应在60~90℃之间,温度在40℃以下不得带负荷工作。

⑥放置电动机的地点必须保持干燥,周围不得堆放杂物和易燃品。启动高压电开关及高压电机时,应戴绝缘手套,穿绝缘胶鞋。

通信管道系统示意见图21-8。

a)　b)　c)　d)

图21-8　通信管道系统

21.9　清淤工程

21.9.1　一般规定

(1)施工人员必须经过培训后持证上岗,特种作业人员必须持特种作业证上岗,并熟知本工种安全技术操作规程,严格按照有关安全操作规程施工。作业中不准违章操作、不准违章指挥、不准违反劳动纪律和工艺纪律。

(2)施工人员应正确使用个人防护用品,进入施工现场时必须戴好安全帽,2m以上高空作业时必须系好安全带,并不能随意乱扔工具、材料等物件。

(3)施工现场的安全设施搭设完毕后,需经过验收合格挂牌后方可投入施工使用,机械操作人员必须熟知设备的使用性能和安全操作规程。作业时不准擅自脱岗,必须听从指挥。

(4)工程实施前,对投入本工程施工的机电设备和施工设施进行全面的安全检查,不符合安全规定的地方立即整改完善。并在施工现场设置必要的护栏、安全标志和警告牌。

(5)施工人员必须时刻关注天气变化,遇到大风大雨天气应合理安排施工,极端恶劣天气和6级大风及以上时应停止施工。

(6)施工机械和电气设备不得带病运转和超负荷作业,发现不正常情况应停机检查,不得在运转中修理。

(7)现场为发电机用电,实行“三相五线制”“三级配电两级保护”和“一机、一箱、一闸、一漏电保护器”的做法,所有绝缘、检验工具,应妥善保管,严禁他用。

21.9.2 安全要点

(1)各种机械严格遵守交通规则和有关规定,驾驶车辆必须证、照齐全,不准驾驶与证件不符的车辆,严禁酒后开车。

(2)现场作业需要的机械设备:挖掘机、运输车及泥浆泵。现场人员应与作业机械保持一定距离。

(3)进场前应熟悉现场外围的环境,对施工人员进行安全培训,未受教育者,安全人员有权拒绝其上岗。

(4)入暗涵前必须检查有关急救器材是否完好,做好照明、通风、气体检测、通信、机电设备检查以及降低水位等工作。

(5)暗涵内作业必须配备防爆型的照明设备。

(6)每日施工完毕需对施工现场的物品进行清理。

管道清淤工程现场见图21-9。

a) b) c) d)

图21-9 管道清淤工程

引用标准名录

(1)《建筑施工安全检查标准》(JGJ 59—2011)
(2)《建筑基坑支护技术规程》(JGJ 120—2012)
(3)《建筑深基坑工程施工安全技术规范》(JGJ 311—2013)
(4)《建筑基坑工程监测技术规范》(GB 50497—2009)
(5)《建筑施工土石方工程安全技术规范》(JGJ 180—2009)
(6)《建筑施工脚手架安全技术统一标准》(GB 51210—2016)
(7)《建筑施工扣件式钢管脚手架安全技术规范》(JGJ 130—2011)
(8)《建筑施工碗扣式钢管脚手架安全技术规范》(JGJ 166—2016)
(9)《建筑施工门式钢管脚手架安全技术规范》(JGJ 128—2010)
(10)《建筑施工承插型盘扣式钢管支架安全技术规程》(JGJ 231—2010)
(11)《建筑施工工具式脚手架安全技术规范》(JGJ 202—2010)
(12)《液压升降整体脚手架安全技术规程》(JGJ 183—2009)
(13)《钢管满堂支架预压技术规程》(JGJ/T 194—2009)
(14)《建筑施工高处作业安全技术规范》(JGJ 80—2016)
(15)《安全帽》(GB 2811—2007)
(16)《安全帽测试方法》(GB/T 2812—2006)
(17)《头部防护　安全帽选用规范》(GB/T 30041—2013)
(18)《安全网》(GB 5725—2009)
(19)《安全带》(GB 6095)
(20)《安全带测试方法》(GB/T 6096—2009)
(21)《固定式钢梯及平台安全要求　第1部分:钢直梯》(GB 4053.1　2009)
(22)《便携式金属梯安全要求》(GB 12142—2007)
(23)《便携式木折梯安全要求》(GB 7059—2007)
(24)《起重机械安全规程　第二部分:总则》(GB 6067.1—2010)
(25)《起重机械安全规程　第五部分:桥式和门式起重机》(GB 6067.5—2014)
(26)《起重设备安装工程施工及验收规范》(GB 50278—2010)
(27)《塔式起重机安全规程》(GB 5144—2006)
(28)《塔式起重机》(GB/T 5031—2008)

(29)《通用桥式起重机》(GB/T 14405—2011)
(30)《通用门式起重机》(GB/T 14406—2011)
(31)《电动葫芦桥式起重机》(JB/T 3695—2008)
(32)《电动葫芦门式起重机》(JB/T 5663—2008)
(33)《履带起重机》(GB/T 14560—2016)
(34)《汽车起重机和轮胎起重机试验规范》(GB/T 6068—2008)
(35)《桅杆起重机》(GB/T 26558—2011)
(36)《建筑施工塔式起重机安装、使用、拆卸安全技术规程》(JGJ 196—2010)
(37)《施工升降机》(GB/T 10054—2005)
(38)《建筑施工升降机安装、使用、拆卸安全技术规程》(JGJ 215—2010)
(39)《吊笼有垂直导向的人货两用施工升降机》(GB 26557—2011)
(40)《龙门架及井架物料提升机安全技术规范》(JGJ 88—2010)
(41)《钢丝绳电动葫芦　第 1 部分:型式与基本参数、技术条件》(JB/T 9008.1—2014)
(42)《钢丝绳电动葫芦　第 2 部分:试验方法》(JB/T 9008.2—2015)
(43)《建筑卷扬机》(GB/T 1955—2008)
(44)《市政架桥机安全使用技术规程》(JGJ 266—2011)
(45)《建筑机械使用安全技术规程》(JGJ 33—2012)
(46)《施工现场机械设备检查技术规范》(JGJ 160—2016)
(47)《钢结构设计标准(附条例说明[另册])》(GB 50017—2017)
(48)《爆破安全规程》(GB 6722—2014)
(49)《爆破作业单位资质条件和管理要求》(GA 990—2012)
(50)《土方与爆破工程施工及验收规范》(GB 50201—2012)
(51)《建筑拆除工程安全技术规范》(JGJ 147—2016)
(52)《城市梁桥拆除工程安全技术规范》(CJJ 248—2016)
(53)《建筑施工模板安全技术规范》(JGJ 162—2008)
(54)《高处作业吊篮》(GB/T 19155—2017)
(55)《建设工程施工现场消防安全技术规范》(GB 50720—2011)
(56)《建筑设计防火规范[2018 版]》(GB 50016—2014)
(57)《建设工程施工现场供用电安全规范》(GB 50194—2014)
(58)《施工现场临时用电安全技术规范(附条文说明)》(JGJ 46—2005)
(59)《建筑照明设计标准》(GB 50034—2013)
(60)《城市道路施工作业交通组织规范》(GA/T 900—2010)
(61)《道路交通标志和标线》(GB 5768)
(62)《安全标志及其使用导则》(GB 2894—2008)
(63)《建设工程施工现场环境与卫生标准》(JGJ 146—2013)
(64)《声环境质量标准》(GB 3096—2008)
(65)《声环境功能区划分技术规范》(GB/T 15190—2014)
(66)《建筑施工场界环境噪声排放标准》(GB 12523—2011)

(67)《深圳市建筑施工噪声管理规定》(深环〔2000〕93 号)

(68)《职业健康安全管理体系要求》(GB/T 28001—2011)

(69)《工作场所空气中有害物质监测的采样规范》(GB/Z 159—2004)

(70)《工作场所空气有毒物质测定[标准合订本]》(GBZ/T 160.1 ~ GBZ/T 160.81—2004)

(71)《危险货物便携式罐体检验安全规范》(GB 19454—2009)

(72)《救生圈》(GB 4302—2008)

(73)《船用救生衣》(GB 4303—2008)

(74)《个体防护装备选用规范》(GB 11651—2008)

(75)《防静电服》(GB 12014—2009)

(76)《防护服装阻燃防护第一部分:阻燃服》(GB 8965.1—2009)

(77)《职业健康安全管理体系要求》(GB/T 28001—2011)

(78)《道路交通反光膜》(GB/T 18833—2012)

(79)《图形符号安全色和安全标志　第 1 部分:安全标志和安全标记的设计原则》(GB/T 2893.1—2013)

(80)《短波紫外图像观察仪》(GA/T 538—2005)

(81)《深圳市建筑基桩检测规程》(SJG 09—2015)

(82)《预应力混凝土用钢绞线》(GB/T 5224—2014)

(83)《预应力筋用锚具、夹具和连接器》(GB/T 14370—2015)

(84)《钢丝绳通用技术条件》(GB/T 20118—2017)

(85)《公路路基施工技术规范》(JTG F10—2006)

(86)《公路路基设计规范》(JTG D30—2015)

(87)《公路桥涵设计通用规范》(JTG D60—2015)

(88)《公路工程结构可靠度设计统一标准》(GB 50283—1999)

(89)《公路养护安全作业规程》(JTG H30—2015)

(90)《绿色建筑评价标准》(GB 50378—2014)

(91)《深圳市道路工程建筑废弃物再生产品应用技术规程》(SJG 48—2018)

(92)《盾构法隧道施工及验收规范》(GB 50446—2017)

(93)《盾构法开仓及气压作业技术规范》(CJJ 217—2014)

(94)《建筑工程施工质量验收统一标准》(GB 50300—2013)

(95)《建筑工程施工质量评价标准》(GB/T 50375—2016)

(96)《地下防水工程质量验收规范》(GB 50208—2011)

(97)《混凝土结构工程施工质量验收规范》(GB 50204—2015)

(98)《混凝土外加剂应用技术规范》(GB 50119—2013)

(99)《钢筋焊接及验收规程》(JGJ 18—2012)

(100)《建筑基坑工程技术规程》(DB 33/T 1096—2014)

(101)《建筑基坑支护技术规程》(DB 11/489—2016)

(102)《海港工程混凝土结构防腐蚀技术规范》(JTJ 275—2000)